民族地区产业结构优化的金融服务体系建设研究

冯彦明　著

中国金融出版社

责任编辑：吕　楠
责任校对：孙　蕊
责任印制：丁淮宾

图书在版编目（CIP）数据

民族地区产业结构优化的金融服务体系建设研究（Minzu Diqu Chanye Jiegou Youhua de Jinrong Fuwu Tixi Jianshe Yanjiu）/冯彦明著．—北京：中国金融出版社，2016.5

ISBN 978 - 7 - 5049 - 8408 - 1

Ⅰ.①民…　Ⅱ.①冯…　Ⅲ.①金融—商业服务—影响—民族地区—产业结构优化—研究—中国　Ⅳ.①F832②F127.8

中国版本图书馆 CIP 数据核字（2016）第 039533 号

出版
发行　**中国金融出版社**

社址　北京市丰台区益泽路 2 号
市场开发部　（010）63266347，63805472，63439533（传真）
网 上 书 店　http：//www.chinafph.com
　　　　　　（010）63286832，63365686（传真）
读者服务部　（010）66070833，62568380
邮编　100071
经销　新华书店
印刷　北京市松源印刷有限公司
尺寸　169 毫米 ×239 毫米
印张　12.75
字数　206 千
版次　2016 年 5 月第 1 版
印次　2016 年 5 月第 1 次印刷
定价　49.00 元
ISBN 978 - 7 - 5049 - 8408 - 1/F.7968
如出现印装错误本社负责调换　联系电话（010）63263947

目　　录

引言 ……………………………………………………………………… 1

一、选题的意义 …………………………………………………… 1

二、相关文献评述 ………………………………………………… 5

（一）区域经济发展文献评述 ………………………………… 5

1. 新古典主义区域均衡发展理论 ………………………… 5

2. 区域经济非均衡发展的二元结构主义理论 …………… 7

3. 区域经济发展模式理论 ………………………………… 11

（二）金融发展理论 …………………………………………… 12

1. 国外金融发展理论 ……………………………………… 12

2. 国内金融发展理论 ……………………………………… 14

三、研究的思路与方法 …………………………………………… 15

四、主要结论 ……………………………………………………… 16

第一章　民族地区的经济资源 …………………………………… 19

一、资源的含义与意义 …………………………………………… 19

二、民族地区的优势资源 ………………………………………… 21

（一）民族及其历史文化资源 ………………………………… 21

1. 民族及其历史文化是宝贵的经济资源 ………………… 21

2. 我国民族地区的少数民族及其构成 …………………… 21

3. 内蒙古的民族历史文化资源 …………………………… 23

（二）矿产资源 ………………………………………………… 26

1. 民族地区的矿产资源 …………………………………… 27

2. 内蒙古的矿产资源 ……………………………………… 27

（三）生态资源 ………………………………………………… 28

1. 民族地区的生态资源 …………………………………… 28

2. 内蒙古的生态资源 ……………………………………… 29

（四）区位资源 ……………………………………… 30
三、民族地区的劣势 ………………………………… 31
（一）现代知识缺乏 ………………………………… 31
（二）生态环境脆弱 ………………………………… 32
（三）经济发展水平较低 …………………………… 37
  1. 产业结构简单 ……………………………………… 37
  2. 市场化水平不高 …………………………………… 38
  3. 民族地区的工业化水平 …………………………… 39
  4. 民族地区城镇化水平 ……………………………… 41
（四）基础设施落后 ………………………………… 42

第二章　民族地区产业结构优化目标 ……………… 44
一、产业结构优化的含义 …………………………… 44
（一）关于产业结构变迁的研究方法评析 ………… 44
  1. 关于产业结构变迁的研究方法 …………………… 44
  2. 对产业结构研究方法的评价 ……………………… 45
（二）国内外学者对产业结构变迁规律的研究 …… 48
  1. 第一种方法的代表学者及其理论 ………………… 48
  2. 第二种方法的代表学者及其理论 ………………… 51
  3. 杨小凯等人的理论观点 …………………………… 51
  4. 简要评价 …………………………………………… 52
（三）产业结构优化的含义 ………………………… 53
  1. 产业结构的合理化 ………………………………… 54
  2. 产业结构的高级化 ………………………………… 56
  3. 产业结构优化 ……………………………………… 57
二、产业结构优化的指导原则 ……………………… 58
（一）因地制宜原则 ………………………………… 58
（二）以人为本原则 ………………………………… 58
（三）可持续发展原则 ……………………………… 59
三、影响和决定产业结构变动的因素 ……………… 62
（一）影响和决定产业结构变动的一般因素 ……… 62
  1. 封闭与开放条件下影响产业结构的因素 ………… 62

2. 专业化分工对产业结构变动的影响 …………………… 62

3. 信息化对产业结构变动的影响 ……………………… 62

4. 循环经济对产业结构变动的影响 …………………… 65

5. 技术进步对产业结构变动的影响 …………………… 66

6. 政府政策对产业结构变动的影响 …………………… 67

（二）影响和决定区域产业结构变动的因素 ……………… 70

1. 区域产业结构优化的关键是主导产业选择 ………… 70

2. 区域主导产业选择的理论与方法 …………………… 70

3. 区域主导产业选择应注意的几个问题 ……………… 73

四、民族地区产业结构优化的决定因素分析 ……………… 74

（一）民族地区产业结构优化的目标和特征 ……………… 74

1. 资源节约 ……………………………………………… 75

2. 环境友好 ……………………………………………… 75

3. 经济效益 ……………………………………………… 76

4. 技术密集 ……………………………………………… 76

5. 人力学习 ……………………………………………… 78

6. 对新型工业化的解读 ………………………………… 78

（二）民族地区产业结构优化的决定因素分析 …………… 82

1. 资源节约的具体要求 ………………………………… 82

2. 环境友好的具体要求 ………………………………… 83

3. 效益经济的具体要求 ………………………………… 84

4. 技术密集的具体要求 ………………………………… 85

5. 人力学习的具体要求 ………………………………… 85

（三）决定民族地区产业结构的模型分析 ………………… 85

五、民族地区的目标产业结构 ……………………………… 88

（一）基础类产业 …………………………………………… 89

1. 信息产业 ……………………………………………… 89

2. 金融业 ………………………………………………… 90

3. 教育文化产业 ………………………………………… 90

4. 研发产业 ……………………………………………… 91

（二）第一产业 ……………………………………………… 91

（三）第二产业 ……………………………………………… 94

（四）第三产业 …………………………………………………… 94
　　1. 民族文化创意产业 ……………………………………… 94
　　2. 旅游业 …………………………………………………… 97
　　3. 边境贸易与边境物流 …………………………………… 101
　　4. 环保产业 ………………………………………………… 102

第三章　金融作用于产业结构调整的经验 ………………………… 104
一、金融在产业结构调整中的作用 ………………………………… 104
　（一）通过金融政策影响产业结构 ……………………………… 105
　（二）通过存款和信用扩张决定产业结构 ……………………… 106
　（三）基于利益需要和产业政策决定资金投向 ………………… 106
　（四）通过产融结合和利益共享加速产业整合 ………………… 107
　（五）通过金融创新防范、分散风险 …………………………… 108
　（六）通过支持技术创新与成果转化实现产业升级 …………… 109
　（七）降低信息成本的信息揭示机制 …………………………… 111
二、银行在产业结构调整中的作用和经验 ………………………… 112
　（一）银行和产业结构之间的互动关系 ………………………… 112
　　1. 以增量投入和存量调整助推产业结构升级 ………………… 113
　　2. 制定与产业政策匹配的信贷政策引导产业结构调整 ……… 113
　　3. 以金融创新配合国家产业结构调整 ………………………… 113
　　4. 通过货币政策协助产业结构调整 …………………………… 113
　（二）国外商业银行支持产业结构调整的经验 ………………… 114
　（三）银行在产业结构调整中的优劣势分析 …………………… 115
　　1. 银行在产业结构调整中的优势 ……………………………… 115
　　2. 银行在产业结构调整中的局限性 …………………………… 116
三、证券市场融资对产业结构调整的效应 ………………………… 116
　（一）两种相反的观点 …………………………………………… 116
　（二）证券市场推动产业结构调整的效应 ……………………… 117
　（三）证券市场在产业结构调整中的优劣势分析 ……………… 119
　　1. 证券市场在产业结构调整中的优势 ………………………… 119
　　2. 证券市场在产业结构调整中的局限性 ……………………… 119
　四、市场主导与政府主导的作用比较 …………………………… 120

（一）以美国、英国为代表的市场主导型金融模式 ……………… 120

（二）以日本、韩国为代表的政府主导型金融模式 ……………… 121

（三）市场主导型金融模式与政府主导型金融模式的差异 ……… 121

五、政策性金融 ………………………………………………………… 122

六、经验分析：没有结论的结论 …………………………………… 124

第四章　金融在产业结构优化中的地位与作用 ………………… 125

一、一个新的研究视角：金融功能观 ……………………………… 125

（一）金融功能观的提出 …………………………………………… 125

（二）一个运用金融功能观的先例 ………………………………… 128

二、产业结构调整和优化的条件分析 ……………………………… 130

（一）必要条件 ……………………………………………………… 132

　　1. 资金中心 …………………………………………………… 132

　　2. 信息中心 …………………………………………………… 133

　　3. 资金中心与信息中心的关系 ……………………………… 134

（二）充分条件 ……………………………………………………… 134

　　1. 社会责任 …………………………………………………… 135

　　2. 政府政策 …………………………………………………… 138

三、金融功能的演进：银行优化产业结构的条件分析 ………… 139

（一）传统金融功能观综述 ………………………………………… 139

（二）金融功能的演进：银行成为资金中心和信息中心 ……… 142

（三）证券市场不具备调整和优化产业结构的条件 …………… 145

四、银行作用于产业结构优化的机理 ……………………………… 146

第五章　"一带一路"战略对民族地区金融业的需求 ………… 148

一、"一带一路"战略为民族地区发展提供了机遇 …………… 148

（一）有利于地区间协调发展 ……………………………………… 148

（二）关系国家稳定和边疆安全 …………………………………… 149

（三）实现全国经济社会可持续发展的客观需要 ……………… 149

（四）民族地区经济发展也是实施"一带一路"战略的必然要求 ……… 150

二、"一带一路"战略与民族地区产业结构调整 ………………… 150

（一）民族地区要做好承接东部地区产业转移的工作 ………… 150

　　（二）民族地区要做好特色资源开发 ·················· 151

　　（三）民族地区要做好特色工业化发展 ·············· 152

　三、金融（资金融通）是互联互通的重要内容 ·············· 152

　四、金融是民族地区经济发展的必要条件 ·············· 154

　　（一）国际经验：大国金融博弈 ·················· 154

　　（二）国内实践："一带一路"战略对金融条件的要求 ·············· 155

第六章　民族地区产业结构优化的金融服务体系探讨 ··· 158

　一、民族地区金融服务体系现状及问题 ·············· 158

　　（一）管理者认识不到位 ·················· 158

　　（二）金融资源缺乏 ·················· 159

　　（三）金融排斥严重 ·················· 163

　二、民族地区产业结构优化所需要的金融机构体系 ·············· 166

　　（一）融资类机构 ·················· 166

　　　1. 商业性银行 ·················· 166

　　　2. 政策性银行 ·················· 167

　　　3. 投资银行 ·················· 169

　　　4. 租赁公司 ·················· 169

　　（二）担保类机构 ·················· 169

　　　1. 保险公司 ·················· 169

　　　2. 担保公司 ·················· 170

　　（三）生态类机构 ·················· 171

　　　1. 资信评估公司 ·················· 171

　　　2. 资产评估公司 ·················· 171

　三、民族地区产业结构优化所需要的金融市场体系 ·············· 172

　　（一）创业板市场 ·················· 173

　　　1. 主体资格 ·················· 173

　　　2. 企业要求 ·················· 174

　　（二）新三板市场 ·················· 174

　　　1. 设立新三板市场的作用 ·················· 175

　　　2. 企业挂牌新三板市场的条件 ·················· 176

　　　3. 企业挂牌新三板市场的好处 ·················· 176

（三）E板和Q板 ………………………………………… 176

　　1. E板 ……………………………………………… 177

　　2. Q板 ……………………………………………… 177

四、民族地区产业结构优化所需要的金融业务体系 ………… 178

　（一）加强金融教育 ……………………………………… 179

　　1. 金融教育的意义 ………………………………… 179

　　2. 金融教育从小孩抓起 …………………………… 180

　　3. 国外开展金融教育的经验 ……………………… 181

　（二）发展互联网金融 …………………………………… 182

　　1. 互联网金融的含义及意义 ……………………… 182

　　2. 民族地区发展互联网金融的方式 ……………… 184

　　3. 运用互联网创新服务民族地区金融产品 ……… 185

五、民族地区的金融管理体制 ……………………………… 186

参考文献 ……………………………………………………… 188

引　言^①

一、选题的意义

早在 1995 年召开的党的十四届三中全会上，中央就提出了实现"经济增长方式"和"经济体制"两个根本性转变的战略要求。迄今为止一直在提，但一直也没有解决好。1996 年的《国民经济和社会发展统计公报》认为，经济结构不合理、部分企业生产经营困难等问题突出。2000 年的《国民经济和社会发展统计公报》认为国民经济和社会发展中存在的主要问题是结构性矛盾比较突出。2005 年的《国民经济和社会发展统计公报》指出经济结构不合理、增长方式粗放等问题仍比较突出。2010 年，全国各族人民仍然在"加快转变经济发展方式和经济结构战略性调整"。直到 2014 年，国内长期积累的不平衡不协调不可持续问题和"三期叠加"的影响依然存在，经济运行面临不少困难和挑战，其中在结构方面的困难和问题是传统产业产能过剩且新兴领域有效供给不足。因此，2015 年是全面深化改革的关键之年，要把转方式调结构放到更加重要位置。^②

实际上，随着高新技术革命的推进，包括信息技术革命、生物工程革命、以纳米技术为代表的新材料革命必然会对全球各国原有的产业结构产生重大冲击，使有些产业将走向衰落或淘汰，而一些产业将萌生或以爆炸性速度发展，尤其是软件和生物工程产业。特别是在经济全球化的形势下，贸易、投资和金融等方面的自由化和一体化把一国经济与世界经济紧密地联系在一起，使地球变成了"地球村"，这必然造成一国的经济结构和经济发展依赖于全球市场，一个地区的产业结构调整和经济发展依赖于整个国家和国际市场。这正说明"转

---

①　"中央高校基本科研业务费专项资金资助"（supported by "the Fundamental Research Funds for the Central Universities"）。

②　关于 2014 年国民经济和社会发展执行情况与 2015 年国民经济和社会发展计划草案的报告——2015 年 3 月 5 日在第十二届全国人民代表大会第三次会议上，国家发展和改革委员会。人民网，2015 年 3 月 18 日。

变经济发展方式和经济结构战略性调整"任务的艰巨性，实际上这也是一个长期的战略性任务。

如果说全国的产业结构不合理，经济增长方式需转变，那么民族地区的产业结构就更不合理。

我国民族地区经过三十年的改革开放，特别是在"西部大开发"战略的指导下，经济也得到了迅速发展。但是，不可否认，迄今为止民族地区走的仍然是传统工业化之路，追求的主要是第二产业和总产值的增加。

从总体上看，经过三十年的发展，民族地区[①]第一、第二、第三产业结构比由 1978 年的 0.38:0.41:0.21 到 2008 年的 0.16:0.47:0.37，第一产业比重下降，第三产业增长了 16 个百分点，第二产业的比重增长了 6 个百分点。再从 2000 年至 2013 年的变化情况看，第一产业比重下降，第二产业比重有小幅度的上升，第三产业比重基本保持不变。具体说，第一产业由 2000 年的 23% 下降到 2013 年的 13%；第二产业由 2000 年的 38% 上升到 2013 年的 46%；第三产业没有明显的变动，一直在 40% 上下浮动。这说明产业结构没有得到完全的改变，还要依靠第二产业对经济发展作出较大贡献。

从各产业内部发展情况看，民族地区农业以传统农业为主，农业比重一直高居 60% 以上，牧业的比重在 30% 左右，而林业和渔业比重很小，而且，农产品产业链短，产业化水平不高。农产品单一，附加值低，没有带动相关产业的发展。如在民族地区，虽然农业产业有了一定程度的发展，如内蒙古、新疆的蒙牛、伊利等大型奶制品企业，新疆的棉花产业，宁夏的马铃薯产业，但是数量不够，而且没有形成相关的产业链。

第二产业内部发展结构也不合理。工业大多数属于采掘、原料、能源工业，处于价值链的低端，附加值很低，如宁夏的煤炭、新疆的黑金属、青海的盐等。据统计，云南铜矿产量占全国的 29.1%，铜金属产量只占全国的 13.2%，而铜加工产品产量仅占全国的 2.2%，加工率只有全国平均水平的 16.7%。云南省电解铝生产能力达到 45 万吨，但铝加工能力只有 4 万吨，其中高附加值的铸造合金生产能力只有 5000 吨。民族地区轻重工业、工业内部也不平衡。2007 年，新疆重工业产值为 2849.9 亿元，占工业总产值的 86.4%。而西藏建筑业在西藏第

---

① 中国的"民族地区"有四种划分方法，一是仅仅指五大民族自治地区，即新疆、内蒙古、西藏、宁夏、广西；二是 5 个自治区、30 个自治州、120 个自治县（旗）；三是包括五大自治区和青海、云南、贵州三省；四是在五大自治区基础上加上青海、云南、贵州、四川、重庆、甘肃、陕西七省、直辖市。这里的"民族地区"是指五个民族自治区和贵州、云南、青海三个多民族聚居区。

二产业中的比重一直占到 60% 以上，并且保持比较稳定的上升趋势。

第三产业内部发展不平衡。餐饮、小商业、邮电运输等占比重大，而金融、保险、旅游、信息、广告、咨询等新型产业比重偏低。以民族地区的民间特色旅游产业来看，民族地区旅游业发展滞后。以 2007 年入境旅游人数排名来看，云南和广西分别排在第 7 位和第 10 位，内蒙古在第 15 位，新疆在第 20 位，贵州在第 28 位，西藏在第 29 位，青海在第 30 位，宁夏在第 31 位；而以旅游创汇收入排名来看，云南、广西、内蒙古、新疆、西藏、贵州、青海、宁夏在 31 个省（自治区、直辖市）的排名分别为 9、14、15、26、27、28、30、31。可以看出，有着丰富而独特的旅游资源的民族地区，旅游产业发展却非常落后。①

下面再具体看看内蒙古的情况：

改革开放 30 多年来，内蒙古的三次产业结构 1978 年为 32.7:45.4:21.9，1988 年为 33.3:31.7:35.0，1998 年为 27.1:36.3:36.6，2010 年为 12.5:51.8:35.7，2014 年为 9.1:51.9:39。可以说三次产业结构发生了根本性变化，与此同时，人均国内生产总值远远超过全国平均水平。但是，内蒙古的支柱产业是能源工业、金属选矿工业、非金属选矿工业、食品工业和冶金工业②。截至 2010 年底，内蒙古三次产业就业比为 52.6:17:30.4。这意味着虽然产业结构调整了，但劳动力转移未实现，人力资源优势未得到发挥；同时内蒙古高科技产业产值占工业增加值的比重只有 2.94%，为全国的 23%；万元 GDP 能耗为 2.305 吨，为全国的 199%，从增长模式看依然是粗放式的③。这种增长模式追求增长的数量，忽视了增长的质量，造成高速的工业增长依靠牺牲环境和消耗大量能源资源来支撑。同时，原材料和能源需求较大，工业的高速增长会拉动能源、原材料工业进一步扩张，将增加能源、资源和环境的压力，可能进一步引发粗放式经营现象的发生。

内蒙古 2009 年国民经济和社会发展中存在的主要问题是：一是经济持续向好的基础还不稳固。部分行业和企业生产经营还比较困难，经济效益尚未明显改善。二是结构性矛盾依然比较突出。产业结构单一，优势特色产业发展不协

①　刘永佶，李克强主编. 中国民族地区经济发展报告 [M]. 北京：中国社会科学出版社，2011.
②　根据内蒙古自治区 2014 年国民经济和社会发展统计公报，2014 年内蒙古自治区主要工业产品产量，原煤 99391.3 万吨，增长 0.3%；焦炭 3445.9 万吨，增长 8.4%；天然气 281.1 亿立方米，增长 3.9%；发电量 3857.8 亿千瓦时，增长 8.2%，其中，风力发电 386.2 亿千瓦时，增长 3.6%；钢材为 1763.2 万吨，增长 5.7%；载货汽车 11996 辆，下降 18.3%。
③　刘永佶，李克强主编. 中国民族地区经济发展报告 [M]. 北京：中国社会科学出版社，2011.

调，非资源型产业发展滞后，多元发展、多极支撑的产业体系尚未建立；产业延伸不足，"原字号"和初级产品比重高，资源精深加工能力不强；农牧业基础仍然比较薄弱；服务业发展水平有待进一步提升。三是居民收入增长与经济增长不协调，城乡居民收入在国民收入中的比重不断下降。四是协调发展和可持续发展水平需要进一步提高。城乡差距不断扩大，地区间发展差距明显，社会事业有待加强；生态脆弱的局面没有根本改变，部分地区生态环境仍在退化，生态保护建设任重道远。①

内蒙古 2010 年国民经济和社会发展中存在的主要问题是：一是产业发展不充分，农牧业基础薄弱，工业化整体水平不高，服务业发展不足。二是产业结构不合理，经济增长对资源的依赖偏重，非资源型产业、非公有制经济和中小企业发展滞后，科技创新能力不强，"原字号"产品比重大，产业竞争力和抗风险能力较弱。三是生产力布局比较分散，区域性中心城市的辐射带动力不强，城乡、区域发展不平衡，经济社会发展不够协调，社会事业发展相对滞后。四是城乡居民收入增长相对缓慢，就业总量压力和结构性矛盾并存，基本公共服务水平有待进一步提高。五是生态环境脆弱，基础设施瓶颈制约严重。六是促进科学发展的体制机制有待进一步完善，对外开放水平需要进一步提高。②

2014 年经济社会发展中也存在一些需重视和解决的问题，主要是：经济下行压力仍然较大，转方式调结构任务较重，创新能力不强，投资增长难度加大，消费增长乏力，城乡居民收入与全国平均水平仍有一定差距，生态建设和环境保护有待进一步加强等。2015 年要着力调整优化经济结构，加快实施创新驱动战略。立足于"五大基地"建设，推进产业结构优化升级，实现三次产业及产业内部协调发展。③

可见，民族地区产业结构调整和优化势所必须。

货币是市场经济的第一推动力和持续推动力，金融则是现代经济的核心和枢纽。作为融通货币资金的金融，在产业结构形成与演化过程中发挥着非常重要的作用。过去通过计划和政策导向并辅以财政支持的方法，虽然能够完全决定一个国家和地区的产业结构，但并不能决定该国家或地区产业结构是否优化。与之对比，在市场经济条件下，金融在调整和优化产业结构方面则具有无可比

---

① 摘自内蒙古自治区 2009 年国民经济和社会发展统计公报.
② 摘自内蒙古自治区 2010 年国民经济和社会发展统计公报.
③ 内蒙古 2014 年国民经济状况与 2015 年草案审查报告 [N]. 内蒙古日报, 2015 - 01 - 30.

拟的条件和优势。如果说过去的金融只是全社会的资金中心，那么，随着电子计算机的广泛采用和信息技术的发展，金融已经在资金中心的基础上发展为全社会的信息中心。这样，金融利用其作为全社会的信息中心和资金中心的地位，既能够决定资金投向的正确性，又能够合理配置资金的使用规模，这对推动民族地区的产业结构优化和升级显然无可替代。但从现实来看，包括我国在内的世界各国的金融并没有发挥好这方面的作用，特别是我国民族地区经济落后，金融业不发达，金融服务体系不完善，更成为制约其产业结构升级以及经济增长的瓶颈，相当落后的民族地区金融业严重影响了民族地区资本的内生能力以及产业间的资源配置效率。

本书即以此为契机，紧紧围绕民族地区产业结构优化这一问题，深入探讨为实现这一目标所需要的金融服务体系，进而通过构建适应民族地区经济发展的金融服务体系来推动民族地区产业结构的调整和升级，最终实现民族地区经济振兴。

二、相关文献评述

（一）区域经济发展文献评述

民族地区经济问题是具有中国特色的研究课题之一，国外学者几乎不涉及这方面的问题。不过，国外的一些文献曾从区域经济发展以及金融对产业结构升级和经济增长的作用角度作过很好的研究。

1. 新古典主义区域均衡发展理论

新古典主义区域均衡发展理论源于发展经济学的经济增长理论，其代表性观点主要有以下四个。

（1）罗森斯坦·罗丹的大推进理论。大推进理论（the theory of the big-push）是英国著名的发展经济学家罗森斯坦·罗丹（P. N. Rosenstein-Rodan）于1943年在《东欧和东南欧国家工业化的若干问题》一文中提出来的。该理论主张发展中国家在投资上以一定的速度和规模持续作用于众多产业，从而突破其发展瓶颈，推进经济全面高速增长。大推进理论的论据和理论基础建立在生产函数、需求、储蓄供给的三个不可分性上面。这一理论的前提有两个，一是经济发展依赖的是投资，二是发展中国家有着无限的资金来源。这两者显然既不符合实际，在理论上也是不合理的，因为如果发展中国家有着无限的储蓄、无限的投资资金来源，那么也就不是发展中国家了。

（2）诺斯出口基地理论。出口基地理论（export base theory）是为弥补封闭经济模型的缺陷而提出来的。该理论最初由美国经济学家诺斯（North，1955）提出，后经蒂博特（Tiebout）、罗曼斯（Romans）以及博尔顿（Bolton）等人的发展而逐步完善。其理论基础是静态比较分析中的外贸乘数概念，其基本思想是：一个区域的经济增长取决于其输出产生的增长，区域外生需求的扩大是内生增长的主要原动力。根据这个理论，如果每个地区都集中力量发挥自己的优势，自由贸易会逐步平衡地区间的要素（资本和劳动力）、价格（利润和工资），从而导致地区差距不断缩小。这显然不符合发展中国家和地区的情况，也不符合中国民族地区的实际。中国几十年的经济发展，其教训之一就是过分依赖出口拉动。而无论是出口拉动还是投资推动，都没有也不可能解决中国的问题。处于发展中的我国民族地区更不能单纯依靠区域外的消费需求刺激区域内的经济发展，当然更不可能以此改变和优化产业结构。

（3）纳克斯贫困恶性循环理论。该理论是由美国经济学家 R. 纳克斯（R. Nurkse，1953）提出的。纳克斯认为，发展中国家在宏观经济中存在着供给和需求两个恶性循环。从供给方面看，低收入意味着低储蓄能力，低储蓄能力引起资本形成不足，资本形成不足使生产率难以提高，低生产率又造成低收入，这样周而复始完成一个循环。从需求方面看，低收入意味着低购买力，低购买力引起投资引诱不足，投资引诱不足使生产率难以提高，低生产率又造成低收入，这样周而复始又完成一个循环。两个循环互相影响，使经济状况无法好转，经济增长难以实现。该理论指出了发展中国家和地区存在的问题，但没有为解决问题提供任何灵丹妙药。按照这一理论观点，不仅发展中国家和地区没有任何希望，实际上发达国家和地区也没有希望，因为美国也不是从来就发达的，英国的太阳也不是永远不落。实际上，决定经济发展的因素有很多，造成经济落后的原因也有很多，供给和需求只是两个"存在"，并不是唯一的决定因素。

（4）新古典主义区域均衡发展理论简要述评。新古典主义区域均衡发展理论提出以后，在一些欠发达国家和地区的区域开发中受到了一定程度的重视，对工业化过程中片面强调工业化，忽视地区之间、部门之间的均衡协调发展的倾向有所影响；强调均衡的、大规模投资和有效配置稀缺资源的重要性以及市场机制的局限性，实行宏观经济计划的必要性，为欠发达国家和地区的工业化和区域开发提供了一种理论模式，产生了一些积极的作用。然而该理论是建立在一系列与现实相去甚远的假设条件之上的，不但把技术进步视作外生因素，没有纳入其分析框架之中，而且丢掉了区域（空间）的一个重要特征，即克服空间距离会发生运输费用。所有这一切，都与新古典主义所讲的前提条件相抵触。另外，迄今为止，包括上述理论在内的几乎所有的理论探讨都集中在经济增长上，并由此而探讨经济发展或经济增长的动力问题。这表明经济发展或经济增长是理论研究的出发点和目的，这是典型的物本主义①。这也意味着西方经济理论脱离社会理论发展的要求走向"异化"，这也是西方经济理论短命性的根源。

这里进一步要问的问题是：第一，经济发展或增长的目的是什么？第二，在此目的下，如何实现经济发展或经济增长，即经济发展或增长的动力来源于何？对于这些问题，当今所谓的西方经济学家显然没有做出任何回答。

2. 区域经济非均衡发展的二元结构主义理论

针对罗森斯坦·罗丹和纳克斯等人提出的部门、区域的均衡增长理论，另一些经济学家从相反方向提出了区域经济非均衡增长理论。代表性的观点有以下几种。

（1）佩鲁的增长极理论。"增长极"概念是法国经济学家弗朗索斯·佩鲁（Francois Perroux，1950）首先提出来的，佩鲁把经济空间中在一定时期起支配和推动作用的经济部门（产业）称为增长极。作为经济空间的增长极，它不是一个空间区位，而是处于经济空间极点上的一个或一组推进型经济部门，它本身具有较强的创新和增长能力，并通过外部经济和产业之间的关联乘数效应推

———————————

① 资本主义诞生以来，随着社会财富创造能力的不断增强，不断膨胀的物质财富占有欲望成为了社会主流的意识形态，适应这种社会主流意识形态，西方经济学把财富作为了最为重要的研究对象，西方古典经济学大师亚当·斯密《国民财富的性质和原因的研究》的出版，标志着西方古典经济学物本主义经济学的最终形成，并从此奠定了斯密的西方主流经济学的物本主义基础。

长期以来，在物本主义思想原则指导下的经济增长，突出强调物质财富的增长，表现为强调既定资源条件下的最优产出组合，强调资源配置的效率，强调物质财富增长的持续性与稳定性，将物质财富的增加看做是经济增长的终极目的。这种经济增长在急剧增加社会财富的同时，也引起了巨大的社会问题，如收入分配不公引发的社会矛盾激化，经济资源的掠夺性使用导致资源日益枯竭，自然环境的恶化等。20 世纪 30 年代的世界性经济大危机的爆发，表明物本主义经济增长已经开始走向末路，此后资本主义国家对社会公平性问题有意无意的矫正，开始使经济增长出现向人本主义转变的倾向，但这种转变远还不能看做是人本主义经济增长方式的形成。传统的物本主义经济增长思想及方式仍然以其巨大的惯性力量统治着社会经济领域。社会贫富差距的加大、人与自然关系的恶化等问题仍以痼疾的形式顽固地存在于社会经济的发展过程中，并不时呈现出恶化的趋势。因此，要从根本上缓解经济增长带来的一系列社会问题，就必须在经济增长的指导思想方面作根本性的转变，使物本主义的经济增长向人本主义的经济增长转变。而新经济条件下，人力资源作为经济增长主体在经济增长中的地位和作用的提高，也为经济增长方式从物本主义向人本主义提供了现实条件。

动其他产业增长。因此，作为经济单位的增长极是与主导产业相联系的。该理论从两个方面打破了经济均衡分析的新古典传统，为区域经济发展理论提供了新思路。一方面，它反对均衡增长的自由主义观念，主张区域经济非均衡增长；另一方面，通过引入空间变量丰富了抽象经济学分析的内容。

增长极理论应用十分广泛。许多国家从城市与周围地区相互联系的角度出发，把增长极看成是加快区域发展，尤其是加快落后地区经济发展的地域组织模式。但大多数国家的实践，不是导致失败就是收效不明显。如我国"三线"建设中，从内地迁至三线的一些现代化企业与当地无法形成产业链，出现产业结构联系中断，各种资源要素无法扩散，只能形成"孤岛经济"。其实，增长极理论的应用是需要一定区位条件的，然而这些条件对经济落后地区来说是缺乏的，正因为这样，增长极模式不能作为这些地区经济发展的地域组织模式。

（2）缪尔达尔的二元经济结构理论。佩鲁的增长极理论主要从正面论述了发展极对自身和其他地区经济发展的带动作用，但忽视了增长极对其他地区发展的不利影响。诺贝尔奖获得者缪尔达尔（G. Myrdal, 1957）提出了地理上的二元经济结构（geographical dual economy）理论，弥补了增长极理论的这一缺陷。缪尔达尔批评了新古典主义经济发展理论所采用的传统的静态均衡分析方法，认为生产要素自由流动，市场机制自发调节可以使各地区经济得到均衡发展的观点并不符合发展中国家的实际。他用循环积累因果关系论来说明地理上的二元经济产生的原因及其如何消除的问题。他认为，某些地区受外部因素的作用，经济增长速度快于其他地区，经济发展就会出现不平衡。这种不平衡发展会引起累积性因果循环，使发达地区发展更快，发展慢的地区更慢，从而逐渐增大地区经济差距，形成地区性二元结构。市场力量的作用一般趋向于强化而不是弱化区域间的不平衡，即如果某一地区由于初始的优势而比别的地区发展得快一些，那么它凭借已有优势，在以后的日子里会发展得更快。在经济循环累积过程中，这种累积效应有两种相反的表现，即回流效应和扩散效应。前者指落后地区的资金、劳动力向发达地区流动，导致落后地区要素不足，发展更慢；后者指发达地区的资金和劳动力向落后地区流动，促进落后地区的发展。总之，循环累积因果论认为，经济发展过程首先是从一些较好的地区开始，一旦这些区域由于初始发展优势而比其他区域超前发展时，这些区域就通过累积因果过程，不断积累有利因素继续超前发展，导致增长区域和滞后区域之间发生空间相互作用。区域经济能否得到协调发展，关键取决于两种效应孰强孰弱。

在欠发达国家和地区经济发展的起飞阶段，回流效应都要大于扩散效应，这是造成区域经济难以协调发展的重要原因。缪尔达尔等认为，要促进区域经济的协调发展，必须要有政府的有力干预。政策的重点在于增加对不发达地区的资金供给，一是增加政府在欠发达地区的直接投资，二是对欠发达地区实施优惠政策，以增大欠发达地区的资金吸引力。

对于缪尔达尔的这一理论观点，我们不必给予过多评价，从下面的案例中就可以体现出其问题。

是资金，还是市场意识——山西企业缺什么[①]

到山西的企业界采访，企业家们谈得最多的一个问题就是资金。

某军工化工厂领导说，只要有 1000 万元贷款，厂里就可建一条民品生产线，生产出适销对路的产品。

某万人机器厂厂长说，我们生产的火车轴供不应求，就是没流动资金，无法生产。

据了解，山西 330 家大中型企业中，有 200 多家建于 50 年代，普遍缺乏竞争力。更新设备、开发产品急需资金。

对上述问题，一位副市长说"国家应想办法解决资金问题"。一位银行行长则认为：关键是要转变思想观念。

记者深入一些企业采访后也感到：一些企业一方面缺钱，另一方面又把大量的钱不当钱。

以上面提到的某机器厂为例，该厂上火车轴生产线时，有人就建议预留流动资金，领导不听，结果生产线建成了，却无法生产。再以某机械厂为例，有一年上某项目时按预算需要 4000 万元，当时厂里只能筹集 3000 万元，许多人说不能上，厂领导不听，结果主体工程没完就没钱施工了。

困境中，山西的一些企业领导者也在反思：为什么同在一片蓝天下，有的有资金，有的就没有？有的有了资金，资金生资金，有的却很快变成包袱，压得喘不过气来？

国营江阳化工厂量力而行上项目，先生产摩托车，等取得经验积累资金后再建汽车生产线，让有限的资金很快生出利润来变成扩大再生产的资本金。

[①]　杨荣. 山西企业缺什么？［N］. 光明日报，1996 – 02 – 01.

企业在反思，政府和银行也在反思：如何搞好宏观调控，并使企业得到更多的资金？一些企业已经醒悟：解决资金问题首先得靠自己，按照市场经济规律，引来别人的钱，用好自己的钱。

（3）赫希曼的核心区—边缘区理论。美国经济学家 A. 赫希曼（Hirschman，1958）提出了区域非均衡增长的"核心区—边缘区"理论。赫希曼认为，经济发展不会同时出现在所有地方，而一旦出现在某处，在巨大的集聚经济效应作用下，要素将向该地区集聚，使该地区的经济增长加速，最终形成具有较高收入水平的核心区。与核心区相对应，周边的落后地区称为边缘区。在核心区与边缘区之间同时存在着两种不同方向的作用，赫希曼称其为"极化效应"和"涓滴效应"。在这一过程中，极化效应往往大于涓滴效应，因而市场的力量往往使区域间的差别扩大。

（4）区域经济非均衡发展的二元结构主义理论简要评述。结构主义区域发展观强调的是发展对于不平衡的依赖。增长极理论主张把有限的稀缺资源集中投入到发展潜力大、规模经济和投资效应明显的少数部门和区位，使增长点的经济实力增强，同周边区域经济形成一个势差，增长点再通过市场机制的传导媒介力量引导整个区域经济发展。增长极理论从总体上看是建立在发达市场经济机制的基础之上的，所以在发达地区，产业结构和城市体系发育比较成熟，具有便捷的交通通信联系，产业之间具有较明显的关联效应，各中心之间也有较强的空间相互作用，引进一个新的增长极，有可能产生较大的区域乘数，从而推动区域经济发展。相反，后发区域最大的弱点就是产业之间缺乏联系效应，加上落后的基础设施，引进的增长极很有可能成为区域经济中的孤岛，更不可能促进和带动区域经济发展。

核心区—边缘区理论强调长期的地理渗透效应对促进后发区域经济发展和减少区域差距的重要作用，这对研究后发区域经济发展的动力机制具有一定的启发意义，但这些理论都没有阐述非均衡发展的合理界限问题。对于一个社会而言，是否存在一个最优非均衡发展的"度"？显然，这些理论忽视了区域成长过程中，区域差距扩大可能会付出因社会矛盾激化所导致的经济停滞的高昂代价。

另外，结构主义非均衡发展理论的政策主张是不一致的，主要表现在对政府和市场作用的认识上。与佩鲁不同，赫希曼和缪尔达尔的理论主张政府的积极干预。赫希曼认为，尽管经济增长的聚集将首先加大地区间的经济差异，但长期的地理渗透效应将足以减少这种差异。赫希曼对渗透效应能减少地区差异的乐观估计是建立在依靠国家干预的基础上的。从世界上许多国家的经验来看，区域差异的变动一般受经济发展的内在规律性、市场作用和政府干预三种力量的影响，是三者综合作用的结果，片面强调哪方面的作用，都是不恰当的。

3. 区域经济发展模式理论

关于区域经济的发展模式，大都是依据区域经济非均衡发展的某种理论提出的。目前在一些发达国家，以及包括中国在内的发展中国家，主要实施的有梯度推移发展模式（包括反梯度推移模式）、增长极模式、点轴开发模式和网络开发模式等。

（1）梯度推移发展模式。该模式是基于缪尔达尔、赫希曼等人的二元经济结构理论提出来的，认为区域经济发展已形成了经济发达区和落后区（即核心区与边缘区），经济发展水平出现了差异，形成了经济梯度，因此可以利用发达地区的优势，借助其扩散效应，带动落后地区发展，这样就形成了一种按梯度逐步推移的发展模式。

（2）增长极开发模式。增长极开发模式是空间增长极理论在区域经济开发中的应用。增长极开发模式形象直观，易于接受，但如何准确把握增长极的内涵和运用条件，如何形成和合理选择增长极，并没有固定的模式。因此，迄今为止应用增长极开发模式试验成功者很少。我国持增长极开发观点的较多，认为我国的中部和西部地区虽在总体上落后于东部地区，但现在一些交通干线上已形成了若干中心城市，这些中心城市可发挥增长极的作用，其向心作用和扩散作用是东部地区无法替代的。因此认为中西部地区的开发可以通过多层次的增长极在不同点上带动周边地区经济发展，而且我国地域辽阔，经济的内向型特征和资源分布的不均衡特征，决定我国的经济发展更适合采用增长极开发模式。

（3）点轴开发模式。点轴开发模式是增长极理论的延伸。从区域经济发展的过程看，经济中心总是首先集中在少数条件较好的区位，呈斑点状分布。这种经济中心既可称为区域增长极，也是点轴开发模式的点。随着经济的发展，经济中心逐渐增加，点与点之间，由于生产要素交换需要交通线路以及动力供应线、水源供应线等，相互连接起来就是轴线。这种轴线首先是为区域增长极服务的，但轴线一经形成，对人口、产业也具有吸引力，吸引人口、产业向轴线两侧集聚，并产生新的增长点。点轴贯通，就形成点轴系统。因此，点轴开发可以理解为从发达区域大大小小的经济中心（点）沿交通线路向不发达区域纵深地发展推移。我国东部沿海地区的沪宁线、山东半岛城市群所在的胶济线等已出现水平不等的点轴经济带。

（4）网络开发模式。在布局框架已经形成，点轴系统比较完善的区域，进一步开发就可采用网络开发模式，进而构造现代区域空间结构。一个现代化的经济区域，其空间结构必须同时具备三大要素：节点，即各级城镇；域面，即节点的吸引范围；网络，由商品、资金、技术、信息、劳动力等生产要素的流动网及交通网、通信网等组成。网络开发是强化网络已有点轴系统的延伸，提高区域各节点、各域面之间，特别是节点与域面之间生产要素交流的深度与广度，促进地区一体化发展，特别是城乡一体化发展。这是区域发展中一种较完善的模式，是区域经济发展走向成熟阶段的标志。这种模式主要适合于经济较发达的区域，如京津唐地区、长江三角洲地区都适宜这种开发模式。

（5）区域经济发展模式理论简要评述。上述几种开发模式的实质在于怎样安排区域发展的先后顺序，以及如何进行资源配置和确定投资的空间布局。不同的开发模式立足点不一样，根本上讲，其不同点就在于怎样对经济发展的公平与效率做出选择，应注意这几种开发模式都具有一定的合理性和适用范围。不同的地区有不同的经济特征，各个地区应根据自己的区情，制定适合本地实际情况的资源配置策略和经济发展模式。

（二）金融发展理论

金融发展理论，主要研究的是金融发展与经济增长的关系，即研究金融体系（包括金融中介和金融市场）在经济发展中所发挥的作用，研究如何建立有效的金融体系和金融政策组合以最大限度地促进经济增长及如何合理利用金融资源以实现金融的可持续发展并最终实现经济的可持续发展。

1. 国外金融发展理论

1955 年和 1956 年格利（Gurley J. G.）和 E. S. 肖（Shaw E. S.）分别发表的《经济发展中的金融方面》和《金融中介机构与储蓄——投资》两篇论文揭开了金融发展理论研究的序幕。他们通过建立一种由初始向高级、从简单向复杂逐步演进的金融发展模型，以此证明经济发展阶段越高，金融的作用越强的命题。戈德史密斯（Goldsmith，1969）的《金融结构与金融发展》一书通过对 35 个国家近 100 年的资料研究和统计分析，得出了金融相关率与经济发展水平正相关的基本结论。1966 年帕特里克（Patrick）在《欠发达国家的金融发展和经济增长》一文中提出需求带动和供给引导的金融问题。他认为，由于金融体系可以改进现有资本的构成，有效地配置资源，刺激储蓄和投资，在欠发达国家，需要采用金融优先发展的货币供给带动政策。与需求推动的金融发展政策不同，它不是在经济发展产生了对金融服务的要求以后再考虑金融发展，而是在需求产生以前就超前发展金融体系，即金融发展可以是被动的和相对滞后的，也可以是主动和相对先行的。1973 年，罗纳德·麦金农（Ronald McKinnon）的《经济发展中的货币与资本》和 E. S. 肖的《经济发展中的金融深化》两本书的出版，标志着以发展中国家或地区为研究对象的金融发展理论的真正产生。这些理论主要研究：如何建立有效的金融体系和金融政策组合，以最大限度地促进经济增长，以及如何合理利用金融资源以实现经济结构的优化和经济的可持续发展，并最终实现金融的可持续发展。它认为金融发展也就是金融机构和金融工具的升级对经济增长中的资源配置和结构变动将产生重要作用，集中表现为金融与以产业结构变动为特征的经济增长之间互为因果关系。因为金融发展通过提高储蓄向投资转化的总水平和资金结构配置的效率，推动结构调整，实现经济增长。到 20 世纪 90 年代，以内生增长模型为核心的金融发展理论获得进一步发展，形成了一种新的理论，即金融内生理论。该理论在汲取 20 世纪 80 年代中后期兴起的内生增长理论的重要成果的基础上，将内生增长和内生金融中介体（或金融市场）并入模型，对金融中介体（或金融市场）的内生形成以及金融中介体（或金融市场）与经济增长的关系等问题进行全新的论述，认为资金融通过程中的不确定性和信息不对称等因素产生金融交易成本，随着经济发展，这种交易成本对经济运行的影响越来越大，为了降低交易成本，经济发展到一定程度就会内生地要求金融体系形成和发展。金融发展对经济增长的影响，正是通过影响一个国家的储蓄率和资本配置效率而影响其经济增长的。金（King）和莱文（Ievine）利用 80 个国家 1960—1989 年的数据，在系统地控制了影响长期经济增长的其他因素的情况下，发现金融中介的规模和功能的发展不仅促进了经济中的资本形成，而且刺激了全要素生产力的增长和长期经济增长。因而金融发展是因，经济增长是果。之后，赫尔曼（Hellmann）、穆尔多克（Murdock）和斯蒂格利茨（Stiglitz）（1997）从有效需求观点和信息不对称角度出发，认为发展中国家需要实行金融约束，即通过对存款利率、贷款利率加以控制，对进入和对来自资本市场的竞争加以限制等一系列的政策，为金融部门和生产部门制造租金机会。从而为这些部门提供必要的激励，促使它们在追逐租金机会的过程中把私人信息并入到配置决策中。

2. 国内金融发展理论

随着经济的发展和金融的深化，国内对两者之间关系的研究也在不断深入。在这方面最著名的莫过于白钦先提出的金融资源学说和以金融资源学说为基础的金融可持续发展理论。20 世纪 90 年代以后，随着经济全球化、经济金融化、金融全球化发展态势的日益增强，金融越来越成为现代社会经济的关键性、主导性要素。白钦先教授经过近 20 年的研究，在国内外首次提出金融资源理论学说，并且以金融资源理论学说为基础，首次将可持续发展的思想理念创造性地扩展运用到金融领域，在此二者结合的基础上，提出了金融可持续发展理论与战略。传统经济学、金融学往往将资本或资金简单地视为一种生产要素，这是一种原始的、狭隘的、静态的金融资源观。白钦先认为金融是一种资源，是一种稀缺资源，是一国最基本的战略性资源。金融资源有三个层次：广义的货币资产（资金），这是第一层次基础性核心金融资源；金融组织体系和金融资产（工具）体系即第二层次实体中间性资源；第三层次为整体功能性高层金融资源。这一理论总结包含整个金融体系的实质内容，突出了货币资产作为金融资产的基础成分的地位，强调了金融体系作为金融资源总体在一个经济中所产生的整体性功能。金融资源具有二重性，从其自然属性上看，是一种稀缺的社会性战略资源，这种一般属性使金融资源自动进入可持续发展函数之中；从社会属性来看，它又是一种可以对其他所有资源包括自然资源和社会资源具有配置功能的资源，这一特殊属性使金融资源构成了经济发展的生态环境——金融生态环境。这就说明了要实现经济和社会的可持续发展，必须首先实现金融本身的可持续发展。

白钦先还进一步分析了金融功能的发展。他认为，可以从货币的功能便利促进价值运动从而降低交易成本及风险规避，进而扩展到金融功能，将金融功能分为基础功能（服务功能与中介功能）、主导功能（包括核心功能、资源配置功能和扩展功能、经济调节功能和风险规避功能）、派生或衍生性功能（包括资产重组、公司治理、资源再配置、财富再分配、信息生产与分配、风险分散等功能）三大层次，并对相关问题进行了深入系统的研究，提出"金融功能的扩展与提升即金融演进，金融功能的演进即金融发展"的理论观点。[①]

国内其他学者也对金融发展与产业结构优化的关系作过一些研究。伍海华、张旭（2001）的研究侧重于理论层面，从金融发展、经济增长与产业结构的国

---

① 白钦先. 金融结构、金融功能演进与金融发展理论的研究历程 [J]. 经济评论, 2005 (3).

际比较角度分析了三者之间的关系，并对金融发展对产业结构变动的作用机理做了较深入的探讨。范志方、张立军（2003）则从经济区域划分的前提出发，具体研究了我国东、中、西部地区金融结构转变与产业结构升级以及经济增长的关系，将研究从整体推向了局部。鞠方、张立军、湛泳（2004）在《通过金融结构的优化促进西部产业结构的升级》一文中将研究对象更具体化到了西部地区。

综观以上文献，可谓理论与现实并重，整体与局部共有，这为我们的进一步深入研究提供了坚实的基础。但不可否认，除了传统的工业化和三次产业结构理论之外，目前在新兴工业化和科学发展观指导下的对我国民族地区产业结构优化的目标几乎还没有涉及，对与此相适应的金融服务体系的建设的探讨就少之更少。本书的研究正是基于前人的成果，紧密结合中国民族地区特别是内蒙古自治区的实际，在新兴工业化目标和科学发展观指导下，探讨建立适应和有利于民族地区产业结构优化的金融服务体系，实现民族地区经济的可持续发展。

三、研究的思路与方法

本书的研究沿着这样一种思路展开：

第一，遵循以经济理论为指导，以现实状况为基础，理论与实际相结合的原则。根据我国民族地区的实际，丰富和发展原有的金融发展理论，同时运用该理论指导民族地区产业结构优化以及金融服务体系建设。

第二，按照（决定经济结构的）资源—民族地区目标产业结构—金融作用于产业结构调整的经验总结与分析—金融在产业结构调整和优化中的地位与作用—（为发挥作用所需要建立的）金融服务体系（包括机构体系、市场体系、业务体系等）的思路展开叙述。

具体来讲，本书主要包括以下六个部分内容：

第一部分介绍民族地区的经济资源。资源是经济的基础，有什么样的资源就会发展什么样的经济，也就有什么样的经济结构。因此，本部分从分析资源的含义及意义入手，阐述了民族地区的资源优势和劣势，从而为研究民族地区的产业结构创造了条件。

第二部分分析和论证了民族地区产业结构优化的目标。本部分在对产业结构变迁的研究方法及变迁规律进行综述的基础上，重新探讨和界定产业结构优化的含义，并对产业结构优化的原则进行了探讨和说明。然后，在对影响产业结构优化的决定因素进行分析的基础上，进一步分析了民族地区产业结构优化的目标，并创造性地提出了决定民族地区产业结构的模型，进而说明民族地区所应发展的主要产业。

第三部分阐述了金融作用于产业结构调整的经验。在对传统的金融调整产业结构的观点和做法进行总结的同时，本部分分别对银行（间接金融）和证券市场（直接金融）、市场主导型和政府主导型金融以及政策性金融在产业结构调整中的作用进行了总结和分析，从而说明尽管金融在促进产业结构调整和优化过程中是有作用的，但传统理论研究和实践存在着致命的缺陷。

第四部分阐述了金融在产业结构调整和优化中的地位与作用。本部分从介绍金融功能观入手，首先对金融功能观的现实意义做了说明，其次分析产业结构调整和优化所需的充要条件，通过对银行功能的演进的分析体现银行在产业结构优化中所具备的条件，进而证明银行在现代社会完全可以成为"价值规律的化身"。

第五部分介绍了国家"一带一路"战略对民族地区金融的需求。"一带一路"覆盖的主要是民族地区，落实"一带一路"战略的核心是互联互通，其中之一就是资金融通。新成立的亚投行和丝路基金不仅说明了金融的重要，也为民族地区发展金融业提供了契机，同时也为民族地区经济发展和产业结构优化创造了前所未有的条件。

第六部分在分析了民族地区目前金融业现状和问题的基础上，阐述了民族地区产业结构优化所需要的金融服务体系，包括金融机构体系、金融市场体系和金融业务体系，最后又提出了适应民族地区经济、金融发展需要的金融管理体制。

在研究中笔者主要采用理论分析与实证检验相结合、定量分析与定性推导相结合的方法，注意实地调查研究，获得第一手资料。

四、主要结论

本书研究的主要观点和可能的创新之处在于：

第一，客观分析了民族地区的经济资源，包括民族及其历史文化资源、矿产资源、生态资源和区位资源，并特别指出我国民族地区的民族及历史文化资源、生态资源和区位资源是决定其产业结构的基本因素。

第二，提出了民族地区产业结构决定的模型。

民族地区的产业结构可以由下列模型决定：

$$Y = \phi(N, H, L, M, B, W, T, C, I, D)$$

式中，Y：产业结构。

N：民族资源，包括民族数量，各民族聚居的程度，以及民族风情及风俗保存情况。

H：历史文化资源，包括历史遗迹和历史资料的开发与整理。

L：区位资源。

M：矿产资源。

B：生态资源和生态约束。

W：劳动力资源。

T：技术资源或知识资源。

D：市场资源，或市场需求、市场约束。

C：资本。

I：信息资源。

根据各类资源在经济发展和产业结构优化过程中的地位和作用不同，可以将上述模型变化为：

$$Y = \phi C \cdot (N, H, L, M, B, W, T, D) \cdot I$$

这里我们把资本和信息作为公共要素（或者叫做综合性要素，也可以叫做通用要素）提取出来，体现出这两个要素的特殊地位和作用。

第三，传统的关于金融作用于产业结构调整的研究存在着致命的缺陷，既然金融有调节产业结构的功能，那么这种调节作用是金融固有的功能还是偶然发生的？为什么迄今为止世界各国的产业结构都没有在金融的作用下优化呢？经济危机的过程就是产业结构强制更新和调整的过程。当代社会，金融体系已经发展到了登峰造极的地步，为什么不能主动调整和优化产业结构，而必须要经过经济危机的破坏呢？这到底是金融无能，还是金融低能？从前人的分析中我们不能知道金融调整经济结构的目标是什么。

第四，金融在产业结构调整和优化过程中的优势是得天独厚的。由于银行成为全社会的资金中心和信息中心，因而成为价值规律的化身，因此就成为国民经济的核心部门，可以对经济结构的优化和经济的可持续发展发挥组织者的作用。与此相对比，证券市场虽然也有产业选择和资源配置的能力，但由于资金和信息分散，形不成统一的中心；同时证券市场是几乎完全市场化的场所，很难承担社会责任，也难以受国家和地区政策的制约，因此在产业结构的调整和优化过程中只能起配角作用。

第五，支持民族地区产业结构优化的金融服务体系应包括机构体系、市场体系和业务体系三个方面，同时，还需要有与之相适应的金融管理体制，即适当的自治制度。

第一章 民族地区的经济资源

资源是经济的基础，也是构成经济活动的基本要素。有什么样的资源，就会发展什么样的经济，也就会有什么样的经济结构。因此，了解民族地区的资源特点，对研究民族地区应该有什么样的经济结构具有非常重要的意义。

一、资源的含义与意义

所谓资源就是资财之源，是创造人类社会财富的源泉。资源分为自然资源和社会资源两大类。前者如阳光、空气、水、土地、森林、草原、动物、矿藏等；后者包括人力资源、信息资源、技术资源以及其他经过劳动创造的各种物质和精神财富。

人类对资源的认识经过了一个逐步演变的过程[①]，对自然资源的看法，历来都是以对人与自然关系的认识为基础的。从技术进步和生产力发展的角度来看，经济发展可以分为三个阶段：劳力经济阶段、自然经济阶段和知识经济阶段。

劳力经济是指经济发展主要取决于劳动力资源的占有和配置。在这一阶段，由于科学技术不发达，人类开发自然资源的能力很低。对多数资源来说，短缺问题并不突出，生产的分配主要是按劳动力资源的占有来进行，劳动生产率主要取决于劳动者的体力。

传统经济学往往把农业经济叫做自然经济。而从资源学的角度讲，自然经济就是指工业经济，即经济发展主要取决于自然资源的占有和配置。由于科学技术不断发展，人类开发自然资源的能力不断增强，使大多数可认识资源都成为短缺资源。尽管 19 世纪以来工业革命的完成使生产效率大大提高，但铁矿石和煤、石油等发展机器生产的主要资源很快成为短缺资源，开始制约经济发展，因此，这一阶段的经济发展主要取决于自然资源的占有，生产的分配主要按自然资源的占有来进行。

---

① 参见百度百科关于"资源（经济学名词）"的解释。

现代社会是知识经济社会。随着科学技术的高速发展，科学成果转化为产品的速度大大加快，形成知识形态生产力的物化，人类认识资源的能力、开发富有资源替代短缺资源的能力大大增强。因此，自然资源的作用退居次要地位，科学技术成为经济发展的决定因素。知识经济是以知识产业为基础产业的经济，其经济发展主要取决于智力资源的占有和配置。

在知识经济条件下对某种资源利用的同时，人类必须充分利用科学技术知识来考虑利用资源的层次问题，在对不同种类的资源进行不同层次的利用时，又必须考虑地区配置和综合利用问题。

资源是相对于人类认识和利用的水平来区分层次的。一般认为，材料、能源、信息是现实世界三项可供利用的宝贵资源，而整个人类的文明又可根据人类对这三项资源的开发和利用划分层次。①

人类社会的发展是由生产力和生产关系的矛盾运动发展决定的。起初，人类最先学会了利用材料来加工制作简单的生产工具，提高劳动生产力，但仅用材料来制作的工具是一种"死的工具"，要靠人力来驱动和操作，这大体是农业—手工业时代生产力的情形。后来人类进一步学会了利用能量资源，把材料和能量结合在一起制造新型生产工具，使原来"死的工具"变成了"活的工具"，但这种工具还是要靠人来驾驭和操纵，劳动生产力的提高仍受到人的身体因素的限制，这大体是工业时代的社会生产力的情形。到了现代，人类逐渐学会开发和利用信息资源，并把材料和能量同信息有机地结合起来，创造了不仅具有动力驱逐而且具有智能控制的先进工具系统，为社会生产力的发展开辟了无限广阔的前景。在传统经济中，人们对资源的争夺主要表现在占有土地、矿藏和石油等。而今天，信息资源日益成为人们争夺的重点，这大体是信息时代生产力的情形。

总之，人类从学会利用材料资源再到能量资源到信息资源，推动了人类社会从农业时代向工业时代再向信息时代的不断迈进，材料—能源—信息三位一体成为现代社会不可或缺的宝贵资源，只有全面地开发和综合利用三大资源，才能不断地推动社会进步和发展。

---

① 我们不得不承认的是，材料、能源和信息都是具有个别使用价值的资源，且忽视了有着普遍使用价值的资源——货币以及由此而发展起来的金融。通常有句话：有钱不一定都行，但没有钱却万万不行。在商品经济条件下，作为钱的货币成为了最充裕同时又是最稀缺的资源，更重要的是，这又是一种通用资源。

二、民族地区的优势资源

（一）民族及其历史文化资源

1. 民族及其历史文化是宝贵的经济资源

民族是"人们在历史上形成的一个有共同语言、共同地域、共同经济生活以及表现于共同文化上的共同心理素质的稳定的共同体"。中华民族历史悠久，民族文化源远流长。长期以来，各民族兄弟和睦相处，取长补短，共同进步，创造了各自多姿多彩，既有共性，又具自身特点的民族文学、民间艺术、民族音乐舞蹈和民族风情等民族传统文化。一般来说，各民族在历史渊源、生产方式、语言、文化、风俗习惯以及心理认同等方面具有共同特征，与此相对应，不同的民族在生产方式、语言、文化以及风俗习惯等方面就具有不同的特点。现代社会，虽然由于商品经济的冲击，各民族之间的趋同性在加强，但民族历史文化资源作为人类文化的宝贵遗产，是在不同时期与不同地域的自然、社会、政治、经济、文化背景下形成的，带有明显的地域文化和历史烙印，因此总是表现为各不相同的甚至千差万别的文化特征。各民族在长期的历史发展过程中所创造出来的带有该民族特点、反映该民族历史和社会生活的文化，包括物质文化和精神文化。精神文化主要包括语言、文学、科学、艺术、哲学、宗教、风俗、节日等。当民族共同体在人类历史上形成并区别于其他各种人们共同体的类型以来，文化总是表现为各不相同的民族文化。

民族历史文化属于社会人文资源，其范畴十分广泛，既包括作为文化载体的民族工艺、民族服饰、民族建筑、寺庙宫观以及民族文化设施等，也包括能体现区域精神、区域气氛、区域风格的民族历史、民族艺术、民族宗教、民俗风情、节日庆典等无形物。

2. 我国民族地区的少数民族及其构成

在中国，民族地区特指少数民族聚居区。实际上，中国的少数民族聚居区包括内蒙古、新疆、宁夏、广西、西藏五个民族自治区和云南、贵州、青海、四川、甘肃、黑龙江、辽宁、吉林、湖南、湖北、海南、台湾等省。在本书中，则是指包括五个民族自治区和云南省、青海省、贵州省在内的八个省区。

广西是多民族聚居的自治区，世居民族有壮、汉、瑶、苗、侗、仫佬、毛南、回、京、彝、水、仡佬12个，除回族使用居住地的汉语方言外，均有自己的语言，分别是壮语、汉语、瑶语、苗语、侗语、仫佬语、毛南语、京语、彝语、水语、仡佬语。另有满、蒙古、朝鲜、白、藏、黎、土家等40多个其他民族成分。少数民族人口有1794万（2006年1%人口抽样调查数据），其中壮族人口1518万，分别占自治区总人口的38.5%和30.8%。其中广西是全国瑶族人口最多的地区，约有150万人，约占全国瑶族总人口的60%；是全国仫佬族人口最多的地区，有17万多人，约占全国仫佬族人口的90%；环江毛南族自治县是全国唯一的毛南族自治县，也是我国毛南族最大的聚居区，有7万多人。广西是我国京族唯一的居住地，京族人口2.15万人，是我国最富裕的少数民族之一。

新疆也有50多个民族聚居，除原有的汉族、维吾尔族、哈萨克族、回族、柯尔克孜族、蒙古族、锡伯族、塔吉克族、乌孜别克族、满族、达斡尔族、俄罗斯族、塔塔尔族13个历史悠久的民族之外，还有东乡族、壮族、撒拉族、藏族、彝族、布依族、朝鲜族等。

西藏是以藏族为主体的民族自治区，还有汉族、回族、门巴族、珞巴族等其他民族。未识别民族有夏尔巴人和僜人，其人数较少，只有2000余人。

宁夏有42个民族，其中主要是汉族、回族、满族、蒙古族、东乡族等。

贵州省少数民族人口总量在全国排第四位，比重排第五位。全国56个民族中除塔吉克族和乌孜别克族外，其他民族在贵州均有分布。2010年贵州省常住人口中，少数民族人口为1255万人，占36.11%。少数民族常住人口中数量排前5位的依次为苗族、布依族、土家族、侗族和彝族，这5个民族人口合计占少数民族人口总量的82.09%。①

云南省2001年末总人口为4287.4万人。除汉族外，人口在5000人以上的世居少数民族有25种，少数民族人口占全省总人口的1/3。云南不但少数民族人口众多，而且少数民族种类在全国最多，还是国内跨境民族最多的省份。25个少数民族中，有13个民族分别跨越中越、中老、中缅边境，境外分布在越南北部、老挝北部和缅甸北部的广大地区，有些民族还延伸到泰国、柬埔寨和印度。跨境民族多，与周边国家的人民增添了一种亲戚关系，对云南扩大对外开放很有好处。云南25个少数民族分布比较复杂，但突出的特点有两个：一是交错分布、大杂居、个居。全省没有一个单一的民族县（市），也没有一个民族只住一个县（市），总的说来，在边疆地区分布居多；二是立体分布，与云南立体

---

① 2011年12月1日人民网，贵州少数民族人口总量居全国第四位，全省有54个民族。

地形、立体气候相联系，总的看来，傣、壮两族主要居住在河谷地区，回、满、白、纳西、布依、水等民族主要聚居在坝区，哈尼、佤、景颇、基诺等民族居住在半山区，苗、傈僳、怒、独龙、藏、普米等民族主要聚居在高山区。云南少数民族民居建筑各具特色，各式各样。云南少数民族的服饰绚丽多彩，各具特色。在语言和文化方面也有各自的语种和文字。民族节日也丰富多彩，有的民族有许多节日，有的节日则是多民族所共有。其大致分为宗教祭祀性节日、生产活动性节日、纪念庆祝性节日、社交娱乐性节日。较著名的节日有：彝族的火把节、白族的三月节、傣族的泼水节、纳西族的三朵节、景颇族的目脑纵歌、傈僳族的刀杆节等。云南是全国宗教类型最多的省份，佛教、道教、基督教、伊斯兰教、原始宗教在云南均有，堪称中国的"宗教王国"。

青海也是一个多民族的省份，除汉族外，主要是藏族、回族、土族、撒拉族、蒙古族等，其中在青海居住的藏族人占藏族总人口的20%，土族占78%，撒拉族占83%。此外，蒙古族也占到1.5%，保安族1.85%，裕固族1%。

3. 内蒙古的民族历史文化资源

内蒙古由汉族、蒙古族、满族、回族、达斡尔族、鄂温克族、鄂伦春族、朝鲜族等49个民族组成，其中蒙古族人口为421.1万人，占总人口的17.65%。其他少数民族人口为94.7万人，占总人口的3.97%。这里，我们以内蒙古为例，说明我国民族地区丰富的民族文化资源。由于内蒙古自治区是蒙古族的主要聚居区，也是这里主要的少数民族，因此，本部分对民族文化资源的介绍也以蒙古族为主。

（1）民族风情

蒙古族是我国内蒙古地区世居的少数民族，在长期的社会实践中形成了独具特色的民族风情，主要有那达慕、祭敖包、献哈达、敬酒等。

那达慕被称为草原盛会，是游艺、联欢的意思，源于七百年前，多在草原牛羊肥壮、稻谷飘香的8月举行。那达慕之日商贩云集，说书献艺应有尽有，热闹非凡，最扣人心弦的莫过于赛马、摔跤、射箭。

祭敖包是蒙古族传统的宗教活动，敖包是在草原、山坡或沙丘高地上用石头、土块、柳条等垒筑而成的。敖包最早是在茫茫无边草原上建立起来的能识别方向、道路、边界的标志，后成为祭祀山神、路神的地方。祭敖包多在七八月举行。祭祀时敖包上插树条，上面挂有五颜六色的布条或纸旗。在蒙古族人民心中，敖包是神圣的净地。

献哈达是蒙古族迎送客人、馈赠礼品、年节交往中的礼节，有时还伴随吟唱和祝词，更染敬重的气氛。哈达以白布帛或丝绸为主，长短不一，一段约一尺二寸至一尺五寸长，两端有丝脱出，约半寸许，其长短均视被交者和场合而定。

蒙古族斟酒敬客最考究。美酒是食品之精华，五谷之结晶，是最能表达朋友之忠诚的珍贵食品。主人将美酒斟在银碗或金杯中，托在洁白的哈达上，唱起感人的祝酒歌，表达自己的真诚与感情，此时客人接过酒，能饮则饮，不能饮则品尝少许，然后将酒归还主人。万不可推推让让、拉拉扯扯，谢绝主人的敬酒，否则他会认为您对主人瞧不起，不愿交朋友，不能以诚相待。

（2）民族美食

"金杯、银杯斟满酒，双手举过头；炒米、奶茶、手扒肉，请你吃个够。"这首祝酒歌，对蒙古族饮食文化作了精确的概括。

蒙古族富有特色的食品很多，如烤全羊、涮羊肉、烤羊腿、手扒肉、烤牛鞭，以及马奶酒、奶茶、酥油、扒驼掌，面食主要有烧卖、莜面、荞面。

烤全羊是蒙古族的传统名菜，也是招待贵宾或举行重大庆典时的盛宴特制的佳肴。一般选用草原上膘肥、体重40斤左右的绵羊宰杀后，去毛带皮腹内加葱、姜、椒、盐等佐料整体烤制而成。此菜羊形完整，羊跪在方木盘内，色泽金红，羊皮酥脆，羊肉嫩香。

涮羊肉起源于元代，选用大尾绵羊的外脊、后腿、羊尾等部位，切成薄片，放在火锅沸汤中轻涮；再取备好的麻酱、腐乳、韭菜花、葱花、姜丝、虾油等作佐料，肉片鲜嫩可口，不膻不腻，边涮边吃。

羊背子是蒙古族民众最喜欢的名贵菜肴，只有在祭祀、婚嫁、老人庆寿或欢迎亲朋贵宾的宴席上才可见到。手扒肉是内蒙古大草原各族人民千百年来最喜欢、最常用的传统食品，也成为内蒙古地方风味之一。烤牛鞭食用、药用价值兼备，具有滋肾润肺、强筋壮骨之功效。

马奶酒，蒙语称作"乞戈"或"艾日戈"，是用马奶酿制的一种酒精含量颇小的饮料。奶皮子属奶食中精品，酥油味道独特营养价值极高，中西餐均可饮用。奶茶是蒙古民族传统的热饮料，有暖胃、解渴、充饥、助消化的功能，既可代汤下饭，又可待客。

烧卖又称稍美，是呼和浩特的一种流传很久，至今不衰的传统风味食品。莜面则是绝对的健康食品，有低糖、降压、降脂之功效。

（3）民族服饰

内蒙古地域辽阔，由于自然环境、经济状况、生活习惯不同，形成了各具特色且具有浓厚草原风格的服饰。其中最典型的莫过于蒙古袍，主要包括长袍、腰带、靴子、首饰等。但因地区不同在式样上有所差异，以女子长袍为例：科尔沁、喀喇沁地区的蒙古族受满族影响，多穿宽大直筒到脚跟的长袍，两侧开叉，领口和袖口多用各色套花贴边；锡林郭勒草原的蒙古人则穿肥大窄袖镶边不开叉的蒙古袍；布里亚特妇女穿束腰裙式起肩的长袍；鄂尔多斯的妇女袍子分三件，第一件为贴身衣，袖长至腕，第二件为外衣，袖长至肘，第三件无领对襟坎肩，钉有直排闪光纽扣；青海地区的蒙古人穿的长袍与藏族的长袍较为相近。除了青海以外，男子的服饰各地差别不大。春秋穿夹袍，夏季着单袍，冬季着棉袍或皮袍。蒙古族平时喜欢穿布料衣服，逢年过节或喜庆一般都穿织锦镶边的绸缎衣服。男装多为蓝、棕色，女装喜欢用红、粉、绿、天蓝色。

此外，比较有特色的就是蒙古族的摔跤服。蒙古族的摔跤服是蒙古族服饰工艺。摔跤比赛服装包括坎肩、长裤、套裤、彩绸腰带。坎肩袒露胸部，长裤宽大。套裤上图案丰富，一般为云朵纹、植物纹、寿纹等，图案粗犷有力，色彩对比强烈。内裤肥大，用 10 米大布特制而成，利于散热，避免汗湿贴于体表，也适应摔跤角力运动特点，使对手不易使用缠腿动作。套裤用坚韧结实的布或绒布缝制，膝盖处用各色布块拼接组合缝制图案，纹样大方庄重，表示吉祥如意。服装各部分配搭恰当，浑然一体，具有勇武的民族特色。

（4）民间文化

内蒙古有丰富多彩的民族文化，赛马、摔跤、射箭被称为蒙古族的"男儿三艺"，每年7月中下旬举办的那达慕草原旅游节，集中展示蒙古民族歌舞、体育、竞技、服饰、饮食等方面的灿烂文化。

蒙古民族的劝酒往往通过情真意切的歌唱表达出来，唱歌与劝酒是同时进行的，往往一人主唱之后，大家举杯合唱，然后大家一起干杯，如此数遍，酒意酣畅。歌唱有礼仪性的，也有即兴尽兴的，有一人或数人的，也有合唱的，其歌唱往往痛快淋漓，通宵达旦。歌曲的内容广泛，如赞美故乡、思念亲人、怀念故土的《诺恩吉雅》《母亲的恩情》《金姐》等；哀歌、格言歌、摇篮曲、讽刺歌有《波茹莱》《都吉娅》《丁格尔大喇嘛》等，仪式歌包括祭祀歌、安代歌、婚礼歌、宴歌、酒歌等，有《四季》《金珠尔玛》《篝火歌》等；反映妇女生活的歌有《万梨》《高小姐》《德力格尔玛》等；情歌有《韩秀英》《达古拉》《金叶玛》等。

流行于内蒙古的安代舞起源于库伦旗。传统安代以唱为主，伴以舞蹈动作，是科尔沁"博"治病的一种方式，带有民俗色彩。1949 年以后，逐渐变为自娱性民间舞蹈，经过不断完善与发展，由民间进入剧场，成为喜闻乐见的民族艺术形式。

蒙古族青年男女结婚，要选择吉日，男方要给女方家送彩礼。彩礼有现金、衣服、布匹、首饰、稻谷等。女方家陪嫁的东西有柜子、被褥、衣服、首饰、电器、自行车、大米等。钥匙由女方家送亲人保管，等新娘到了男方家后，由新郎的母亲拿钱来赎钥匙，再交给新娘。结婚前一天，男方要把贴有红纸的羊背子和酒送到女方家，既作为礼物又让女方家用于招待宾客。结婚这一天，新郎在陪郎的伴随下来女方家迎亲，同时要挑点青菜送新娘家。按习俗，迎亲过程中新郎不能说话，一切由陪郎应酬和周旋，直到把新娘娶回家。到女方家后，新郎被安排独席吃饭，并不能动手，只能由陪郎夹菜喂新郎吃。当男方来的人们把嫁妆挑、抬出门的时候，新郎就可以迎上新娘出门了。

新娘梳着少妇的发式，从上到下、从里到外都穿着崭新的衣服。服饰尚青、黑色，衣裙的花边图案与上衣的高领，都与内蒙古自治区蒙古族相近。新娘穿的一件小褂，由送亲队伍中一孩童保管。新娘由舅舅抱进轿子，并由新娘的弟弟陪送到男方家。新娘上轿后要哭泣，表示不忍离开家，且要一路啼哭，直至进洞房。

新娘进入男方家大门之前，要烧喜神纸，进入大门后要劝新娘停止哭泣，进入洞房后要揭去新娘的红头巾，并供到堂屋中。吃饭时让新娘在洞房内吃独席，由新郎为新娘添饭。当晚，姑娘和小伙子要来庆贺，家里一片欢笑声和歌声。

第二天，新婚夫妇要到女方家回门，同时在女方家拜天地和祖先，岳父母同时给新郎一个银镯子。从女方家返回男方家的路上，不管碰到什么人，新婚夫妇都要作揖。返回男方家后，他们还要拜天地和祖先。

第三天去上祖坟。新婚夫妇在姑娘和小伙子的陪伴下，挑着猪头等供品和食品去上男女双方家的祖坟。回来后，新娘烧火，新郎挑水，给长辈和同伴烧洗脚水。婚礼至此即告结束。

篝火节是内蒙古北部鄂伦春族人的传统节日。在每年的6月18日，鄂伦春人都会燃起篝火，并集体围绕在篝火旁，载歌载舞，欢乐通宵。

（二）矿产资源

矿产资源按其特点和用途，通常分为金属矿产、非金属矿产和能源矿产三大类。能源矿产是可以提供或者产生能量物质的矿物，如石油、天然气、煤、核能、地热等9种。金属矿产是指那些质地属性为金属性的矿物，如黑色金属、有色金属、贵金属、稀有金属、稀土金属矿产等。其中黑色金属矿产有铁、锰、铬、钛、钒等22种，有色金属矿产有铜、铅、锌、铝、锡等13种，贵金属矿产有金、银、铂等8种，稀有金属矿产有锂、铍、锆、锶等8种，稀土金属矿产有硒、镉等20种矿产。非金属矿产包括化工原料非金属、建材原料非金属矿产等，如化工原料非金属矿产有硫、磷、钾、盐、硼等25种，建材原料非金属矿产有金刚石、石墨、石棉、云母、水泥、玻璃、石材等100多种，水气矿产主要有地下水、矿泉水、二氧化碳气等6种。

1. 民族地区的矿产资源

民族地区的地质条件复杂，矿产资源极为丰富。在全国已探明的140多种矿产资源中，这些地区有120多种，其中煤炭储量占全国的39.4%，石油储量占27.8%，天然气储量占87.5%，一些稀有金属的储量名列全国乃至世界前茅。如新疆维吾尔自治区已探明的矿产资源就有122种，占全国已探明的79%，而且探明储量居全国第一位的矿产有6种之多，其中石油和天然气蕴藏量预计达300亿吨，占全国的25%以上，煤的远景储量居全国之首；内蒙古自治区已探明储量的矿种有70多种，其中稀土和铌的储量居世界第一，天然碱的储量为全国之首，煤的储量居全国第二，而且开采条件极好；广西壮族自治区的锰矿资源遍布全区，储量、产量和出口量都居全国之首；云南省号称"有色金属王国"，锡、铝矿和煤矿的储量居全国之首，铜矿储量居全国第三，锂矿和精硼的储量名列世界前茅；青海省的钾盐储量占全国的97%，是世界最大的产地之一；宁夏回族自治区石膏储量也居全国首位。

2. 内蒙古的矿产资源

内蒙古是我国矿床类型比较齐全的省区之一，现已发现各类矿床4100多处，种类达128种。已探明矿产资源储量并上储量平衡表的有83种，其中能源矿两种，金属矿32种，非金属矿49种。在已探明储量的矿种中，储量居全国首位的有7种，前3位的有22种，居全国前5位的有41种，居全国前10位的有56种。内蒙古自治区现有大型矿产地106个，中型矿产地177个，小型矿产地501个。铌、锆、稀土、冰洲石、煤、铬、锌、钽、铍、铅、萤石、砷、蛭石、锡、硅藻土、珍珠岩、铁、铜、银、钨等储量居全国前10位，特别是稀土资源储量居世界之首。内蒙古已探明的黑色金属矿主要有铁、锰、铬，其中铁矿资源最丰富，目前已发现大小铁矿产地254处，累计探明储量17.12亿吨，居全国第9位，储量集中于包白和集二两条铁路沿线。其中白云鄂博以富有铁和稀土等多种金属共生矿而成为世界罕见的"宝山"。铬铁矿探明储量 180 万吨，居全国第二位。已知锰矿产地 35 处，储量 31.4 万吨，居全国第 15 位。有色金属资源已上储量表的矿种有铜、铅、锌、铝、镍、钴、钨、锡、铋、钼 10 种，其储量居全国前 10 位的有 6 种，矿产地 102 处。贵重金属资源，内蒙古自治区共发现金矿床、矿点 200 余处，探明储量的原生金矿产 28 处，保有各类黄金储量 127 吨。银矿产地 23 处，累计探明储量 4749 吨，保有储量 4141 吨。冶金辅助原料资源，非金属矿已探明储量的矿产地 64 处，其中铸型用砂、铁矾土、萤石储量居全国前三位。化工原料资源有硫铁矿、湖盐、芒硝、天然碱等 11 种，其中天然碱、硫铁矿、芒硝、砷、泥炭、溴在全国储量排序中居前 5 位。达拉特旗芒硝矿储量 34 亿吨，是世界上最大的芒硝矿之一。建筑原料资源已探明储量的有石棉、石墨、石膏、石灰石等 15 种。其中蛭石、冰洲石储量居全国首位，石膏、砖瓦黏土储量居全国第 2 位，耐火黏土、云母储量居全国第 3 位，石墨居全国第 5 位。

（三）生态资源

1. 民族地区的生态资源

生态（Eco－）一词源于古希腊字，意思是指家（house）或者我们的环境。1869 年，德国生物学家 E. 海克尔（Ernst Haeckel）最早提出生态学的概念，它是研究动植物及其环境间、动物与植物之间及其对生态系统的影响的一门学科。如今，生态学已经渗透到各个领域，"生态"一词涉及的范畴也越来越广，人们常常用"生态"来定义许多美好的事物，如健康的、美的、和谐的事物均可冠以"生态"修饰。

在人类生态系统中，一切被生物和人类的生存、繁衍和发展所利用的物质、能量、信息、时间和空间，都可以视为生物和人类的生态资源。

我国少数民族居住地区十分辽阔，从寒冷的东北、西北和北方到亚热带的云南省西双版纳，跨越北纬十几度到五十几度，形成了少数民族地区温差大、气候条件复杂、特产富饶的特点。

民族地区的农作物种类繁多，除了粮食作物外，还适宜种植多种经济作物。例如，海南、广西、云南的橡胶、胡椒、咖啡、甘蔗、剑麻、香蕉等。在日照时间长的新疆除生产优质长绒棉外，还产哈密瓜、无子葡萄、核桃、石榴等，云南、贵州的烟草、茶叶等，都是全国其他地方所不具有的产品优势。此外，中国珍贵的飞禽走兽、名贵的药材，也有很多产于少数民族地区。

民族地区的草原面积达 45 亿亩，占全国草原面积的 94%，其中可利用的草原面积达 32 亿亩，占全国的 95%。西藏、青海、新疆和内蒙古都有广阔的大草原，良好的天然牧场是发展我国畜牧业的基地。

民族地区蕴藏着丰富的森林资源，森林蓄积量约占全国森林蓄积量的一半，其木材蓄积量也占全国的一半以上，而且植物种类繁多，仅云南省的植物种类就有 15000 多种，相当于全国植物种类的 50%。在我国东北的大小兴安岭、西北的天山、阿尔泰山、祁连山、西南的横断山、云南的西双版纳、黔东南地区、广西的大瑶山、十万大山等地都是我国林业经济的重要基地。

民族地区还是人参、鹿茸、天麻、贝母、虫草、麝香、红花、三七、枸杞子、雪莲、灵芝等名贵药材的产地。在深山老林里栖息着大象、熊猫、金丝猴、孔雀、东北虎等珍禽异兽。

民族地区是我国的四条主要河流即长江、黄河、珠江、雅鲁藏布江的发源地和主要流域所在地，水能资源十分丰富，其蕴藏量达 35000 多万千瓦，占全国的 52.5%，其中西藏、云南、新疆、青海、贵州和广西的水能蕴藏量在全国分别占第一、第三、第四、第五、第六和第八位。

2. 内蒙古的生态资源

农业资源。内蒙古现有耕地 549 万公顷，人均占有耕地 0.24 公顷，是全国人均耕地的 3 倍，实际可利用的耕地面积超过 800 万公顷，人均耕地面积居全国首位。内蒙古农业区和半农半牧区主要分布在大兴安岭和阴山山脉以东和以南。河套、土默川、西辽河、嫩江西岸平原和广大的丘陵地区，有适于农作物生长的黑土、黑钙土、栗钙土等多样性土壤地带和可利用的地上地下资源，从而形成自治区乃至我国北方的重要粮仓。内蒙古农作物多达 25 类 10266 个品种，主要有小麦、玉米、水稻、谷子、莜麦、高粱、大豆、马铃薯、甜菜、胡麻、向日葵、蓖麻、蜜瓜等独具内蒙古特色的品种，其中莜麦、荞麦、华莱士瓜颇具盛名。此外，内蒙古还有生产苹果、梨、杏、山楂、海棠、海红果等耐寒耐旱水果的良好条件。

畜牧业资源。内蒙古天然草场辽阔而宽广，总面积位居全国五大草原之首，是我国重要的畜牧业生产基地。草原总面积达 8666.7 万公顷，其中可利用草场面积达 6800 万公顷，占全国草场总面积的 1/4。内蒙古现有呼伦贝尔、锡林郭勒、科尔沁、乌兰察布、鄂尔多斯和乌拉盖 6 个著名大草原，生长有 1000 多种饲用植物，饲用价值高、适口性强的有 100 多种，尤其是羊草、羊茅、披碱草、野燕麦等禾本和豆科牧草非常适于饲养牲畜。从类型上看，内蒙古东北部的草甸草原土质肥沃，降水充裕，牧草种类繁多，具有优质高产的特点，适宜于饲养大畜，特别是牛；中部和南部的干旱草原降水较为充足，牧草种类、密度和产量虽不如草甸草原，但牧草富有营养，特别宜于养羊；阴山北部和鄂尔多斯高原西部的荒漠草原，气候干燥，牧草种类贫乏，产草量低，但牧草的脂肪和蛋白质含量高，是小畜的优良放牧场地；西部的荒漠草场很适合饲养骆驼。著名的三河马、三河牛、草原红牛、乌珠穆沁肥尾羊、敖汉细毛羊、鄂尔多斯细毛羊、阿尔巴斯绒山羊等优良畜种在区内外闻名遐迩。

水资源。内蒙古水资源总量为515.5亿立方米，流域面积大于300平方公里的河流有258条，较大的湖泊有295个，全年平均降水量为50~500毫米。全区淡水面积85.7万公顷，可利用水面为51.1万公顷，已利用的水面有49.5万公顷。发展淡水养殖前景广阔，饲养的主要鱼种有鲤、鲫、鲢、鳊等十几种，尤以黄河鲤鱼最为著名。

野生动植物资源。内蒙古各类植物2351种，其中野生植物2167种，引种栽培的有184种。这些植物已分属于133科，720属，被列为第一批国家保护的珍稀野生植物的有24种。野生植物按经济用途可分为十几类。纤维植物有樟子松、落叶松、大叶草、芦苇、红柳等70多种。中草药有人参、天麻、麻黄、肉苁蓉、柴胡、甘草等500多种。榛子、山杏、金莲花等几十种植物的种子是榨油的好原料。酿造的重要原料有越橘、笃斯、悬钩子、山樱桃等。几十种食用植物中尤以猴头、口蘑和发菜最负盛名。内蒙古兽类分属于24科，有114种，占全国兽类450种的25.3%。兽类中具有产业价值的50余种，珍贵稀有动物10余种。鸟类分属于51科，有365种，占全国鸟类的31%。被列入国家一、二、三类保护的兽类和鸟类共有49种。蒙古野驴和野骆驼属于世界上最珍贵的兽类，驯鹿是内蒙古特有的动物，还有百灵鸟是自治区区鸟。全区有啮齿动物54种，约占全国种数的1/3，多属害兽。

（四）区位资源

我国的民族地区基本上都处于祖国的北、西、西南边境，这样的地理位置本身就是其他任何地区不可替代的资源，包括气候资源以及由此而生成的自然生态资源，如南热中温北冷、南海中沙北草、南泳中闲北冰。此外，在我国东起辽宁省丹东市的鸭绿江口、西至广西壮族自治区防城港市的北部湾畔2.2万公里的陆地边境线之中，有1.9万公里在民族地区。广西、云南、西藏、新疆、内蒙古等与俄罗斯、蒙古、哈萨克斯坦、吉尔吉斯斯坦、塔吉克斯坦、阿富汗、巴基斯坦、印度、尼泊尔、不丹、缅甸、老挝、越南等国家相连。由于边境线漫长，与周边国家交流频繁，是中国向西、向北和向南亚国家开放的门户地区，具有特殊的区位优势，有20多个少数民族与邻国属同一民族，各民族族缘关系悠久，语言文字相通，习俗相近，很多民族有着共同的宗教信仰，与周边各国有着传统的经济文化联系，在资源结构和经济技术结构方面与周边国家存在很强的互补性。西部地区在历史上曾出现过"丝绸之路"时期的开放繁荣，随着国家对外开放由东向西推进，西部将发展成为我国对外开放的"前沿"地区。著名的通商口岸有与越南相通的广西的凭祥友谊关、浦寨、东兴、里火、爱店、水口、龙邦、平孟以及云南的天保、河口镇、金水河，与老挝相通的口岸有云南的磨憨，与缅甸相通的口岸有云南的打洛、清水河、南伞、瑞丽、片马、猴桥、滇滩，与印度相通的口岸有西藏的亚东乃堆拉山口，与尼泊尔相通的口岸主要是西藏聂拉木，与巴基斯坦相通的口岸有新疆的喀什红其拉甫，与塔吉克斯坦相通的有新疆的卡拉苏—阔勒买，与吉尔吉斯斯坦相通的有新疆的伊尔克什坦，与哈萨克斯坦相通的有新疆的都拉塔、霍尔果斯、阿拉山口、巴克图、吉木乃，与蒙古相通的有新疆的塔克什肯、老爷庙以及内蒙古的策克、满都拉、二连浩特、珠恩嘎达布，与俄罗斯相通的有内蒙古的满洲里。

三、民族地区的劣势

（一）现代知识缺乏

由于贫困、"三农问题"导致人们观念相对落后，具有一定的保守性。这是西部民族地区发展特色经济最大的障碍。

众所周知，西部地区是我国的贫困地区，其贫困既表现为相对贫困，又存在绝对贫困。西部各省（自治区、直辖市）存在着大量的城市贫困人口群体和乡村贫困地区；而农村贫困化问题，表现得更为复杂。"三农问题"的严重又加剧了西部地区的贫困，成为发展的瓶颈。因此形成了一个恶性循环：贫困和"三农问题"——导致人们文化素质普遍较低——不愿也很难走出西部——使人们观念相对落后，具有一定的保守性——难以脱贫。

因此，缺少人才，引进人才难，留住人才就更难。新中国成立以来，虽然西部地区也相继有了很多高校，培养了不少人才，但这些人才许多都"孔雀东南飞"了。即使费力引进了人才，要留住人才也很难，这主要是西部地区还没有真正形成有效的用人、留人、育人的环境与机制。

（二）生态环境脆弱

任何民族的生存和发展，都有其自身的规律与进程。而对于具体民族来说，其产生的早晚、发展的快慢，与地理条件、生态环境关系极大。作为一个民族的生存发展，也就离不开它所处的生态环境，并且要与之适应。以蒙古族为例，世居北方草原地区，草原生态决定了他们的生计方式是草原畜牧业，而保证畜牧业发展的关键也就是草原植被了。

前面说过，我国少数民族地区生态资源丰富。但是，由于历史的原因，这些地区的社会经济文化发展普遍处于落后状态。新中国成立后，我国大力发展少数民族地区的经济，采取了多种措施，其中重要的一项就是大力发展少数民族地区的农业。但这种经济增长模式以牺牲环境资源为代价，单纯追求经济发展目标，再加上生产方式落后、交通不便、信息闭塞，基础设施条件差，商品经济欠发达，农民不知道种什么赚钱，往往是别人种什么就跟着种什么，只会就地取材、靠山吃山、靠水吃水、开荒砍树、消耗存量环境资源，这样势必破坏生态、污染环境。从我国少数民族地区的生态环境来看，山地面积占了总面积的80%，经过几千年的开垦，如今少数民族地区开垦出的农田达到2亿亩。尽管在开垦农田上取得了很大的成就，但是，在维护农田生态平衡上，仍然存在很大的主观、盲目、无视科学规律的现象。甚至，许多地区片面强调"以粮为纲"方针，群众到处开荒，造成了水土流失、干旱严重，地力越来越下降的状况。从森林资源来看，由于多年的乱砍滥伐，我国的森林资源严重不足，少数民族地区的森林损失十分严重。以东北大兴安岭南部地区为例，在20世纪80年代，由于不合理的采伐和火灾，大面积森林被毁坏，自然生态失去平衡，空气湿度和降雨量都大幅下降，干旱和风沙增多，严重影响了当地蒙古族、鄂温克族等少数民族的农牧业生产和生活。从草原生态来说，从1949年到1979年30年间，我国少数民族自治地区的草原建设面积近8000万亩，牲畜由4000多万头增到1.7亿头，有了极大发展。但是，由于缺乏科学经营管理，我国的草原生态曾经遭受了严重破坏。据1981年统计，我国43亿亩草原中，退化的达到10亿亩。同时，草原沙化极为严重，由于以往政策失误，过度的盲目开荒，造成了草原大面积沙化，使我国沙漠面积达到4.92亿亩。再有，以往过分强调牲畜存栏数，导致牲畜损失以及来年草地消耗增大，能量流失严重。草原的生态破坏，一方面使畜牧业发展缓慢并呈下降趋势，严重影响了我国民族地区经济的发展。另一方面自然环境的破坏，也是近年来我国频发沙尘暴的原因。美国人唐纳德·沃斯特曾写道："2001 年春季中国的尘暴，以及其他许多同样的尘暴，其原因与美国 70 年前可怕的尘暴灾难如出一辙。中国的地理是美国的翻版。它的干旱地区在北部，而美国的则在西部，两个地区都正遭受着干旱。但这两个地区一直都在被迫生产更多的粮食以养活不断增长的人口，迄今依然如此。它们脆弱的草原被开垦出来生产农作物，或者用来放牧过多的牛、绵羊和山羊。国度虽然不同，发生尘暴的原因却只有一个：人为的生态破坏。"

从以上可以看出，我国民族地区面临着可怕的生态环境破坏！

再从内蒙古的情况看。据 2000 年的一份材料报道，内蒙古的生态屏障岌岌可危。文章说，总面积 118.3 万平方公里、东西长 2400 多公里的内蒙古自治区西接新疆，东至大兴安岭，是"我国北方最重要的生态屏障"。然而让人担忧的是，这道至关重要的屏障越来越不牢靠了：全国荒漠化土地为 2.62 亿公顷，内蒙古就占到 1/3 左右；全国荒漠化扩展速度在 4% 以上的地区有 7 处，内蒙古就占 3 处；昔日"风吹草低见牛羊"的天然草场越来越少，草场退化沙化面积已占全区可利用草场面积的一半以上，而且还在以每年 80 万公顷的速度扩展。

是什么导致了如此可怕的后果？干旱少雨、气候变暖等自然因素固然不可忽略，而人类饮鸩止渴式的索取也难辞其咎——超载放牧。与 50 年代相比，全区天然草原牧草产量普遍下降 30% ~ 70%，而牲畜量却快速增长，1998 年全区牲畜总头数达到 7387.2 万头，是 1978 年的 1.8 倍，饥饿的牛羊把草根都吃了，草场怎能不退化、沙化？

乱开滥垦。"古已有之"的垦荒至今屡禁不止。冬春季节，干燥裸露的薄土层经不住西伯利亚强风的吹掠，两三年之后就沙石尽现，相当一部分沦为戈壁荒漠。

上游地区过度用水。黑河是阿拉善盟额济纳绿洲的生命之水，由于上游来水不足，流经额济纳的水量由 80 年代的 8 亿立方米锐减到 90 年代的 1.8 亿立方米。

滥挖药材。每年春秋两季，大批人员涌入内蒙古西南地区，搂发菜，挖甘草，大片草场因此沙化。

专家们指出，长此以往，内蒙古这道生态屏障将演变成威胁北方乃至全国

民族地区产业结构优化的金融服务体系建设研究

的最大荒漠。①

人民网报道了内蒙古草原生态不堪恶化，几大河流面临断流危险的情况。

过度放牧　生态恶化　每头（只）牲畜的平均草场占有面积从170亩左右降至14.6亩。

在锡林郭勒盟的苏尼特草原，一座座白色的沙丘披上了"绿纱"，繁茂的灌草植被锁住了滚动的沙丘。就在10年前，这里还是草原退化、沙化加剧，沙尘暴频繁发生的另一番景象。

历史上的苏尼特草原曾经水草丰美，但从20世纪80年代开始，由于常年干旱少雨，加之超量饲养、过度放牧，沙化日益严重，草原生态逐步恶化。

据统计，苏尼特左旗1999年牲畜达到198万头（只），是解放初期的10倍。与1949年相比，锡林郭勒盟1999年牧区人口增加了3倍，牲畜头数增加了10倍；每头（只）牲畜平均草场占有面积由170亩左右降至14.6亩。锡林郭勒盟的大部分地区，正常年景牧草基本被"啃光剃净"。

许多人不明白，千百年来游牧民族"逐水草而居"，追求人与自然的和谐，为何近年会出现过度放牧呢？

"首先是人口激增，造成草原负荷加剧；其次是牧区收入单一，近年科技投入不足，品种改良滞后，单产下降，牧民只能靠增畜来增收。"内蒙古发改委副主任杨崇义告诉记者，造成草原生态恶化的原因主要有三：一是自然因素的影响。干旱少雨、鼠虫害等自然灾害频发，导致草原生态不断恶化。二是人为因素影响。超载过牧、过度利用草原以及乱开滥垦滥挖等现象屡禁不止。三是草原投入严重不足。经测算，从新中国成立初期到20世纪90年代后期，各级财政投资草原建设的资金每亩不到2分钱。

矿产开采　"致命诱惑"　露天开采不仅毁坏草原植被，也严重破坏了地下水资源。而当地干部说："总不能让我们守着金山饿死吧？"

乌珠穆沁草原是内蒙古最好的草原之一。如今，各种各样的重型运煤车辆穿梭往来，留下一道道车辙，仿佛是草原上的道道伤痕。

内蒙古草原遍地是"宝"，蕴藏着丰富的煤炭、铜铁、石油、天然气以及稀土等矿藏。在工业需求与丰厚利益的驱动下，内蒙古已经成为全国重要的能源供应基地、矿产开采和冶炼基地。

---

① 赵永新.《人民日报》记者透过沙尘看北疆——内蒙古自治区生态环境采访札记［N］.2000-05-08（5）.

位于呼伦贝尔草原腹地的伊敏河露天煤矿是我国目前正在开发的大型露天煤矿之一。据专家介绍，仅规划开采的一、二露天矿占地 4.95 万亩，每年鲜草产量减少近万吨。如按矿区总体规划，占用草场 20 多万亩，牧草将减产 4 万吨。据调查，一露天采掘坑附近亩产鲜草由 200 多斤减至 170 多斤。

露天开采破坏的不仅是草原植被，更严重的是破坏了地下水资源。近年来，呼伦贝尔 7 大河流全部出现断流。

此外，草场土地征用后，原来放牧的牲畜将转移到周围草场，加重周围草场载畜负荷量，加剧草场退化。

面对工矿开发和草原生态保护的矛盾，地方领导也很无奈。上级部门对地方干部的考核，GDP 仍然是最重要的指标。对内蒙古这样一个资金、技术、人才都不占优势的西部内陆省区来说，不依托矿产资源开发，要取得经济快速发展，无疑十分困难。

对这种开发，当地有一个著名的说法，叫做"点上开发、面上受益"，意思是每转移一个牧民，就相当于缓解了将近 1 平方公里的生态压力，而建成一个环保达标的现代化 4×60 万千瓦燃煤电站和与之配套的年产 1100 万吨原煤的露天矿，占地只有 5 平方公里左右，但每年可实现工业增加值 20 亿元左右，同时可直接或间接吸纳上千名牧民转移就业，相当于 1000 多平方公里草场得到长期有效保护。

西乌旗的一个干部说得更直白，"当各地的人们享受着现代文明的时候，总不能让我们在草原上守着金山饿死吧？"

垦草种粮 愈演愈烈 开垦者每户年收入 5 万～30 万元。2009 年内蒙古开垦草原案件 947 起，居各类草原违法案件前列。

近年来愈演愈烈的草原开垦之风，也成为草原生态恶化的主因之一。

通辽市扎鲁特旗曾是草原肥美的地方，随着科尔沁草原的退化，扎鲁特旗已成为"科尔沁最后一块完整的草原"。但就在这里，当地一位嘎查长（村长）介绍说，1996 年以来，该嘎查 70% 以上草场先后被开垦，总开垦数达到了 5 万亩。开垦后的草原对外承包第一年租金达 280 元/亩，随着土壤被风吹走的程度加重租金逐年递减。种玉米一般耕种 6 年，土壤的 70% 以上即会被风吹走，变成白干土；种绿豆一般只种 3 年，土壤的 70% 以上就被风吹走了。

虽然草原在大面积消失，但开垦者的收入却十分可观，每户年收入 5 万～30 万元不等，少数能达到 60 万～70 万元。

内蒙古典章法学与社会学研究院院长杜文告诉记者，内蒙古草原脆弱的自然属性决定了草原的生态极易遭到破坏，要想恢复，至少需要30年，而原始生态系统、植被种群和植物多样性的恢复则几乎是不可能的。另外，开垦草原进一步加剧了当地草畜失衡的局面。

记者在采访中了解到，由于粮食价格上涨和国家各种惠农补贴的落实，很多人都有弃牧从耕的计划，草原开垦之风愈演愈烈。2009年内蒙古开垦草原案件947起，居各类草原违法案件的前列。

为遏制草原开垦之风，内蒙古自治区政府办公厅近日发出紧急通知，要求各地区采取有效措施，坚决制止和严厉打击各种开垦草原行为，纠正以牺牲草原生态环境为代价换取短期经济增长的行为。

牧民增收　越来越难　　大面积实施禁牧、休牧、轮牧制度后，牧民较难适应新的生产方式。饲养成本增加近2倍。

牧民为何想弃牧从耕？答案令人心酸。作为草原的主人，牧民正在因生产生活成本剧增、牲畜减少、生产生活方式转变不适应等诸多因素，增收困难，生活压力加大。

锡林郭勒草原生态最为脆弱的浑善达克沙地，昔日一片片沙化的草原重现绿色生机。在正蓝旗桑根达来镇敖力克嘎查牧民孟庆银家，记者聆听了一位普通牧民近10年来为保护草原生态而作出牺牲的故事。

2001年，锡林郭勒盟确定孟庆银所在的嘎查为首个移民点，要求全嘎查整体搬迁到10公里外的桑根达来镇近郊。孟庆银和其他100多户牧民，卖掉所有的牛羊，搬迁到距桑根达来镇1公里处的移民村。按照政府的规划，移民们开始养奶牛。习惯了放牧的他，没想到养奶牛"比伺候老人还难"。这些年奶牛市场起起落落，让他吃了不少苦头。

孟庆银说，刚搬来那几年，心里特难受。自家原来的1000亩草场光网围栏就投入2万多元。当年着急搬迁，牛羊低价处理，99头牛才卖了8万元。

锡林郭勒盟生态建设办公室副主任包艳梅告诉记者，近些年来，自治区大面积实施禁牧、休牧、轮牧制度，牧民为了草原生态的确牺牲得太多。从统计数字上看，内蒙古牧民人均收入高于农民收入，但由于牧区地处偏远，气候寒冷，牧民消费支出远远高于农民，实际纯收入呈递减趋势。

同时，由于惠农惠牧政策不平衡，牧民的转移性收入明显低于农民。而随着饲料价格的上涨，饲养一只羊的成本从2002年到2009年增加了近2倍。目前，内蒙古牧民人均债务余额达484.5元，户均贷款额为2万元左右。

（三）经济发展水平较低

尽管民族地区自改革开放以来，经济发展较快，个别省区地区生产总值增速甚至达到全国最高水平，但总体来看，其经济发展水平仍然很低，具体表现在民族地区产业结构简单、粗放，市场化、信息化、工业化、城镇化及国际化水平与全国相比仍有较大差距。

1. 产业结构简单①

前已说明，我国民族地区产业结构已经有了很大变化。第一产业对总产出增长的贡献和占总产出比重持续下降，第二和第三产业不管是产出贡献还是产出比重均已远远高出了第一产业。但是，仔细研究可以发现，我国民族地区的产业结构是非常简单的，具有比较优势的产业。内蒙古地区主要有能源工业、金属选矿工业、非金属选矿工业、食品工业和冶金工业；广西壮族自治区主要有金属选矿业、食品工业、冶金工业、烟草业、非金属选矿业；贵州省优势产业是烟草业、能源工业、冶金工业、医药制造业等；云南省的优势产业主要包括金属选矿业、烟草业、非金属选矿工业等；西藏自治区优势产业是金属选矿业、非金属选矿工业、食品工业、医药制造；青海省优势产业主要是能源工业、金属选矿工业、冶金工业、非金属选矿工业；宁夏回族自治区的优势产业是能源工业、石化工业、森林工业、冶金工业；新疆维吾尔自治区的优势产业是能源工业、金属选矿工业、石化工业。综合来看，民族地区的优势产业集中在能源、矿产、冶炼等行业，这与民族地区丰富的能源、资源优势是分不开的，但对经济的可持续发展并不有利。

第一，科技、制度等因素作用不明显，第三产业发展仍显滞后。作为经济发展第一生产力的科技、制度等要素对少数民族地区经济总量增长的贡献非常之小，甚至出现了负值（内蒙古、宁夏、新疆）。这从一个侧面反映了少数民族地区政府在加速推进地区经济发展和工业化的过程中忽视了制度变迁、组织管理和科技创新等软性因素的正向促进作用，以至于这些看似为外生变量的要素没能发挥其应有的经济作用。

第二，各次产业发展不够协调，产业要素间作用不强。少数民族八省区的产业发展现状呈现显著的分层现象，各个产业要素的协调作用也有待改善。内蒙古、宁夏等工矿业聚集度较高省（自治区）的第二产业发展十分迅猛，工矿

---

① 刘永佶，李克强主编. 中国民族地区经济发展报告［M］. 北京：中国社会科学出版社，2011.

制造业对地区经济增长的贡献极大。但是，也应注意到正是这些二次产业发展较快的地区，往往继承了早先工业生产中的粗放型生产方式，与科技、管理、制度这些要素之间的协调性较差。西藏、新疆两地由于自然环境、气候条件等原因，不适宜大规模开展工业生产活动，第二产业发展缓慢，对地区经济增长的贡献也只限于外力作用的拉动，并未将因此产生的经济效益推及到其他两个产业。这两个地区的第三产业（主要是旅游服务业）在这几年的发展却相对较快，这些新兴行业的发展将成为当地经济增长的新途径。

第三，结构调整还须深入，第三产业发展仍待增强。相对于上面两个层次地区，广西、云南、贵州西南三地的各次产业贡献率分布比较平衡。在农副业（花卉、烟草、中药等）为主导的产业结构下，三省的制造业、旅游业相继跟进。第二产业作为本地区一个承接上下游的过渡产业，对地区第一、第三产业的延伸、扩散作用相当明显；产业间的协调性作用比之首尾两个层次的地区也有着显著的优势。第三产业对地方经济以及第一、第二产业的推动和反哺作用都不太明显。服务、金融业等行业作为产业链的最高端目前在民族地区还处在一个被动发展的地位。虽然在产业结构和经济总量的发展中取得了巨大成就，相比于发达国家和我国东部较发达地区的第三产业数据，少数民族八省区的产业演进只能说还处于中下游徘徊的状态。

总的来说，少数民族地区的产业发展现状是第一产业基础薄弱，综合生产能力效益不高；第二产业虽然发展迅猛，但是还没有真正形成一个主导产业，所存在的主要是能源类产业；第三产业的发展仍处在初级阶段，技术、管理因素在经济发展的比重中偏低。

2. 市场化水平不高

2003 年至 2007 年，我国少数民族地区市场化总指数依次为 3.42、3.83、3.99、4.19 和 4.57，大体上呈现上升态势，说明我国中央政府、各民族地区地方政府在市场化改革过程中的制度转型和政策创新总体上取得了良好成效。但与全国相比，大致相当于全国平均水平的一半。

从内蒙古自治区的情况看，市场化进程获得了稳步推进。"稳"主要体现在两个方面：一是市场化指数次第上升，后一年水平总是比前一年高，始终保持着直线上升趋势；二是年度间的上升幅度并不大，市场化指数曲线的斜率不高。五年时间里，斜率仅从 2003 年的 4.17，逐次上升到 2007 年的 5.03。之所以出现如此形状的市场化走势，主要与内蒙古自治区在政府行为规范化、要素市场发育和非国有经济发展三个方面的稳步成长存在直接关系。除了生产要素市场2004年出现过小幅下滑外，在其他年份中，这三个一级指数都保持着稳步上升态势。值得一提的是政府行为指数，从2003年至2007年，内蒙古自治区的政府行为规范化水平始终处于少数民族省区的第一位，其中地方国有企业总资产规模和中央政府补贴两子项发挥了较大支持作用，前者始终排在少数民族省区的第二位，后者在2007年已跃居第一名。非国有经济成长也呈现稳态，构成该指数的二级指标基本上保持着类似趋势，其中非国有经济固定资产投资在全社会固定资产投资中的比重更起了决定作用。内蒙古自治区的生产要素市场在2004年出现了小幅波动，这一下降趋势主要由土地市场和劳动力市场在该年的下滑所引起，之所以要素指数下滑幅度不大，主要应归功于资本市场高速发展所产生的较强抵消作用。内蒙古自治区的资本市场发展成效显著，从2003年的排名第四，于2004年跃升至第二，并于2006年和2007年稳居少数民族省区的第一名。尽管资本市场和土地市场的发展让内蒙古自治区的要素市场排名保住了第四名的位置，但是仍然不能掩盖生产要素市场颓势的存在。

内蒙古自治区的产品市场走势特征比较明显：除了2004年的大幅跃进，其他年份均表现平平，在图中表现为一条水平直线。金融业的发展，除了2007年的高速成长外，之前年份也呈水平直线状，反映出金融业的改革和发展大体上处于停滞状态。市场环境指数的整体表现不尽如人意，最高点竟然出现在2003年，2003年后紧跟着一个较大幅度的下跌，2004年至2007年，内蒙古自治区的市场化指数变动相当微小。在金融业发展、产品市场发育和市场环境改善三个项目中，除了金融业发展排名大致上处于少数民族省区的中上游外，产品市场指数与市场环境指数的情况并不理想，均在第六、第七位上徘徊。

3. 民族地区的工业化水平①

民族地区的工业化水平可以用多个指标来评价。从人均收入指标来看，2007年全国人均GDP为18934元人民币（当年价，下同），按购买力平价和汇率分别折算后平均值为3785美元（2005年美元，下同），处在工业化的中期（2980～5960美元）。而民族地区2007年人均地区生产总值为13201元人民币，折合2641美元，处在工业化初期（1490～2980美元），明显落后于全国平均水平。同时，这一指标反映的工业化程度在民族地区八省区之间并不均衡。内蒙古自治区、新疆维吾尔自治区处于工业化中期，宁夏回族自治区和青海省已接

---

① 刘永佶，李克强主编. 中国民族地区经济发展报告 [M]. 北京：中国社会科学出版社，2011.

近于工业化中期，而其他四省区还处在前工业化阶段。

从三次产业产值指标来看，民族地区三次产业产值比为16.56:45.46:37.98，几乎与全国同步，都处在工业化中期。这说明近年来民族地区产业结构调整取得巨大进展，第二产业和第三产业得到了快速发展。不过，第三产业产值占比都不大，甚至还低于全国平均水平，说明我国民族地区的发展可能存在着一定的盲目性。从人口的城市化率之一指标看，2007年全国人口城市化率达到44.94%，接近钱纳里标准的49.9%，处于工业化的中期。民族地区八省区的人口城市化率为35.87%，远低于全国平均水平。从三次产业就业结构来看，总的来看，我国大致已处于工业化初期结束、中期开始的水平。再看民族地区，也还是处于工业化的初期。

综合来看，按照传统的工业化水平评价方法，我国已经进入了工业化中期，但民族地区基本上还处于工业化的初期。所表现出来的具体特征和问题是：

第一，民族地区的工业化处在初级阶段。不论是传统工业化水平，还是新型工业化水平，民族地区都比全国平均水平低一个层次，或者说差一个阶段。因此，如果说我国从整体看已经处于工业化的中期阶段，那么民族地区仍然处于工业化的初期阶段。尤其是从充分体现新型工业化水平的科技水平、经济效益以及自然环境等指标看，民族地区与全国水平相比都有较大的差距。尽管在社会环境方面民族地区似乎好于全国，但收入分配是一个全国性的问题，也是一个制度问题。我国其他地方也曾经过了收入均等化的时代，由于制度不完善，随着经济的发展，在收入分配上出现了国家财政和企业利润超过GDP增长速度，而居民个人收入比例逐步降低的趋势；同时，在对职工工资的分配上，出现了向垄断行业、管理阶层集中的趋势，造成了社会的两极分化。可以预见，如果我们的制度不能完善，随着民族地区经济的发展，也会出现全国已经显现的问题。

第二，民族地区的工业化主要以能源开发和原材料加工为主，缺乏科技投入和技术研发，没有形成以能源和原材料深加工为基础的产业链。不能否认，我国的民族地区是自然资源丰富的地区。从一般角度讲，发挥自身的优势也是经济发展的必由之路。但问题是如果过分依赖能源开发和原材料加工，而缺乏以科技投入为基础的深加工，产业链不能形成，就会使可持续发展成为空话。

第三，民族地区努力的方向是实现传统工业化，而非新型工业化。民族地区在实现工业化的过程中似乎没有突破传统工业化观念的束缚，对新型工业化的认识还不够深刻，在实现新型工业化方面进展不大。具体表现在指导思想不够明确，具体行动也没有落实。民族地区的三次产业产值比几乎与全国同步，达到工业化的中期水平，但经济发展中的科技含量不高，科技经费投入很少，资源消耗和劳动生产率远高于全国平均水平，自然环境不仅没有得到改善，有些地方还进一步恶化。

第四，民族地区的工业化依赖外资多，本地孵化少。这里所谓的外资不仅仅指国外资金，也包括或者说主要是来自国内其他地区的投资。民族地区抓住了"西部大开发"的机会，通过建立产业园区和给予优惠待遇，积极吸引区外资金，取得了显著效果，实现了第二产业占比的跨越式发展。招商引资是好事，但也并不全是好事。民族地区产业结构调整很快，第二产业比重不断上升，但高科技产业产值占比不高，科技经费筹集和研发资金不足，科技促进经济社会发展效果不够明显。这表明引进的这些企业或企业集团在利用自己成熟的技术和管理经验的同时，既没有充分考虑产业的本地化和与当地经济的充分衔接，也没有进行更多的技术研发和投入，这就造成民族地区工业在短期内跨越式发展，但长期来看对当地经济的带动作用不强，发展的后劲不足。

4. 民族地区城镇化水平[①]

为分析民族地区城镇化水平及在全国的整体横向状况，选择 2007 年实际数据进行标准化测算后得出一系列数值，民族地区城镇化水平整体较低；除内蒙古地区较好外（排名 12 位）；其他地区基本在 23 位至 31 位之间，依次是新疆、广西、宁夏、青海、云南、西藏和贵州。

（1）人口城镇化水平。总体看来，民族地区人口城镇化水平比较低，大部分地区在全国排名较靠后。在 8 个民族省区中，内蒙古排名为 11，成为民族地区人口城镇化指标最好地区；新疆和宁夏排名分别为 18、19，其余五省区排名在 25 至 30。

（2）经济城镇化水平。总体看来，民族地区经济城镇化水平依然较低。在 8 个民族省区中，内蒙古排名为 12，是最好成绩；新疆和广西分别是 21、23，其他五省区在 25 至 30。

（3）社会城镇化水平。总体看来，民族地区社会城镇化水平较低，但地区之间的差异较小。新疆得分最好，排名 19；西藏最差，全国排名 31；其他 6 省区基本在 21 至 29 之间。

（4）环境城镇化水平。总体看来，民族地区环境城镇化水平较低。在 8 个

---

① 刘永佶、李克强主编. 中国民族地区经济发展报告［M］. 北京：中国社会科学出版社，2011.

民族省区中，内蒙古排名为 15，其他依次是青海、西藏、宁夏、新疆、广西、云南和贵州，基本在 19 至 31 之间。

（5）城镇化总体水平。从最后结果来看，民族地区城镇化总体水平在全国处于末端。除内蒙古排名较前（第 12 位），其他 7 个地区排名在 23 至 31 之间。

（四）基础设施落后

基础设施（infrastructure）是指为社会生产和居民生活提供公共服务的物质工程设施，是用于保证国家或地区社会经济活动正常进行的公共服务系统。它是社会赖以生存发展的一般物质条件。基础设施包括交通、邮电、供水供电、商业服务、科研与技术服务、园林绿化、环境保护、文化教育、卫生事业等市政公用工程设施和公共生活服务设施等。它们是国民经济各项事业发展的基础。在现代社会中，经济越发展，对基础设施的要求越高；完善的基础设施对加速社会经济活动，促进其空间分布形态演变起着巨大的推动作用。建立完善的基础设施往往需较长时间和巨额投资。对新建、扩建项目，特别是远离城市的重大项目和基地建设，更需优先发展基础设施，以便项目建成后尽快发挥效益。

从交通基础设施的建设情况看，通过对 31 个省（自治区、直辖市）交通基础设施建设空间现状分析表明，我国在空间上已然形成了稳定的差异化空间块状集群。"高—高"集群均由中国东部地区省市组成（主要分布在长三角地区），其中浙江、安徽和江苏三省份在 11 年间始终处于稳定的"高—高"集群中；"低—低"集群均由中国西部省（自治区、直辖市）组成，且组成省份在考察期间始终未发生变化，分别为新疆、青海、西藏和甘肃等四省（自治区）；"低—高"集群在考察期间组成省份并不稳定，在 2011 年通过显著性考察的省份只有福建和河北。无论是空间全局性检验还是空间局部性检验结果均显示，目前中国交通基础设施建设存在显著的空间差异性，而且部分省（自治区、直辖市）之间还形成了较为稳固的差异化集群。由新经济地理学原理可知，倘若区域内部各自之间交通基础设施条件存在显著差异，那么这将会影响到区域经济整体发展质量。①

---

① 黄森．交通基础设施空间建设差异化影响了中国经济增长吗——基于 2010—2011 年中国 31 个省（市、自治区）数据的实证分析［J］．贵州财经大学学报，2015（3）．"高—高"集群表示交通基础设施条件较好省份被同样条件较好的其他省份包围；"低—高"集群表示交通基础设施条件较差省份被交通基础设施条件较好的其他省份所包围；"低—低"集群表示交通基础设施条件较差的省份被同样条件较差的其他省份所包围；"高—低"集群表示交通基础设施条件较好省份被交通基础设施条件较差的其他省份所包围。

　　再看内蒙古农村的基础设施建设。内蒙古是我国最早成立的少数民族自治区，国土面积118.3万平方公里。60多年来，内蒙古经济社会发生了巨大的变化，经济高速增长。但是，与城镇基础设施相比，农村基础设施的投资相对滞后，成为经济进一步发展的巨大障碍。比如，农田水利基础设施是影响农产品产量的一个基础因素，关系到水资源的保护，农业生态环境的问题。通过对农田水利设施中的机井、地面水渠、地下管道、喷灌等项目的调查，选择机井和地面水渠的人数比例分别达到59.75%和47.46%。而选择地下管道、喷灌等的人数合计占不到被调查者的20%。这说明农村仍采用传统的灌溉方式，对于投入高，节水强的喷灌或地下灌溉方式采用较少。通过对农村交通设施的调查表明，约四成乡村之间的道路建设滞后，农村道路交通方面仍需加大投入。另外，在村内道路修建出资问题上，呈多元化态势。再看对生活基础设施建设的调查结果，在居住条件方面，大部分家庭房屋结构为砖木结构，占57.42%，其次为钢筋混凝土结构，占到32.83%，这两项调查占全部被调查者的90.25%。这表明，农村家庭住房问题基本得到解决，家庭做饭所采取的方式主要是柴草、煤炭，占35.81%、34.11%。另外，也有一部分家庭采用电器做饭。在生活用水调查中，61.44%的村庄已经用上自来水，还有38.56%的村庄没有用上。①

---

　　① 王昳玢. 浅谈内蒙古农村基础设施投资问题［J］. 中外企业家，2013（3）.

第二章　民族地区产业结构优化目标

一、产业结构优化的含义

产业结构是经济发展的产物，但也是人类活动的结果，同时还是人类选择的结果。由于人的有限理性和集体活动的惯性，各地、各国的产业结构不尽合理，更谈不上优化，影响了经济和人类的可持续发展，因此就产生了产业结构的优化问题。

（一）关于产业结构变迁的研究方法评析

1. 关于产业结构变迁的研究方法

在一般的产业结构研究中，所采用的方法主要有以下几种。

（1）经验实证分析方法。这种研究方法是通过对历史经验进行实证分析，概括出一些基本理论前提假说，然后进行推论，并使结论接近于现实。许多研究产业结构问题的专家，如克拉克、库兹涅茨、钱纳里等都采用这种分析方法。他们认为，产业结构的演进变化尽管存在例外，但大多数国家都会出现共同趋势。一国选择怎样的产业结构，在政策上虽然有一定的灵活性，但必须考虑到产业结构的历史发展形态与国际比较。采用这种实证分析方法的专家学者一般都占有大量的统计资料，在对这些资料进行科学分类整理的基础上，进行实证研究，做出经验总结，找出规律性的知识。

（2）静态分析方法。这种研究方法即是从一个时点观察产业发展的横截面的状况，具体表现形态是各产业间的比例或某一个产业增长水平。虽然产业结构的变化是经常发生的，但从某个时点去观察，各产业间的要素比例是相对稳定的，对揭示产业组成、发展水平（比重）以及产业间联系和比例关系具有较大的参考价值。在运用这种分析方法时，这种静态分析适用于短期而不适用于长期分析。

（3）动态分析方法。产业结构是一个动态系统，结构内部每时都存在能量、物质、信息的转换，并且产业结构有一个演进或高级化的过程。因此，不能满足于对产业结构的组成、比重、联系状态和方式的静态分析。一些学者强调从长期、动态的观点分析产业结构，无疑是正确的。产业结构动态分析的指标可分为两大类，一是产业结构变动指标，例如，产业结构变动值、劳动力结构变动值等；二是产业结构联系指标，例如，结构相似系数、霍夫曼比率等。

（4）相关分析方法。产业结构的变化，既是内部结构相互调节的问题，又是和其他因素相互作用的结果。为研究其复杂的内在机制，在产业结构研究的方法论上也比较强调采用相关分析方法，以揭示产业间的关联性，在产业结构和其他结构之间变动的相互关系中研究产业结构变化。按照其分析范围可以划分出三个层次：一是偏重产业间生产的相关分析，它主要依靠投入产出表进行相应的产出间关联分析。二是偏重产业结构与其他主要有关结构变化的相关分析。例如，日本的佐贯利雄认为，研究产业结构变化，必须综合考察产业结构与就业结构、职业结构等各种结构变动的相关性。三是从某一特定区域（如地区或国家），全面把握社会经济系统的主要方法，来研究产业结构变化趋势。这一相关分析方法主要应用于社会经济发展战略规划中。

除此之外，还有层次分析方法（又称 AHP 法）、定量分析方法、德尔菲（Delphi）法等，这些方法不是互相排斥的，往往在某一具体问题中同时使用几种方法构成一个体系，来研究产业结构变化规律。

2. 对产业结构研究方法的评价

从上面我们所列的各种研究方法可以看出，它们有两个显著特点，这就是采用实证和时间序列分析的方法。所谓实证，就是采用归纳法，把世界各国产业结构的变化进行总结，得出具有一般性的结论，推而广之，成为世界各国、各地区产业结构变化的准则；所谓时间序列分析，就是取一段时间内的各产业间的比例变化作为样本进行分析，得出一般性结论。显然，从实证这一方法看，似乎存在的就是合理的，存在的就是一般的，既不必考虑特殊性，也不必要考虑到具体性。从时间序列分析方法看，不管某一个人的研究所观察的时间再长，也只是几十年，最多是一百多年的事情。不仅仅在人类的历史长河中，即使在有文字记载的近五千年历史中，上百年也只是弹指之间，不仅不能反映生产的长期规律性，更不能反映人的心理、欲望和消费的变化。发达国家服务业的优先增长就反映了这一问题。人们对社会经济、生产活动目的的反思、幸福指数的提出也正反映了这一问题，尤其是幸福指数由一个不发达的小国家不丹提出来，则说明人类的幸福并不总是与经济发展、GDP 增长正相关的。发展中国家和不发达的小国家完全可以在经济发展的较低层次上追求幸福。

此外，尤其重要的是，以往这些研究方法所共同缺乏的就是规范分析，也就是形成现在产业结构背后的决定因素。马克思曾经说过："哲学家只是在用不同的方式解释世界，而问题的关键在于改造世界。"上述的实证方法无非就是归纳、总结，虽然其中也有解释的成分，但这种解释是建立在归纳和总结基础之上的，并没有说明事物的规律，更没有证明事物的规律性。事实上，各个国家不同时期决定产业结构的因素有很大不同，正如我们前面所说，大国与小国在产业发展上是有区别的。像美国、俄罗斯、中国等可以发展"大而全"的产业结构，而像新加坡、梵蒂冈和日本就不能发展"小而全"的产业结构。此外，各国的发展阶段不同，所处的环境也有不同，这样，在按照上面几种方法进行数量分析时，难免某些国家的产业结构出现"不合理"，也就使一些国家失去了"后发优势"。事实上，在过去的一段时间内，除了第一、第二、第三产业之间普遍存在着递进关系之外，并没有存在具体的、一成不变的，放置任何国家都准确的关系，世界上也没有几个国家的产业结构是完全相同的（见表2-1），更不能以此来分析和判断像中国的内蒙古、云南等一些省区的产业结构是否合理。

表 2-1 　　　　　　　　　　世界各国主要年份产业结构

国家或地区	农业			工业			服务业		
	1990 年	2000 年	2003 年	1990 年	2000 年	2003 年	1990 年	2000 年	2003 年
澳大利亚	3.8	3.7		29.0	25.6		67.2	70.7	
奥地利	3.8	2.5	2.3	34.1	32.8	31.7	62.1	64.8	65.9
比利时	2.3	1.5	1.3	32.7	28.1	26.5	65.0	70.4	72.2
巴西	8.1	7.3	5.8	38.7	28.0	19.1	53.2	64.7	75.1
加拿大	2.9	2.3		31.8	33.8		65.3	63.8	
智利	8.7	8.5	8.8	41.5	34.6	34.3	49.8	56.8	56.9
中国	27.0	16.4	14.6	41.6	50.2	52.3	31.3	33.4	33.1
古巴		6.7			46.4			46.9	
丹麦	4.5	2.9	2.1	26.5	27.2	26.4	69.0	69.9	71.5
芬兰	6.6	3.9	3.5	34.4	34.4	30.5	59.1	61.7	66.0
法国	3.8	2.8	2.7	29.7	25.5	24.5	66.5	71.7	72.8

国家或地区	农业			工业			服务业		
	1990 年	2000 年	2003 年	1990 年	2000 年	2003 年	1990 年	2000 年	2003 年
德国	1.7	1.2	1.1	38.8	30.8	29.4	59.4	68.0	69.4
希腊	10.7	7.6	6.9	28.2	22.8	23.8	61.1	69.6	69.3
中国香港	0.3	0.1		25.4	14.2		74.4	85.7	
匈牙利	14.5	4.3		39.1	33.1		46.4	62.6	
印度	31.3	24.6	22.2	27.6	26.6	26.6	41.1	48.8	51.2
伊朗	23.5	14.2	11.3	28.6	32.7	41.2	47.9	53.0	47.6
爱尔兰	9.1	3.8		35.0	42.4		56.0	53.9	
意大利	3.6	2.9	2.6	33.9	29.0	27.8	62.5	68.1	69.5
日本	2.5	1.4		39.4	32.2		58.2	66.4	
肯尼亚	29.1	19.7	15.8	19.1	18.6	19.6	51.7	61.7	64.7
韩国		4.3	3.2		36.2	34.6		59.5	62.2
卢森堡	1.7	0.8	0.6	32.0	19.6	20.5	66.3	79.6	78.9
马来西亚	15.2	8.8	9.7	42.2	50.7	48.5	42.6	40.5	41.8
墨西哥	7.8	4.2	4.0	28.4	28.0	26.4	63.7	67.8	69.6
荷兰	4.5	2.9		30.7	26.8		64.8	70.3	
新西兰	7.0	9.0		27.9	25.3		65.1	65.7	
挪威	3.6	2.2	1.5	35.7	43.0	37.5	60.8	54.9	61.0
菲律宾	21.9	15.8	14.5	34.5	32.3	32.3	43.6	52.0	53.2
俄罗斯	16.6	6.4	5.2	48.4	37.9	34.2	35.0	55.6	60.7
沙特	5.7	4.9	4.5	48.8	53.9	55.2	45.5	41.1	40.3
新加坡		0.1	0.1		37.0	34.9		62.8	65.0
南非	4.6	3.2	3.8	40.1	31.1	31.0	55.3	65.6	65.2
苏丹		41.2			18.5	26.6		40.4	

国家或地区	农业			工业			服务业		
	1990 年	2000 年	2003 年	1990 年	2000 年	2003 年	1990 年	2000 年	2003 年
斯威士兰	13.6	15.6	12.2	43.5	44.7	51.5	42.9	39.7	36.2
瑞典	3.4	1.9	1.8	32.3	29.4	27.9	64.3	68.7	70.3
坦桑尼亚	46.0	45.0	45.0	17.7	15.7	16.4	36.4	39.2	38.6
泰国	12.5	9.0	9.8	37.2	43.0	44.0	50.3	49.0	46.3
土耳其	18.3	15.4	13.4	29.8	25.3	21.9	51.9	59.4	64.7
乌克兰	25.6	17.1	14.1	44.6	36.3	40.3	29.9	46.6	45.6
英国	1.9	1.1	1.0	35.2	28.5	26.6	62.9	70.5	72.4
美国	2.1	1		27.9	24.4		70.1	73.9	
越南	38.7	24.5	21.8	22.7	36.7	40.0	38.6	38.7	38.2
世界	5.5	3.9		33.5	29.5		61.0	66.7	

资料来源：世界经济年鉴 2005—2006。

（二）国内外学者对产业结构变迁规律的研究

国外学者对产业结构的变迁作了长期的研究。日本学者石川秀从方法上将产业结构理论方面的研究分为两种，"广义地说，在结构变化的文献中存在着两种不同的方法。第一种方法试图使用经过选择的若干国家之间的横断面数据和时间序列数据，从统计上确认经济增长与结构变化之间的某些普遍联系。第二种方法从一开始就集中研究在相似的起始条件与经济制度下的一批国家的历史经验，并且探索能够最好地说明所发生的结构变化过程的特殊理论。"

如果说石川秀的总结是针对过去的话，那么，杨小凯等人的关于专业化分工与交易费用的研究也可以算得上是一种新的成果。

1. 第一种方法的代表学者及其理论

亚当·斯密（Adam Smith）是对产业结构演进及其动因做出精辟论述的早期学者之一，他总结了社会资本的投资顺序，认为"按照事物自然趋势，进步社会的资本，首先大部分投在农业上，其次投在工业上，最后投在国际贸易上。这种顺序是自然的"。威廉·配第（Petty. W）虽然是从收入的角度进行研究，但也得出了与亚当·斯密几乎相同的研究结论。他通过例子说明，英格兰的农民一周可赚到 4 个先令，而一个海员的工资加上伙食等其他形式的收入可以达到每周 12 个先令，因此一个海员的收入是农民收入的三倍。因此，制造业比农业，进而商业比制造业能够得到更多的收入。他又举了一个荷兰的例子，当时的荷兰由于大部分人口都从事制造和商业，因此荷兰的人均收入要大大高于欧洲的其他国家①。英国经济学家科林·克拉克（Colin Clark）从人均收入和劳动力转移的角度进行了研究，得出了与前人相同的结论。他通过对 40 多个国家不同时期的三次产业的劳动投入和总产出资料的整理与比较，指出随着全社会人均国民收入水平的提高，劳动力首先由第一产业向第二产业转移；当人均国民收入水平进一步提高时，劳动力便向第三产业转移。他将各国经济发展划分为三个阶段。第一个阶段是经济发展的初级阶段，在这一阶段，农业是人们收入的主要来源，但农业的人均收入是相当低的。随着经济的发展，制造业的比重有所提高，这是因为制造业的人均收入要高于农业，在此阶段，社会总体的人均收入也要高于初级阶段。随着经济的进一步发展，第三产业（特别是服务业）获得了很快的发展，这也是由于第三产业的人均收入要大大高于农业和制造业的缘故，当然，作为社会总体来说，其人均收入也比前两个阶段有了较大的提高。库兹涅茨则直接从三次产业占国民收入比重变化的角度论证了产业结构演变规律：在工业化起点，第一产业比重较高，第二产业比重较低。随着工业化进程的推进，第一产业比重持续下降，第二和第三产业比重都相应有所提高，且第二产业比重上升幅度大于第三产业，第一产业在产业结构中的优势地位被第二产业所取代。当第一产业比重降低到 20% 以下时，第二产业比重高于第三产业，工业化进入中期阶段；当第一产业比重再降低到 10% 左右时，第二产业比重上升到最高水平，工业化进入到后期阶段，此后第二产业的比重转为相对稳定或有所下降。在整个工业化进程中工业在国民经济中的比重将经历一个由上升到下降的倒 U 形变化。不过，20 世纪 70 年代后，一些学者利用库兹涅茨的分析方法对 20 世纪 60 年代以后世界主要国家的产业结构进行了研究，得出了与库兹涅茨分析不完全相同的一些结果：在这些工业先行国，无论是劳动力和国民收入，其第一产业比重的下降趋势在 20 世纪 70 年代都有所减缓，在其中的主要国家（如美国和英国）都已降到了 4% 以下。第二产业的比重自 20 世纪 70 年代后在这些国家也都已出现下降的势头；工业特别是传统工业在国民经济

---

① 威廉·配第. 政治算术［M］. 北京：中国社会科学出版社，2010.

中的作用正在逐步降低。第三产业则显示出了强劲的上升趋势，其比重都已占到了整个国民经济的一半以上。

德国经济学家霍夫曼对工业化尤其是重工业化问题进行了开创性研究。在《工业化阶段和类型》（1931 年）中，他对英国产业革命以来 50 年间（1880—1929 年）20 多个国家的工业化进行了实证分析。后来在 1958 年出版的《工业经济的成长》一书中又根据以后的工业化实践资料，进一步阐述了工业部门间结构变动的一般类型，他认为工业化过程中各工业部门的成长率并不相同，因而形成了工业部门间的特定的结构变化，而且具有一般倾向。这个不同的成长率是由生产要素（自然资源、资本、劳动力）的相对数量、国内市场与国际市场的资源配置、技术进步、劳动者的技术熟练程度、消费者的兴趣爱好等因素的相互作用引起的。他选择了有代表性的 8 类产品进行观察分析，提出了霍夫曼比率，即消费品工业净产值与资本品工业净产值之比；发现了各国工业化虽然进行时间早晚不同且发展水平各异，但都表现出一个共同趋势，即资本品工业净产值在整个工业净产值中所占份额稳定上升，并呈现出大体相同的阶段性质。日本经济学家盐谷佑一利用产业关联理论，对霍夫曼的工业化经验法则重新进行了论证，认为霍夫曼工业化经验法则不能反映整个工业化过程。他认为，从历史上看，曾出现过重工业产品只用于满足基本建设和军需物资的需要的情况，在这样的历史背景下，霍夫曼的观点是符合实际的。但是，随着科技进步，工业化过程进入中、后期即工业部门结构从以原料为重心转向以加工组装工业为重心后，重化学工业产品广泛用于制造消费资料，尤其是进入耐用消费品的发达阶段，更是如此。这样，产业的供需关系发生了结构性的变化，出现了在重工业内部消费资料生产的比重日益增大的现象，这主要是由于机械工业中耐用消费品的生产迅速增长。因而从总体上看，消费资料工业和资本资料工业的比率不是继续下降，而是出现稳定倾向。钱纳里和赛尔奎因对低收入的发展中国家的产业结构变动进行了研究，在全面分析结构转变和影响结构转变的多种因素的基础上，认为在工业化的不同阶段，影响工业化的各种因素的相对重要性也不完全相同；不同国家的结构转变受一个国家的资源禀赋、初始结构以及所选择的产业政策的影响，没有一个统一的模式。[①]

里昂惕夫是从一般均衡角度研究产业结构变动的经济学家，他研究和分析了国民经济各部门之间的投入与产出的数量关系，利用投入产出表和投入产出

---

① 钱纳里. 工业化与经济增长的比较研究 [M]. 上海：上海三联书店，1989.

系数推断某一部门经济活动的变化对其他部门的影响，计算为满足社会需求所需要生产的各种产品总量，并分析国民经济发展和结构变化的前景。

2. 第二种方法的代表学者及其理论

美国经济学家罗斯托是最早提出主导产业理论的学者，他考察了经济增长所依赖的特殊部门的动态力量，提出了按技术标准把经济成长阶段划分为传统社会、为起飞创造前提、起飞、成熟、高额群众消费、追求生活质量这六个阶段，并认为每个阶段的演进是以主导产业部门的更替为特征的，并且主导部门序列不可任意变更，任何国家都要经历由低级向高级的发展过程。罗斯托还研究了现代社会主导产业的变化问题，认为随着社会生产力发展，特别是科技进步和社会分工日益深化，带动整个产业发展的已不是单个主导产业，而是几个产业共同起作用，罗斯托称之为主导部门综合体。赫希曼通过研究资源的稀缺性问题，得出了与罗斯托相似的观点。他认为，由于发展中国家资源的稀缺性，全面投资和发展一切部门几乎是不可能的，只能优先发展一部分具有战略意义的产业，并以这些产业的投资所创造出的新的投资机会为动力，逐步扩大对其他产业的投资，以带动其发展。

筱原三代平通过对不同产业的动态比较成本分析提出了国家扶持重点产业发展的重要性。筱原三代平认为，如果按照李嘉图的理论，发达国家将其重点放在重工业等收入弹性高的产业，而发展中国家只发展农产品等收入弹性低、技术进步率低的初级产业，这种国际分工持续下去会导致发达国家和发展中国家的收入差距进一步拉大。从发展的眼光和动态的角度看，某一时点在国际贸易中处于劣势的产业，经过一定时期，特别是给予有力的扶持，有可能转化为优势产业。对那些潜力巨大且对国计民生有重要意义的产业，不但不应放弃它的发展，而且要扶持它的发展，使之成为强有力的出口产业。

3. 杨小凯等人的理论观点

杨小凯试图从劳动分工的演进和交易效率的改进解释全球现代服务业产生的原因，认为专业化能促进学习，但会增加交易费用。如果人们通过比较认为专业化促进学习的效果与增加交易费用相比是值得的，也就是说学习提高的效率能至少抵消增加的交易费用，那么人们就会选择专业化。张南生等人认为，发达国家现代服务业的出现和迅猛发展正是杨小凯这一分工理论最好的见证。随着现代信息技术、网络技术的发展和知识经济的出现，人口素质不断提高，加上市场经济制度的完善和现代化交通运输条件，使交易效率大大提高，从而为现代工业分工的进一步深化提供了变革性的外部条件，这是引发现代服务业出现的外生因素。同时，知识经济导致专业知识的深度和广度不断提高，一个人在短时期内是很难掌握某一专业内的全部知识，因而动态学习效率很低，这就使得现代企业只有专心致力于专业生产的某一领域而把其他领域由别人来完成才会更有效率。因此知识经济使得现代工业具有了进一步深化分工的外部环境和内部动力，现代服务业也就应运而生，并在市场制度相对完善的地区得以迅猛发展。近些年来外包服务业的发展最能说明这一形势。过去存在于企业内部经济运行过程中所必要的职能或功能，通过企业规模和整个产业规模的扩大，也具有了规模化的要求，逐渐从企业内部走向外部，从而形成新兴的服务行业。为了降低交易成本，很多跨国公司都把许多业务的核心环节用外包方式来完成，因而围绕着服务外包产生了很多新的行业，如物流、研发和设计这些企业内部的核心环节都成了外包业务；以 IT 技术为基础的信息服务也是一个新兴领域；还有围绕诸如勘探、石油开发等领域进行的专业化工程服务，也是现代服务业非常重要的发展领域。①

另有人认为，企业服务是指用于商品和其他生产经营活动中间投入的服务，也称为生产者服务。生产者服务包括的内容十分广泛，比如生产上游阶段投入的可行性研究、市场调查与预测、风险资本筹集等服务；生产中游阶段的设备租赁与维护、质量控制、仓储等服务；生产下游阶段的广告、运输、分销、售后服务等，以及在整个生产过程中所需投入的会计审计、金融保险、法律服务、通讯、培训等各种服务。格鲁伯等曾指出，生产者服务是将日益专业化的人力资本和知识资本引入生产部门的飞轮。在生产过程中，其为劳动和物质资本带来更高的生产率，并改进了商品和其他服务的质量。1990 年以来，随着经济国际化和全球化趋势日益加强，企业之间的竞争无论在国内市场上还是在国际市场上都更加激烈，而且竞争的手段已不限于传统的价格竞争，更多地采取提供能满足消费者特定需求的差别性的产品、可靠的性能、良好的售后服务等非价格竞争手段。为了适应这种新的经营环境的挑战，美国企业日益重视对人才的培养，加强对研究与开发、产品设计、管理和技术咨询、员工培训、广告、分销、信息处理等各种生产者服务的投入。在许多产品价值中服务投入所占的比重远远超过有形的材料投入的比重，在技术知识密集型产品中尤其如此。②

4. 简要评价

所有以上理论对产业结构演变的规律的分析和认识无疑都是正确的，但对

---

① 张南生，曾广录. 第三产业结构优化的基本路径及合理模式 [J]. 湖南社会科学, 2009 (1).
② 韩军. 人力资本要素与国际服务贸易比较优势的发挥 [J]. 国际贸易问题, 2001 (5).

现实的指导意义几乎又是不足为道的。因为第一，所有的研究表明了一个不争的事实，就是产业结构从第一产业向第二产业、再向第三产业的转移，但不论是相对于一个国家，还是一个地区来说，第一、第二、第三产业所包含的内容可以说是无限广阔，从上述理论可以说明，我们应该发展第二产业，更应该发展第三产业。显然，第二、第三产业不是空中楼阁，从一个国家特别是一个大国来说，第二产业的发展要以第一产业为基础，第三产业的发展要以第二产业为基础，那么，第一产业中的农、林、牧、渔，哪一个才是基础呢？第二产业包括的内容更多，哪些是基础呢？相对于一个小国或一个地区来说，在产业发展的选择上就更困难了。

第二，第二产业，也就是生产资料生产优先发展并非没有问题。马克思在分析了两大部类之间相互依存、相互促进的关系的同时，首先提出了生产资料生产优先增长的规律。他指出："随着资本主义生产的发展，投在机器和原料上的资本部分在增加，花在工资上的资本部分在减少，这是不容争辩的事实。""随着机器体系的每一进步，由机器、原料等构成的不变资本部分不断增加，而用于劳动力的可变资本部分则不断减少。"在一般情况下，这是正常的，也是正确的。因为生产资料作为人的体力和脑力的延伸，为了节省人的体力，减轻人的压力，从一开始就着重研究生产工具和以生产工具为代表的生产资料，这必然造成对生产资料的投入优先和较快增长。事实上，生产资料的优先增长本身也并不是什么坏事。但如果生产资料的生产独立增长，就出现问题了。一是脱离了生产和增长的目的，不能减轻人的工作压力和工作负担。其本身是为了节约劳动的一系列技术革新和发明，实际上并没有使广大的劳动者节约了劳动，至少没有像最初想象的那样（初始目的）节约劳动。二是工人（劳动者）工资不能随着劳动生产率的提高而提高，导致消费资料的生产落后，最终形成社会畸形发展，也造成了工业化悖论。

第三，杨小凯的分工理论能够解释全球现代服务业产生的原因，但不能完全说明，更不能很好地指导一个地区在地区分工基础上现代服务业的发展。比如像新加坡和我国的香港地区有着独特的产业结构，这显然不是学习的结果，而是参与国际分工的必然。

（三）产业结构优化的含义

产业结构的优化包括三个层次的内容，即产业结构的合理化、高级化和优化。

1. 产业结构的合理化

学术界对产业结构合理化存在着各种不同的定义①，体现了不同学者对产业结构合理化的不同研究角度。归纳起来，大致有四类。一是结构协调论，认为产业结构合理化就是通过产业结构调整，使各产业实现协调发展，并满足社会不断增长的需求的过程②，是"一个经济主体（国家或者地区）按照一定的产业分类方法划分的各产业之间，在产业产值数量、产业所占资源比例（自然资源、人力、资金）、产业地位等方面的配置状况，以及各产业构成的整个产业系统，应该符合该经济主体在一定期间内的发展目标，并保持提高生产效率、促进经济增长、提高资源使用效率和增加国民福利等"。③ 这种观点把产业间协调置于产业结构合理化的中心位置，体现了"协调即合理，合理即协调"的理念。二是结构功能论，即把产业结构合理化定义为"各产业间存在着较高的聚合质量"④，是能"取得较好的结构效益的产业结构优化过程"⑤。该类定义重视产业结构的功能，并以结构功能的强弱为出发点考察产业结构合理化。三是结构动态均衡论，把产业结构合理化定义为"产业与产业之间协商能力的加强和关联水平的提高，它是一个动态的过程。产业结构合理化就是要促进产业结构的动态均衡和产业素质的提高"⑥，这种认识重视产业素质与结构的均衡性，并从动态的角度考察产业结构合理化。四是资源配置论。史忠良等把产业结构合理化定义为"在一定的经济发展的阶段上，根据消费需求和资源条件，理顺结构，使资源在产业间合理配置，有效利用"⑦。

实际上，结构，即一种比例关系。产业结构，就是构成国民经济的各产业之间、各产业内部甚至各种产品之中所包含的一种比例关系。只是这种比例关系，不仅仅是产值数量之比，也包含资源消耗、技术构成等内容。

以此为基础来分析产业结构合理化的定义。首先看什么是合理。合理即应该，合乎规律，合乎公理，也即合乎事物正常发展的需要。产业结构合理，就是构成产业结构的各种比例关系合乎产品、产业乃至整个国民经济正常、持续发展的需要。

---

① 王涛，曹永旭. 论产业结构合理化 [J]. 生产力研究，2009（14）.
② 李京文，郑友敬. 技术进步与产业结构——选择 [M]. 北京：经济科学出版社，1989.
③ 王涛，曹永旭. 论产业结构合理化 [J]. 生产力研究，2009（14）.
④ 周振华. 产业结构优化论 [M]. 上海：上海人民出版社，1992.
⑤ 王述英等. 现代产业经济理论与政策 [M]. 太原：山西经济出版社，1999.
⑥ 苏东水等. 产业经济学 [M]. 北京：高等教育出版社，2000.
⑦ 史忠良等. 产业经济学 [M]. 北京：经济管理出版社，2001.

　　从历史来看，判断产业结构是否合理的标准随着经济的发展呈现出多种变化趋势：一是由单元向多元化发展，二是由绝对标准朝着相对标准进化，三是由封闭型朝着开放型方向发展。① 20 世纪中期之前，西方国家判断产业结构是否合理的标准只有一个，这就是是否有利于效率的提高。但 20 世纪中后期，随着发展经济学的出现，判断标准从单一的唯效率标准论变为效率、公平二元标准论。进入 21 世纪，由于人类经济的发展，对能源的大量消耗和对环境的日益破坏，人们生活水平的提高要求生活环境改善，经济效率的标准化也呈现多元化，这一变化趋势深刻地影响到了产业结构合理化的标准。其具体表现在，在原来公平与效率的标准的基础上注重了资源的利用效率、对环境的破坏程度、人们生活的幸福指数等。合理化标准的绝对性是指在产业发展的过程中标准（包括标准的数值与标准本身作为一个标准内容之一）是一个常量，不随经济的发展而变化，如不变的资本收益率。相对性则是标准会随着产业发展而变化，标准的数值和标准的数量都会发生变化，例如，公平由原来的非标准变成了衡量标准之一。标准的相对性还包括在同一期间内，不同的经济体判断结构是否合理的标准的内容不同，或者即使相同而衡量时使用的数值却不同。如 2007 年美国的人均生产率和中国的人均生产率水平就不可能相同。随着经济一体化的程度加深，产业结构的合理化标准由原来的封闭型向开放型方向发展。包括中国在内的许多发展中国家，由封闭型经济朝开放型经济发展，导致产品、资源以及各种生产要素在全球范围内流动，判断一个经济体的产业结构是否合理必须将该经济体放入全球经济环境中考虑。例如，统计中国第一产业产品的需求我们必须考虑国外对中国产品的需求，即中国出口产品中第一产业产品的出口量。

　　如果说上述这些标准包含了一些社会判断的话，那么，从纯经济的角度来讲，判断一个国家或地区产业结构合理与否的标准可以有以下几个：一是消费结构，即消费的需求结构。随着经济的发展，收入的增加，消费结构的提升，会带动产业结构和其他经济结构的不断升级，促进经济发展。因此，追根溯源，产业结构调整和经济结构的变动起因于消费结构的变动。不过，并不是说所有的消费都会体现在产业上。由于消费是多种多样的，特别是在全球经济一体化的条件下，个人或一个地区甚至一个国家的消费并不完全取决于其自身的生产，因此，对于一个国家或地区来说，产业结构可能比消费结构要简单得多，但无

---

① 王涛，曹永旭 . 论产业结构合理化 ［J］. 生产力研究，2009（14）.

论如何，产业结构都必须体现消费结构的要求。二是资源结构，即由资源存量所决定的供给结构。这里的资源包括物质资源（如矿产、土地、土壤、气候等）和人力资源。一般认为的"靠山吃山、靠水吃水"中的"山""水"主要是自然资源，但实际上，这仅仅是处于初级阶段的经济所存在的情况，经济发展到一定阶段之后，人力资源就会起决定作用。三是战略需求，即实现可持续发展所要求的产业结构。这是与人力资源结构密切相关的，但又与人力资源结构有所区别的因素，是在总结国内外发展的历史经验的基础上得出的必然结论。

2. 产业结构的高级化

所谓产业结构的高级化，又称产业结构升级，是指产业结构系统从较低级形式向较高级形式的转化过程。其主要包括五方面的内容：一是随着经济的发展，整个产业结构由第一产业占优势比重，逐渐向第二、第三产业占优势比重演进；二是产业结构中由劳动密集型特别是初级劳动密集型产业占优势比重，逐渐向资本密集型、技术密集型占优势比重演进；三是产业结构中由制造初级产品的产业占优势比重，逐步向制造中间产品、最终产品产业占优势比重演进；四是产业结构中信息化的内容占到绝对比例；五是产业结构中，产品内部各工作程序、工作环节分工之中，知识技术含量和附加值的高低。

常常有人把产品结构的变化当做产业结构升级，认为从生产衣服、鞋子到生产彩电、空调，再到生产汽车、电脑和手机，这就是产业结构升级。然而，随着产品内分工的发展，低技术产品生产链中有高技术的生产环节，而高技术产品生产链中有低技术的生产环节。在产品全球化生产的时代，判断一个国家产业结构级别高低的尺度不再是产品，而是工作，是从业者的工作中知识技术含量和附加值的高低。尽管我国生产的产品结构有了很大改变，但各个产业所做的工作依然是低知识技术含量和低附加值的。产品的先进性不是源于在我国的工作，而是源于进口的高技术的设备、材料和零部件，源于在国外的生产流程，产品的主要价值也没有归属于我国，而是归属于全球产业链中的外国企业。所以，在国内工作低级化的状态下，我国的产业结构很难谈得上升级。①

20世纪90年代以来，国际分工已经从产业间分工（Inter – industry Specialization）、产业内分工（Intra – industry Specialization）转变为产品内分工

____

① 聂建中，王敏. 比较优势战略与产业结构升级［J］. 当代经济，2009（1）（上）. 杨东方. 产品内分工与我国产业结构优化［J］. 现代商业，2009（9）.

(Intra – product Specialization)。所谓产品内分工是指特定产品的生产过程中不同工序或区段在空间上分布到不同国家和经济体进行，每个国家和经济体在产品生产的特定环节进行专业化生产的一种国际分工。产品内分工对象是工序、区段和环节，是同一产品的不同生产阶段在特定环节之间进行生产的一种国际经济现象。产品内分工是跨区或跨国性的生产链条或生产体系，从而使越来越多的国家和企业参与到特定产品生产过程不同环节或区段的生产或供应活动中。

新型国际分工的出现，标志着21世纪的国际分工进入新阶段。在产品内分工视角下，我国经济发展战略应在实现产业升级的基础上，重点推进生产环节升级，进而实现以产业升级到生产环节升级的转变。为此，要专注于积累知识存量，重视高级要素即技术、优秀人才的培育；通过加大教育投资、技能培训等形式提升现有优势要素的品质。

产业结构合理化和产业结构高级化不是相互孤立、独立进行的，而是紧密联系、相互渗透的。伴随着技术进步的产业结构高级化会促进产业结构的合理化，产业结构的合理化为技术创新创造条件，有利于产业结构的高级化。

3. 产业结构优化

一般认为，产业结构优化应包括两个层次，第一个层次是产业结构的合理化，也就是各产业内部良性循环、区域内各产业之间良性循环以及与区域外经济、社会良性互动。这意味着区域内外产业是相互联系、互相依赖的，但又是立足于自身、面向世界的。第二个层次是产业结构的高级化，也就是在产业结构合理的基础上，产业结构能充分发挥当地优势，能反映和引领产业结构变动的趋势，能实现当地乃至更大区域经济社会的可持续发展。

不过，产业结构优化的问题在不同的国家、不同的条件下应该有不同的具体解释。首先，从国家层次看，大国和小国不同。大国地理面积大，人口多，资源相对丰富，可以发展多样的、内部联系密切并可以形成良性循环的产业结构，而小国由于太小，特别是资源不够丰富，就不可能形成"小而全"的产业结构。特别是在全球经济一体化的条件下，由于国际分工和比较优势不同，只能发挥自身优势，形成具有本国特色的产业结构，参加国际大循环。其次，对于一个国家的一个地区来说，情况更是如此。比如中国的民族地区，没有条件也没有必要进行自我循环，完全可以按照地区产业分工，结合自身优势，形成有民族特色的、合理的产业结构。最后，从国际视角看，产品内分工的出现和实现是比较困难的，因为存在着贸易和技术壁垒。但对于一个国家的不同地区之间，则不存在这样的壁垒，尤其是像我国，整体意识、国家意识高于一切，"全国一盘棋"的思想根深蒂固，除了客观的技术因素，基本上不存在制度障碍，发展产品内分工就容易得多。

二、产业结构优化的指导原则

不论是就一个国家，还是就某一地区来说，产业结构的变动及其优化都应该遵循以下三个原则。

（一）因地制宜原则

所谓因地制宜，就是要根据当地的具体情况，制定或采取适当的措施。

在利用和解读这一原则时应注意几个问题：一是不要搞"一刀切"，见样学样，机械地照搬发达国家或地区的产业结构，别人生产什么，我们就生产什么。

二是不要搞"小而全""大而全"。要从以人为本和可持续发展出发，突出地方特色，体现当地的资源优势。

三是不要把因地制宜简单解读为发挥地方优势。优势是要发挥的，但地方有什么优势？发挥什么优势？如何发挥？什么时候发挥？则是需要认真探讨的。

在运用因地制宜原则时还要注意，因地制宜中的"地"有大小之分，在当前全球化的大背景下，一定要利用好系统观点，把小地方（当地）放在大环境中考虑，不能只顾局部而忽视了整体。

（二）以人为本原则

以人为本是中国社会一贯的指导思想。早在春秋时期，齐国名相管仲就提出："夫霸王之所始也，以人为本。本理则国固，本乱则国危。"

"坚持以人为本"，是在党的十六届三中全会的会议中提出的一个新要求。"坚持以人为本，树立全面、协调、可持续的发展观，促进经济社会和人的全面发展。"[①] 这一新论断，深刻阐明了中国共产党新发展观的本质特征，是对马克思主义的全面发展理论的继承、丰富和发展。

"以人为本"思想是我党借鉴历史的和国际的经验教训，针对当前我国发展

---

① 2003 年 10 月 14 日中国共产党第十六届中央委员会第三次全体会议通过《中共中央关于完善社会主义市场经济体制若干问题的决定》。

中存在的突出问题和实际工作中存在的一种片面的、不科学的发展观而提出来的，是科学发展观的有机组成部分。所谓片面的、不科学的发展观，即认为发展就是经济的快速运行，就是国内生产总值（GDP）的高速增长，它忽视甚至损害人民群众的需要和利益。科学发展观并不否认经济发展、GDP增长，它所强调的是，经济发展、GDP增长，归根到底都是为了满足广大人民群众的物质文化需要，保证人的全面发展。人是发展的根本目的。提出"以人为本"的科学发展观，目的是以人的发展统领经济、社会发展，使经济、社会发展的结果与党的性质和宗旨相一致，使发展的结果与发展的目标相统一。不能把"以人为本"解读成为以个别人为本、以部分人为本、以当权者为本、以既得利益者为本。正如胡锦涛同志所说，坚持以人为本，就是要以实现人的全面发展为目标，从人民群众的根本利益出发谋发展、促发展，不断满足人民群众日益增长的物质文化需要，切实保障人民群众的经济、政治和文化权益，让发展的成果惠及全体人民。新发展观明确把"以人为本"作为发展的最高价值取向，就是要尊重人、理解人、关心人，就是要把不断满足人的全面需求、促进人的全面发展，作为发展的根本出发点。人类生活的世界是由自然、人、社会三个部分构成的，"以人为本"的新发展观，从根本上说就是要寻求人与自然、人与社会、人与人之间关系的总体性和谐发展。

自然是人类生存的环境，也是人类赖以生存的基础。人不能改造自然，更不能征服自然，只能在尊重和认识的基础上利用自然。同时，人是社会性动物，这意味着人不是单个的"存在物"，而是由"我、你、他"相互作用组成的社会。既然是社会，就有一个公平问题，一个协调问题，不能顾此失彼，顾眼前而失长远。这就要求我们把人的全面、协调发展放在第一位，尊重知识，尊重人才，尊重劳动，尊重创造，全面提高人的综合素质，提高人的教育水平、文化品位、精神追求和道德修养。

（三）可持续发展原则

"可持续发展（Sustainable Development）"的概念最早于1972年在斯德哥尔摩举行的联合国人类环境研讨会上正式提出。在《联合国人类环境会议宣言》中以"合乎环境要求的发展""无破坏的发展""连续的和可持续的发展"等概念出现。1980年，世界自然保护同盟和世界野生动物基金会等组织联合出版了一份《世界自然保护大纲》，首次简要地提出"可持续发展"，引起了国际社会的关注和重视。

1994 年 9 月，在埃及首都开罗召开国际人口与发展大会，将可持续发展列为中心议题，会议通过了《关于国际人口与发展的行动纲领》，就"可持续发展问题的中心是人"达成了共识。

1995 年 3 月，在丹麦首都哥本哈根举行的国际社会发展首脑会议上，各国政府首脑又从社会发展的角度再次开展可持续发展的大讨论，将可持续发展的领域由原来的经济、人口、资源、环境扩展到社会发展，并视为整个社会的系统工程。

从自然属性看，可持续发展就是生态可持续性，是不超越环境系统更新能力的发展，① 是寻求一种最佳的生态系统以支持生态的完整性和人类愿望的实现，使人类的生存环境得以持续。

从社会属性方面看，可持续发展的最终落脚点是人类社会，即改善人类的生活品质，创造美好的生活环境。②

从经济属性看，可持续发展是不降低环境质量和不破坏世界自然资源基础的经济发展。③

从科技属性方面定义，"可持续发展就是转向更清洁、更有效的技术——尽可能接近'零排放'或'密闭式'工艺方法——尽可能减少能源和其他自然资源的消耗"。④

前挪威首相布伦特兰夫人（Gro Harlem Brundland）及其所主持的由 21 个国家的环境与发展问题著名专家组成的联合国世界环境与发展委员会（World Commission on Environment and Development），在其长篇调查报告《我们共同的未来》（*Our Common Future*）中，提出的可持续发展定义是："满足当代人的需求，又

---

① 1991 年 11 月，国际生态学联合会（INECOL）和国际生物科学联合会（IUBS）联合举行关于可持续发展问题专题研讨会，将可持续发展定义为："保护和加强环境系统的生产和更新能力。"

② 1991 年，由世界自然保护同盟（INCN）、联合国环境规划署（UNEP）和世界野生生物基金会（WWF）共同发表《保护地球——可持续生存战略》。该战略提出的可持续发展定义为："在生存于不超出维持生态系统涵容能力之情况下，改善人类的生活品质"，并且提出人类可持续生存的 9 条基本原则。在这 9 条原则中，既强调了人类的生产方式与生活方式要与地球承载能力保持平衡，保护地球的生命力和生物多样性，同时，还提出了人类可持续发展的价值观和 130 个行动方案。

③ 巴贝尔（Edward B. Barbier）把可持续发展定义为："在保持自然资源的质量和其所提供服务的前提下，使经济发展的净利益增加到最大限度"（Economics，Natural Resources，Scarcity and Developmengt：Conventionaland Alternative Views，1985）。英国环境经济学家马肯华和皮尔斯（Marknadva and Pearoe），在 1998 年出版的《自然环境与社会折现率》中谈到，永续发展是"当发展能够保证当代人的福利增长时，也不应使后代人的福利减少"的经济观点。世界资源研究所（WRI，1992）将可持续发展定义为："不降低环境质量和不破坏世界自然资源基础的经济发展。"

④ James Gustave Spath. The Environment：The Greening of Technology ［M］. 1989.

不损害了孙后代满足其需求能力的发展。"这一定义体现了可持续发展的公平性、共同性和持续性等原则。就其社会观而言，主张公平分配，以满足当代和后代全体人民的基本需求；就其经济观而言，主张人类与自然和谐相处。这些观念是对传统发展模式的挑战，是为谋求新的发展模式和消费模式而建立的新发展观。

从目前来看，国际社会对可持续发展理论的研究从三个方面展开。在生态学方向上，其焦点是力图把"生态环境保护与经济发展之间取得合理的平衡"作为衡量可持续发展的重要指标和基本手段。在经济学方向上，可持续发展的经济是社会可持续发展的物质基础。传统的"经济增长"（指国民生产总值GNP、国内生产总值GDP的增长）概念已被"经济可持续发展"的概念所取代，后者不仅包括了经济增长的内容，还涉及社会经济结构的进化、经济体制和组织的优化以及整个社会经济水平的发展等方面的问题，从而扬弃了片面追求经济产值和经济增长速度的传统模式，强调以自然资源的永续利用和生态环境的良性循环为基础、同环境承载力相协调的可持续经济发展。该方向以经济可持续发展为研究对象，以区域开发、生产力布局、经济结构优化、资源供需平衡等区域可持续发展中的经济学问题作为基本研究内容，其焦点是力图把"科技进步贡献率抵消或克服投资的边际效益递减率"作为衡量可持续发展的重要指标和基本手段，体现了科学技术作为第一生产力对实现可持续发展的革命性作用。① 在社会学方向上，研究建立可持续发展的社会是人类社会发展的终极目标。该方向以社会可持续发展为研究对象，以人口增长与人口控制、消除贫困、社会发展、社会分配、利益均衡、科技进步等可持续发展中的社会学问题作为基本研究内容，其焦点是力图把"经济效益与社会公正取得合理的平衡"作为衡量可持续发展的重要指标和基本手段，这也是可持续发展所追求的社会目标和伦理规则。②

因地制宜、以人为本和可持续发展这三个原则是三位一体的，构成一个统一的整体。也就是说，经济发展要从当地实际出发，统筹考虑当前与长远、局部与整体之间的关系，最终实现社会、经济、自然的可持续发展。

① 该方向的研究尤以世界银行的《世界发展报告》（1990—1997）和 Brown、MacNeill 及 Pearce 等（1989）的"绿色经济"等有关研究工作为代表。
② 该方向的研究以联合国开发计划署（UNDP）的《人类发展报告》（1990—1997）及其衡量指标"人文发展指标"（HDI）、Cobb 等（1995）的"真实进步指标"（GPI）、Prescott－Allen（1995）的"可持续性晴雨表"（Barometer of Sustain－ability）等研究为代表。

三、影响和决定产业结构变动的因素

（一）影响和决定产业结构变动的一般因素

1. 封闭与开放条件下影响产业结构的因素

根据产业结构变迁理论，在一个封闭的经济体中产业结构变动的影响因素主要有以下几个方面，一是供给因素如自然条件、资源禀赋、人口、技术、资本形成等；二是需求因素如消费需求、投资需求等；三是产业政策、市场体系等。

在一个开放的经济体中影响产业结构变动的因素除了以上三个方面外还包括国际贸易与国际投资因素。在开放条件下，社会分工打破了国界，导致了国际贸易的发展，促进了国际资本的跨国流动。国际贸易一方面是通过本国产品出口刺激，另一方面是通过进口增长改善国内供给从而影响本国的产业结构。国际投资无论是作为一国产业资本形成的直接外部来源，还是伴之而来技术溢出效应，都会对东道国的产业结构变动产生影响。

2. 专业化分工对产业结构变动的影响

杨格（A. Young, 1928）认为专业化分工是经济增长的源泉，经济发展表现为分工自我繁殖、自我演进的过程。专业化分工的不断深化过程实际上就是一种产业结构不断调整的过程。为了提高劳动生产率，专业化分工越来越细，细分出来的专业部门逐渐发展壮大，形成新的产业，改变了原有的产业结构，在这一过程中经济发展得到促进。

3. 信息化对产业结构变动的影响

（1）信息化的概念

1997 年召开的首届全国信息化工作会议，对信息化和国家信息化定义为：信息化是指培育、发展以智能化工具为代表的新的生产力并使之造福于社会的历史过程。其中，智能化工具又称信息化的生产工具，它一般必须具备信息获取、信息传递、信息处理、信息再生、信息利用的功能。智能化生产工具与过去生产力中的生产工具不一样的是，它不是一件孤立分散的东西，而是一个具有庞大规模的、自上而下的、有组织的信息网络体系。这种网络性生产工具将改变人们的生产方式、工作方式、学习方式、交往方式、生活方式、思维方式等，将使人类社会发生极其深刻的变化。根据最新公布的 2006—2020 年国家信息化发展战略，信息化是充分利用信息技术，开发利用信息资源，促进信息交流和知识共享，提高经济增长质量，推动经济社会发展转型的历史进程。

信息化代表了一种信息技术被高度应用，信息资源被高度共享，从而使人的智能潜力以及社会物质资源潜力被充分发挥，个人行为、组织决策和社会运行趋于合理化的理想状态。同时信息化也是 IT 产业发展与 IT 在社会经济各部门扩散的基础之上，不断运用 IT 改造传统的经济、社会结构从而通往如前所述的理想状态的一个持续的过程。

从信息化的实践看，信息化的作用广泛涉及提高技术水平、扩大经济活动范围、降低成本、提高效率和推动制度创新等诸多方面，信息化带动工业化具有全面性和全过程性。首先，信息产业发展本身就是信息化带动工业化的内容。产业结构的高级化过程，本身就是新兴产业发展的过程。信息产业的发展和在经济结构中比重的提高，就是产业结构升级。其次，信息产业发展还能带动其他相关高新技术产业如激光、超导、新材料、新能源等高新技术产业发展，还在相当程度上推动了机器制造、仪器仪表、生物技术、海洋技术和空间技术的发展。再次，信息化不仅仅是一项专门的产业，它具有渗透性，它的发展能推动整个传统产业的信息化，即促使信息设备、信息服务深入到农业、工业和服务业内部，从而通过改进其生产方式、管理方式甚至是组织方式而改变经济的整体素质。20 世纪末，发达国家传统产业通过智能化、数字化、网络化等信息技术改造，实现了生产的机械化、自动化和智能化，使生产能对不断变化的市场需求迅速作出响应，提高了产业技术水平。最后，信息技术能够提高技术创新能力。计算机网络技术的应用，可在最大范围内配置和整合技术创新资源，提高技术创新能力。正因为它具有这样的特征，所以，信息化水平的提高有利于推进我国整体产业结构的优化，从而使经济增长方式发生改变。

正因为信息化具有如上特征，加快信息化建设成为实现我国产业结构高级化的关键。

（2）信息化是实现我国产业结构优化的关键

信息革命是人类迄今为止最深刻的一次技术革命。这场技术革命对各国产业结构升级优化产生了深远的影响，必将使各国产业结构发生根本性的变化。这突出表现在，一是产业类型从劳动力密集型转变为知识、信息密集型。二是随着信息化的深入，信息产业不仅成为主导产业，而且信息技术也促进了传统产业的信息化和高技术化，使其不断地优化升级。

信息产业的形成是信息化发展到一定程度的产物，即信息产业化①。信息化推动产业结构升级，就是建立在信息技术及其产业基础之上，利用信息技术这一目前世界最为先进适用的技术，通过信息产业化、产业信息化的过程，来全面推动产业结构的升级优化。

信息产业化首先是指信息技术的产业化。这是信息技术转化为生产力的过程。它会使第二产业中出现许许多多的产业和产业群，为传统产业的改造和第三产业的发展提供高新技术的支持。产业信息化是指在传统产业的生产、管理、设计等各个环节广泛应用信息技术的过程，也是通过采用信息技术和开发信息资源而提高劳动生产率的过程。全方位、多层次地推广、应用电子信息技术来改造传统产业如铁路运输业、冶金工业、建材工业、轻纺工业、电子工业、商业、农业等，一方面，可使这些产业降低消耗，提高水平，增加效益；另一方面，还通过传统产业的信息化来促进和推动信息产业自身加快发展步伐，从而使信息产业在整个国民经济的发展中居于主导地位，早日实现社会经济的信息化。

(3) 新型工业化是我国工业化的必然选择

"发展现代产业体系，大力推进信息化与工业化融合，促进工业由大变强"是党的十七大对我国加快转变经济发展方式，坚持走新型工业化道路所提出的重大战略举措。大力推进信息化与工业化融合，是贯彻实践科学发展观，加快产业结构优化升级的发展需要。

所谓信息化与工业化融合，就是在工业研发、生产、流通、经营等领域广泛利用信息设备、信息产品、信息技术，推进设计研发数字化、制造装备智能化、生产过程自动化和经营管理网络化，不断提高生产效率、改善生产工艺、优化产业结构，促进产业信息化水平普遍提高的过程。从内在关系看，工业化与信息化相互融合、相互促进、密不可分。其一，工业化是信息化的源泉和基础，工业化发展到一定阶段将直接导致信息化的产生，并且为信息化发展创造物资、能源、资金、人才、市场等基础条件。其二，信息化是工业化的引擎和动力，通过引导工业化发展方向、提升工业化发展速度、提高工业化发展水平，使现代工业朝着高附加值方向发展，并为工业化的再发展创造广阔需求空间。其三，工业化和信息化相互融合，既为信息化提供坚实的物质基础，又推动了

---

① 杨学坤，吴树勤．基于信息化理论的我国产业结构高级化问题研究［J］．科技管理研究，2009 (2)．

工业化向纵深发展，更重要的是在融合发展过程中，培育催生了一批新兴产业和新型业态，促进了经济发展方式的转变和整个社会的经济转型。①

根据经济发展的正常顺序和先发工业化国家的历史经验，产业结构的高级化和信息化应在工业化的基础上发展。但由于高新技术的渗透和外溢日益显著，全球产业结构调整加速，我国部分制造产业因其明显竞争优势而成为世界主要生产基地，加上资源稀缺和保护生态的压力日益增强，我国完全有理由而且也必须提前启动信息化，高起点地推进工业化，以信息技术对既有产业格局的渗透和整合来完成工业化目标，在产业结构高级化过程中走跨越式发展的新型工业化道路。这一方面，发挥了后发优势，另一方面，实现了工业化和信息化的良性互动。例如，信息化通过改造传统产业、催生新兴产业、促进产业融合和提高组织管理效率与投资回报率等方式，提升产业竞争力，为产业结构高级化的跨越式发展提供了现实动力。

4. 循环经济对产业结构变动的影响

循环经济（cyclic economy）即物质闭环流动型经济，是指在人、自然资源和科学技术的大系统内，在资源投入、企业生产、产品消费及其废弃的全过程中，把传统的依赖资源消耗的线性增长的经济，转变为依靠生态型资源循环来发展的经济。人类对循环经济理论的研究已经进入了一个全新的阶段——新循环经济学阶段，国际循环经济理念实现了从3R向5R转变，即减量化（reduce）、再利用（reuse）、再循环（recycle）、再思考（rethink）和再修复（repair）。这五个原则体现了循环经济的内涵，对产业结构调整提出了时代的要求，一是要按照环保标准和绿色标准调整产业结构。② 产业结构生态化是发展循环经济对产业结构优化的新要求，是参考自然生态系统的有机构成和循环原理，在不同产业之间构建类似于自然生态系统的相互依存的产业生态体系，以达到资源充分循环利用，减少废物、污染的产生，消除对环境的破坏，逐步将整个产业结构对环境的负外部效益降低到最低限。二是产业结构调整应以提高生态效率为目标，实现产业结构高度化。产业结构高度化不仅要依据传统的产业结构演进规律使产业结构由低到高不断发展，而且根据循环经济的基本原则，产业结构高度化更需要提高资源利用效率高的产业比重，逐步减少或淘汰资源浪费严重、资源再利用率低的产业。三是产业结构调整要注重生态效用的提高，减

---

① 刘健. 加快信息化和工业化融合促进产业结构优化升级［J］. 上海信息化，2009（2）.

② 孔祥林. 基于循环经济的产业结构优化理论［J］. 科技资讯，2009（12）.

少大多数人不需要的产业生产链条。四是发展非自然资源依赖型产业，形成新的经济增长点。①

5. 技术进步对产业结构变动的影响

首先介绍美国技术进步对产业结构变化的影响。美国企业特别重视新技术的应用，强调开发新产品。美国把研究与开发视为企业生存竞争的主要依靠，投资重点放在新产品的开发、设备革新、工艺水平的提高上，而不是放在扩建厂房和扩大生产规模上。据美国经济学家估算，美国生产率的提高，其中 4/5 是靠革新技术与技术熟练程度达到的，只有 1/5 是靠追加生产规模投资实现的。从 1960 年至 1986 年，美国制造业年均生产率提高 2.8%，1986 年生产率提高了 3.5%，超过英国 2.9%，日本 2.8%，及联邦德国和法国 1.9%。在研究与开发投入方面，信息技术的投入占了最大的份额。在 1994—1998 年，美国全部的 R&D 投入（调整后的价格）平均每年上升了 6%，而 1989—1999 年，这一增长率只有 0.3% 左右。在整个 20 世纪 90 年代，美国的 R&D 的投入几乎全部来自私人部门，在 1995—1998 年，信息技术行业的投资占私人部门投资的 37%。信息产业的投资增长及产出增长快速提高，使美国的投资结构由原来以汽车、化工及航空等传统产业为主导，转为以信息产业为主导。

技术进步是决定产业结构演进与变革的直接动力。首先，技术进步可以发现新的可替代资源，创造新的可替代产品，诱发新的需求从而刺激需求结构变化，对产业结构演进产生诱导力量。例如，技术进步促使产品成本下降、资源消耗弹性下降和消费品升级换代，改变了生产需求结构和消费需求结构。其次，在技术创新和技术扩散的基础上形成的新兴产业的发育与成长，推动原有产业的分化，改变产业结构。例如，技术进步推进社会生产率提高、新兴产业出现和产业部门收益变化，直接导致产业结构分工深化和产业结构高级化。再次，在技术进步条件下，各产业资本存量的更新不仅是在原有技术基础上进行的，而且在更新过程中还包括知识和技术的补充，使原有的资本存量通过更新增强技术能力，提高生产效率，增加产出，促进产业结构变革。最后，技术进步通过产业关联而使一些产业扩张，另一些产业缩小，促进产业结构变革。

产业结构高级化的本质是技术的集约化。在我国处于工业化中期的技术水平的条件下，只有将技术创新引入新的生产函数，并通过对其他部门增长有直

① 吴飞美. 基于循环经济的福建省产业结构调整问题研究 [J]. 福州大学学报（哲社版），2009 (1).

接和间接影响的主导部门的更迭，才能推动产业结构向高级化方向演进。高新技术创新及其产业化将不断为产业结构优化与升级提供基础动力。一方面，发达国家掌握科技源和科技垄断权，利用全球多层网络和技术转移，企图左右发展中国家的产业分工结构；另一方面，发展中国家可以利用知识的共享性和溢出效应，通过知识的社会化和知识共享形成的经济增长网络体系，建立科技知识共享为基础的转化、应用和扩散体系，同时，选准主攻方向，集中力量实现高技术领域中关键技术自主研发能力的突破，进而实现产业结构优化与升级，在高新技术创新中推进产业结构高级化。

6. 政府政策对产业结构变动的影响

政府政策对一个国家或地区的产业结构有着无可比拟的影响，这不仅在中国，而且在世界任何国家都是如此。在中国这样的经济没有完全市场化的国家，各级政府的政策对当地经济和产业结构的影响和决定作用就更加明显。这种影响不仅仅通过其产业政策表现出来，而且各项财政投资政策、信贷政策、政府采购政策，甚至消费政策等都会产生巨大影响。当然，各国政府政策对其产业结构的影响的具体方式会随着其体制的不同而有所不同。以下介绍美国、日本、韩国的情况。

（1）美国政府政策对产业结构的影响

20 世纪 90 年代美国经济增长的一个突出特点就是劳动生产率增幅较大，产品的国际竞争力明显增强，美国经济由此走上了集约型增长的道路。1990—1994 年，美国制造业劳动生产率平均每年递增 2.8% 左右，是 20 世纪 70 年代以来的最高水平。1996 年美国制造业劳动生产率比上一年增长 3.9%，居发达国家前列。美国服务业的领先地位更加突出，如美国商业零售业效率是日本的两倍，电信业效率是日本的两倍。在美国劳动生产率较快提高的同时，其单位劳动成本在 20 世纪 90 年代增长缓慢，近年来甚至出现下降趋势。若以 1990 年美国单位劳动成本为 100，则 1993—1996 年其单位成本分别为 103.6、103.4、103.1 和 103.1。集约型经济增长的主要原因有以下三点：

一是重视科技进步。美国政府认为，经济的竞争归根到底是科技的竞争，因而把发展科技放在首要地位。为此美国成立了由总统和副总统亲自领导的国家科学技术委员会，并增加研究与开发的投入，其数额相当于日本、德国和法国三国的研究与开发的投入的总和。二是优化资源配置，通过外部兼并和内部结构调整，实现规模经营。三是重视教育事业，提高劳动力素质。美国政府教育支出占 GDP 的比重在 "二战" 后一直保持着 6% ~7% 的高水平。通过大力发展教育，美国培养了大批技术人才和管理人才，提高了企业的生产技术及管理水平，推动了美国经济的优质、高效发展。

回顾美国的经济和产业发展史，虽然美国是典型的市场经济国家，但各届总统的经济政策对产业结构的调整起了巨大的作用，尤其是 20 世纪 80 年代以来的总统经济政策起的作用更大。如 1983 年，里根总统成立了工业竞争力总统委员会，开始了向信息产业的进入。1985 年该委员会提出一份题为《全球竞争：新的现实》的报告，拉开了产业结构调整的序幕，这为 20 世纪 90 年代信息产业的迅速发展打下了基础。1991 年，布什总统向美国国会提交了一份《国家的关键技术》的报告，对美国在 20 世纪 90 年代的信息技术发展提出了总要求，成为美国保持全球技术领先地位的重要指南。1992 年，在美国总统竞选期间，克林顿的施政纲领之一就是"建立信息高速公路，振兴美国经济"。1993 年 1 月，刚刚入主白宫的美国总统克林顿发表了题为"促进美国经济增长的技术——增强经济实力的新方向"的报告，全面阐述了技术对于保障国家安全、促进经济繁荣和改善人民福利的重要意义，并着力推进促进技术产业化的重大计划——美国先进技术计划（ATP 计划）。1993 年 11 月，克林顿又成立了国家科技委员会并担任主席，颁布《国家信息基础设施行动计划》（简称 NII 计划），提出用 20 年投资 4000 亿～5000 亿美元，建立由通讯网络、计算机、数据库，以及电子产品组成的网络，为用户提供大量的、统一标准的信息服务。

从农业方面来看，美国政府虽然历来标榜其实行自由市场经济制度，但对农业却一直实行高度干预政策。美国政府对农业的干预政策主要包括一是农产品计划政策，美国政府通过制定一年一度的农产品计划（即生产与产量计划），以与农场主签订合同的方式来执行农产品价格与收入支持政策。二是降低农业生产成本的政策，包括大力发展农业地区基础设施，推动农业科研事业、技术的发展和普及，政府通过资助信贷机构、提供保证贷款和保险贷款，甚至直接贷款对农业实施信贷支持政策，实施农作物保险及灾害援助政策、较低的农业税收政策。三是实行限制生产的政策，即限耕、限售和休耕。政府为参加这些计划的农场主提供补贴。四是扩大需求的政策，通过提供出口补贴和短期出口信贷保证鼓励私人拥有的农产品进入世界市场；通过对某些农产品的进口实行严格的限制，以保护本国农场主利益；通过实行援助低收入消费者的食品计划扩大内需。其中最庞大的是食品券计划，即向低收入者发放只能购买食品的食品券。农产品信贷公司收购的农产品中也有一部分直接免费分配给了城市贫民和失业者。政府还补贴学校的午餐，向学校赠送许多种食品。

（2）日本政府政策对产业结构的影响①

日本是世界上最早致力于产业政策制定与产业结构设计的国家。第二次世界大战结束以后，日本在短时间里迅速成为世界发达国家，尽管其中有很多条件，但与日本产业结构调整的成功是分不开的。日本产业结构调整的突出特点就是根据经济发展的目标和市场需求，制定相应的产业政策，从而促进经济的发展。日本的产业政策可以分为产业结构政策和产业组织政策。产业结构政策对产业结构调整的成功起到了关键性的作用；产业组织政策则是整个产业政策实施的重要保障。

日本政府的做法：第一，合理选择、适时调整主导产业，给予政策扶持。第二，根据产业发展规律确定调整产业结构的方向。尽管一些产业当时并非是日本的优势产业，但由于有良好的发展前途，日本政府就采取了全力扶植的办法，一方面对这些弱小产业进行保护，另一方面，鼓励这些产业走上出口导向的发展路径。第三，通过技术进步促进产业结构演变。日本提出了新商品、新工艺、新工厂的良性循环设想，通过从美国和西欧购买大量技术和设备，对国外先进技术进行引进—吸收—改造，倡导"技术立国"，短期内实现了重工业化。第四，依靠市场机制，加强政府引导。日本政府的宏观调控采用适度和间接诱导的方式，即制定的产业政策只是为国民经济各行业的发展指明一个大方向。为达到产业政策的目的，日本政府通过税收、信贷等手段鼓励相关产业的发展，并通过召开恳谈会等形式进行沟通和协调，说服相关产业与其合作。

（3）韩国政府政策对产业结构的影响②

韩国的产业结构调整比日本稍晚一些，韩国政府在1962年、1967年和1980年分别提出了"重点发展轻工业""重化工业化""产业结构高级化"等政策目标。这些政策对韩国产业结构转换起到了重要的协调和促进作用。由于韩国的经济很大程度上受到日本的影响，许多产业政策与日本的相似，但是，由于两国的国情不同，韩国的产业政策也具有自己的特色。一是采取出口导向型的工业化，一是实现产业政策的法律化。为了支持产业结构调整，韩国政府制定了许多经济法规，如《机械工业振兴法》《造船工业振兴法》《电子工业振兴法》等，这些法律法规经"国会"批准后由总统颁布施行，使得各项活动都有法可依，而且执法极严，奖罚分明。同时，法律、法令、条例、决定随形势变化而

① 李杰.产业结构演进的一般规律及国际经验比较 [J].经济问题，2009（6）.
② 李杰.产业结构演进的一般规律及国际经验比较 [J].经济问题，2009（6）.

变化，制定若干新法规并及时向全民通告旧法规的修正和废除。

（二）影响和决定区域产业结构变动的因素

1. 区域产业结构优化的关键是主导产业选择

如果说前面分析的是一个国家或者说一个相对来说比较大范围的产业结构变动的规律性的话，那么，对于一个地区来说，由于其地理范围有限所决定的各种资源的有限性，其产业结构的形成和决定因素就与全国的有所不同。

一般认为，一个区域的产业结构除了取决于自身的资源禀赋之外，主要取决于由国家政策所决定的地区间的产业分工，而一个区域的产业结构的升级速度和是否优化就取决于其主导产业的选择。也就是说，合理的主导产业选择不仅能带动地区经济发展和突破，而且能推动地区产业结构的升级换代，实现产业结构优化。①

2. 区域主导产业选择的理论与方法

在产业经济理论史上，许多经济学家通过对区域主导产业选择的广泛研究提出了界定和选择区域主导产业的基准，主要理论有以下几个。

（1）主要部门分析法。主要部门分析法是美国经济学家 W. W. 罗斯托（W. W. Rotow）教授对主导产业研究作出的开创性贡献。罗斯托在 1960 年出版的《经济成长的阶段》一书中把国民经济各产业部门按照在各国经济增长中所作贡献的差异划分为主要增长部门、补充增长部门和派生增长部门三类。在 1998 年出版的《主导部门和起飞》中，他提出了产业扩散效应和主导产业的选择基准。罗斯托认为，在经济增长的任何阶段，主导产业部门的迅速发展在整个经济的增长中都起着决定性的作用。因此，要注意选择具有扩散效应（前向联系、后向联系、旁侧效应）的部门作为区域主导产业部门，将主导产业的优势辐射到相关的产业中，借此带动和促进区域经济的全面发展。根据这一观点，确认主导产业的基准主要有两条：一是具有较高的增长率和显著的规模，二是

---

① 区域产业结构调整，就是尽可能使区域产业结构趋向最优配置，其实施的主要方式有以下几种：（1）准确选择区域的主导产业，合理确定其发展规模和速度，通过盘活存量积极扶持主导产业的发展。现代化的迂回生产方式使区域产业分工越来越细，形成许多区域产业链条，按照其与主导产业的关联性，可以分为前向联系、后向联系和旁侧联系。产业结构调整的主要内容之一，就是通过这些产业联系对整个区域的各产业链条产生影响，带动区域整体经济的发展。（2）建立以主导产业为核心的高效率协调运转的区域产业体系协调主导产业与非主导产业的关系。（3）对外突出区域主导产业的发展优势，对内提高区域各产业间的关联度和协调性，形成区内外经济发展的良性循环。（4）把握区域产业结构的动态变化，积极扶植潜在主导产业，促进产业结构顺利适时地转换，使区域产业结构始终保持最合理化。

具有扩散延伸效应，能带动其他部门的经济增长。

（2）筱原两基准理论。筱原两基准理论是日本经济学家筱原三代平所提出的"收入弹性基准"和"生产率上升基准"的简称，也是关于区域主导产业选择最著名的、比较明确地提出了主导产业选择基准的一个理论。

收入弹性基准。它是指在其他条件不变的前提下，某一产品的需求增长率与人均收入增长率之比，即某一产业的产品收入弹性系数=某一产业的产品需求增长率/人均国民收入增长率。它体现了随着国民收入增加而引起的对各产业最终需求的变化。收入弹性大的产业表明该产业产出需求增长对收入增长敏感程度高，在未来的发展中能够占有较高的市场份额，获得较丰厚的利润，将这样的产业作为主导产业能促进整个产业的持续、高速的增长。也就是说，当收入弹性系数大于1时，随着人均国民收入的增加，需求量将有更大幅度的上升，而且增长速度较快。所以，一般而言，所选择的区域主导产业应是收入弹性系数大于1的产业。

生产率上升基准。它是指选择生产率上升快，技术水平高的产业部门作为主导产业部门。这一基准反映了主导产业迅速有效地吸收技术水平的特征，优先发展生产率上升快的产业，不仅有利于技术进步，还有利于提高整个经济资源的使用效率。因为生产率上升快的产业其技术进步的速度必定也更快，单位产品的生产成本较低，能够在市场机制的作用下实现各种资源流向该产业，促进该产业的更快发展，从而促进国民经济和国民收入的较快增长。

筱原两基准理论从供需两个方面对区域主导产业的选择加以界定，其内容存在着互补关系，是一个有机的统一体。但它还没有完全反映出区域主导产业的特征，所以日本政府后来又在收入弹性基准和生产率上升基准的基础上增加了诸如创造就业机会基准、防止过度密集基准、丰富劳动的内容基准和对有关产业的关联效果基准等标准以弥补筱原两基准的不足。

（3）"产业关联度基准"理论。"产业关联度基准"理论是美国发展经济学家艾尔伯特·赫希曼（A. Hirschman）在1958年出版的《经济发展战略》中提出的。所谓关联效应基准是指某一产业的经济活动通过产业互相关联的活动影响其他产业的经济活动，即政府应该选择直接活动部门中联系效应大的产业部门作为主导产业部门，通过前向关联、后向关联和旁侧关联来带动整个经济的发展。

（4）"比较优势基准"理论。李嘉图的"比较优势基准理论"是在亚当·斯密绝对优势理论的基础上发展起来的。该理论认为，每个国家应集中力量生产那些利益较大的商品，然后通过国际贸易来交换，而不是生产所有的商品。照此理论，则每个国家应充分发展具有比较优势的产业，尤其是那些具有潜力、对国民生产有重大意义且能带动整个产业结构发展的产业，形成一个能够充分发挥本国优势的产业结构。

不过，对这一理论目前存在很多疑义。正如聂建中[①]等人所说，当代的"比较优势战略"理论简单地从人均资本的视角出发，将产业的基本类型划分为劳动密集型和资本密集型两种，并认为落后的中国只能从事前者。其实，以知识技术含量的密集度为标志，产业还可以划分为低知识技术含量产业和高知识技术含量产业。而将两种划分结合起来，对于正确选择产业结构有重要意义。一般而言，高知识技术含量产业大部分是资本密集型的，而劳动密集型产业主要属于低知识技术含量类型。尽管劳动密集型产业中也有少量可能具有较高知识技术含量，但在知识技术落后的中国，能自然发展起来并具有自生能力的劳动密集型产业必然是低知识技术含量型。因此，"比较优势战略"学派鼓吹发展劳动密集型产业的实质就是鼓吹发展低知识技术含量的产业。

"比较优势战略"的推行损害了国家的知识技术力，使中国主动滑向国际分工的底端，产业结构趋于低级化。尽管片面发展劳动密集型产业也积累了一些货币资本，但由于知识技术力的缺失，这种单纯的货币资本积累难以转化为产业升级，中国企业被锁定在了全球产业链的低端。因而中国应调整经济发展战略，致力于知识技术力量的培育与成长。

比较优势战略理论宣称，产业结构和技术结构的升级是要素禀赋结构变化的内生结果，经济发展的目标在于资本积累，而资本积累的有效性在于按比较优势选择产业。中国劳动力丰富而廉价，应该融入国际分工，全力发展劳动密集型的产业，从而快速提升要素禀赋结构，进而有利于产业结构的升级。然而，产业结构升级不完全等于资本密集度的提高，产业升级更意味着知识技术力和产业附加值的上升。一个国家学习、消化、吸收、模仿、改进和创新知识与技术的能力，构成这个国家的知识技术力。显然，知识技术力要以人为本，其核心是人力资源的质量及其组织形态。可是知识技术力只有在知识技术型的生产实践中才能获得，国家一味发展劳动密集型产业，人们都从事缺乏知识技术含量的工作，知识技术力就无从培育，即使能够积累一些货币资本，产业结构也无法自然升级。

---

① 聂建中，王敏. 比较优势战略与产业结构升级 [J]. 当代经济，2009 (1)（上）.

（5）周振华三条基准。上海社会科学院周振华博士在其论著《产业政策的经济理论系统分析》中提出了区域主导产业的选择的三条基准：增长后劲；短缺替代弹性基准；瓶颈效应基准。该基准以"结构矛盾的缓解来推进整个产业的发展"的战略方针为基本框架，理论的主要依据是：发展中国家更多的是有效供给不足而不是有效需求不足；发展中国家所面临的经济问题更多的是结构矛盾而不是总量矛盾；发展中国家经济发展的关键是瓶颈的制约而不是笼统的资源制约。

3. 区域主导产业选择应注意的几个问题

区域主导产业的选择有其自身的特殊性，这些特殊性就决定了区域主导产业的选择不能照搬整个国家范围内主导产业的选择标准。首先，区域产业结构具有非独立完整性。基于政治、国防、安全等方面的考虑，国家主导产业的选择必须兼顾带动整个国民经济发展和保持国家产业结构的独立完整两个方面。而区域之间是互相开放、紧密联系的，各区域能够按照各自的资源禀赋及其空间组合的差异来展开专业化分工协作，因此区域产业结构不需要像国家那样追求独立和完整。其次，区域产业结构的演进具有二重性。一方面，随着经济发展水平的提高、市场需求的变化和科学技术的进步，区域产业结构将逐步趋向高级化。另一方面，由于各区域的资源禀赋和经济条件不同，各区域产业结构演进又具有一定的特殊性，区域产业结构可能会出现"逆结构"演进。因此，一个地区选择何种产业为主导产业，不能片面地追求产业结构高度化，而应该充分考虑区域特点，以自身条件为依据，以各产业发展现状为基础，选择发展潜力大的产业为主导产业。最后，区域产业结构具有开放性。区域产业结构比国家产业结构具有更大的开放性，国家选择主导产业不必一味强调出口功能，而区域主导产业则应该是面向区外市场的外向型产业。这个区别的重要意义有二：一是区域主导产业选择要以区外市场为导向；二是区域主导产业选择还需要考虑产品是否便于输出。

区域主导产业的选择不仅要考虑各项选择基准的要求，而且还要充分考虑区域主导产业成长所面临的约束条件和各地的具体经济情况。具体地讲，一是区域资源状况。一个区域的资源禀赋对该区域主导产业的选择与培育来说是十分重要的，它常常是主导产业选择和培育的基础。在选择和培育主导产业的过程中，必须考虑到现实的资源禀赋状况及其在以后的经济发展过程中的趋势和对主导产业发展的影响程度。二是市场需求状况，即国民经济运行面临的供需状况。由于区域主导产业的特点之一就是具有较高的增长率，需要有较大的市场作为主导产业发展的支撑。所以，在选择主导产业时，不仅要考虑当前的市场需求状况，而且还要考虑市场需求状况的发展趋势。三是区域科学技术发展水平。主导产业的迅速发展和壮大没有强大的科学技术支持是不可能完成的，若区域科学技术结构不合理，生产技术水平不高，那么主导产业将很难保持较高的增长速度和强大的关联效应。四是资金。从整体上说，我国经济的发展面临较大的资金困难，特别是在我国中西部民族地区，资金更为缺乏，这不仅是区域主导产业发展的制约的因素，也是绝大多数产业发展面临的问题。所以，在选择主导产业的过程中，在考虑科学技术的同时还要考虑资金因素对主导产业发展的影响，通过优先发展金融业，利用良好的金融条件，开展多种渠道融资，以保证主导产业发展的资金需求。五是政策因素，包括政府的产业政策和地方政府针对主导产业的发展所制定的一些地方性政策。

一般认为，区域经济的发展主要依托区域的优势和条件。对这一句话要做多方面分析。第一，在经济发展初级阶段，靠山吃山、靠水吃水是绝对的。第二，区域优势或是区域劣势可作深入分析，一是双优势或多优势，二是双劣势或多劣势。第三，这种优势是有限的，或这种劣势是可变的。因此经济发展不一定是利用绝对优势，而可能是发挥相对优势，甚至可能是用其所短，置之死地而后生。

除此之外，一个区域的国民素质水平、现有产业结构关联状况及演变趋势，以及市场发育程度和开放中的国际政治经济环境等也对主导产业产生影响。总之，由于这些约束条件的存在及对区域主导产业的影响作用，在区域主导产业的选择中除了遵循产业发展的一般规律和客观选择基准以外，还应充分考虑外部约束条件。因为，忽略了前者则会失去判断标准，而忽略了后者则使区域主导产业选择失去了可操作性。因此，在区域主导产业的选择过程中需要将选择基准和外部约束条件结合起来，在综合考虑各方面因素的基础上选择区域主导产业，让它充分发挥带动相关产业发展、促进区域经济和整个国民经济发展的作用。

四、民族地区产业结构优化的决定因素分析

（一）民族地区产业结构优化的目标和特征

我国的民族地区是经济相对落后地区，为了实现全国经济的均衡、协调发

展，民族地区的经济要优先增长。但是，民族地区产业结构优化的根本目的并不是经济增长，或者说并不单纯是经济增长，而是要发挥后发优势，汲取前人经验，避免资源浪费、环境污染，人力多余、社会动荡，总之一句话，就是要实现民族地区乃至全国的经济社会的可持续发展。

这样一种优化的产业结构应具有如下特征：

1. 资源节约

前面我们已经说明，作为社会经济活动的资源有多种，这些资源可以从多个角度进行分类，最基本的可以分为可再生资源和不可再生资源两种。虽然从表面上看，可再生资源是无限的，但由于地球是有限的，因此，实际上可再生资源也是有限的。为此，对于可再生资源，就要实行充分、有效地利用，以发挥其最大经济和社会效益；对于不可再生的资源，更要充分、节约和有效地利用。

资源的另一种分类方式是可分为有时效性的资源和无时效性的资源。有时效性的资源如阳光要在"当时"利用，无时效性的资源如石油则需尽可能延后使用。在民族地区，有时效性的资源还包括与民族相关的一些资源如民族风俗、民族语言、民族服饰等，这些资源由于受到现代化的影响，如不及时发掘和利用，极有可能消失，但如果能够充分发掘和利用，则会发扬光大，成为可持续利用的资源。

资源节约的基本特点和要求是降低资源消耗强度，提高资源利用效率，减少自然资源系统进入社会经济系统的物质流、能量流通量强度，实现经济社会可持续发展。

2. 环境友好

1992 年联合国里约环发大会通过的《21 世纪议程》中，200 多处提及包含环境友好含义的"无害环境的"（Environmentally Sound）概念，并正式提出了"环境友好的"（Environmentally Friendly）理念。随后，环境友好技术、环境友好产品得到大力提倡和开发。20 世纪 90 年代中后期，国际社会又提出实行环境友好土地利用和环境友好流域管理，建设环境友好城市，发展环境友好农业、环境友好建筑业等。2002 年召开的世界可持续发展首脑会议所通过的"约翰内斯堡实施计划"多次提及环境友好材料、产品与服务等概念。2004 年，日本政府在其《环境保护白皮书》中提出，要建立环境友好型社会。

在经济持续高速增长，环境压力不断增大的背景下，党的十六届五中全会明确提出了建设"环境友好型社会"，并首次把建设资源节约型和环境友好型社会确定为国民经济与社会发展中长期规划的一项战略任务。与此同时,《中共中央关于制定国民经济和社会发展第十一个五年规划的建议》中,也将"建设资源节约型、环境友好型社会"作为基本国策,提到前所未有的高度。

前面我们已经说明,民族地区是原生态的保存区,但也是自然环境非常脆弱的地区。从内蒙古的情况看,长期以来由于过度放牧,盲目开垦草原,森林过度采伐,以及对水资源的不合理利用等,致使生态环境遭到严重破坏,生态环境恶化趋势明显加剧,生态服务功能受到伤害,出现土地沙化,砾石化,草场退化,水土流失,沙丘活化,土壤盐渍化等现象,导致自然灾害频发。因此,在民族地区进行产业结构调整,实现环境友好社会,是全国实现环境友好社会的基础,也是民族地区可持续发展的前提。

3. 经济效益

所谓"经济效益",就是一种讲究效益的经济。

有人会说,追求经济效益是我们长期以来的工作目标,也是全社会的共同理想。从表面上看起来,讲求经济效益不仅是一个企业,也是一个地区、一个国家共同的特征,但实际上,对效益的理解不同,具体的做法不同,得到的结果也大不相同。

对效益的理解要注意两个方面,一个是局部效益与整体效益的关系,另一个是眼前效益与长远效益的关系。我们所讲的效益是把眼前与长远、局部与整体有机结合起来,既不能只顾眼前的生存而忽视了后代人的需要,也不能只为自己的生存而忽视了他人的需要。由此来说,在现实中没有讲究效益或者说忽视效益的经济活动并不是个别情况,而是比比皆是。国内如此,国外也是如此;发展中国家如此,发达国家也是如此。这也正是造成社会经济不可持续发展的根本原因。

4. 技术密集

我国有着庞大的人口,因而有着庞大的劳动力资源。在失业已经成为一个世界的难题的情况下,我们讲究建立技术密集型的产业结构似乎有些不合理,因为在一般情况下,技术密集意味着劳动节约,也意味着劳动力的失业。实际上,这是按照传统的理论和方法思维的结果。现代社会中的问题,特别是像失业问题、过劳死等,正是传统的、西方经济、社会理论的思维模式所导致的必然结果①。事实上，不论是从历史的角度，还是从目前的现实看，我们之所以进行技术创新和技术改造，目的就是为了节约人力，减轻劳动者的负担。当我们把技术水平提高了，生产效率上去了，但劳动力却被排挤出去了，失业的人无事可做，在业的人过分劳累时，是否曾经反问一下：技术发明的目的是什么？②

　　技术密集是产业结构优化和高级化的重要标志之一，也是实现劳动力节约

---

　　①　资本主义的剥削问题：日本一教授撰文谈资本主义市场经济的弊端。

　　大约在10年前，柏林墙倒塌，宣告"冷战"结束。它无可辩驳地证明了一个极其简单的事实：共产主义的中央计划经济根本无法保证一个国家经济的正常运行。俄罗斯等前共产主义国家开始探索向资本主义和市场经济过渡的道路。然而，到目前为止，这种过渡非常不顺利。

　　此外，亚洲国家也存在着问题；统一货币的欧洲各国，失业率依然居高不下。

　　只有美国为其长期持续的繁荣而自豪，感觉自己是"一枝独秀"，但是从最近股价波动和美元贬值等现象来看，美国经济的繁荣似乎不久也将到头。

　　如果说，就连过去经济情况"良好"、认为自己带动了世界经济的美国也避免不了这种命运，那么，实行市场经济的各国在世纪末的竞争中，难道还会有赢家胜出吗？

　　关键问题是共产主义产生之前的经济结构绝非完美。"共产主义产生之前的经济"，似乎还只能称为"资本主义的市场经济"。它与现代的资本主义市场经济相比，存在几个很大的差别，但是原则上两者又有许多共同点。

　　我把这些共同点称为资本主义市场经济所固有的问题，在这里，我将它们归纳成四种：

　　第一，"剥削"。资本主义市场经济为达到赚钱的目的，总是榨干别人的血汗，肆意驱使他人。

　　第二，"过度劳累而死"。有时"剥削"的对象不仅是别人，还包括自己。究其原因，也许是因为金钱的蛊惑性太大，否则就是因为竞争过于激烈。

　　第三，"帝国主义的侵略"。资本主义市场经济惯于故意前往其他国家进行破坏，尽管并未受到别国的邀请。

　　第四，"破坏地球环境"。资本主义市场经济不仅对人进行掠夺，还对地球环境造成种种破坏，进而危害人类。

　　而且，这些问题在现实中已成为某种"倾向"而大量存在，在旁观者看来，这些现象甚至是疯狂的。我称之为"资本主义的疯狂"。第四点（这是现代出现的新问题）姑且不论，前面提到的三点的确是过去不应忽视的社会弊病，从揭露社会问题的角度看，马克思提出批判显然是正当的。即使在马克思主义之外或许也能找到减轻问题的办法，但是我们却不能无视马克思主义的功绩，那样做是不公正的。

　　然而，"冷战"的结束彻底改变了世界潮流。目前，占绝对统治地位的是美国式的新古典派经济学理论。这种理论对市场作了无以复加的肯定。这等于全盘肯定了人们唯利是图的行为。

　　新古典派经济学是源自亚当·斯密理论的一个流派，它只不过是经济学的主流派，其主旨是"自由放任"，认为经济的真谛是极力排除限制，使市场即人们赚钱的行为处于自由状态。

　　不可否认，这一理论极大地发挥了人的能动性，对产业文明和物质文明作出了重大贡献；但另一方面，它也扼杀了众多生命、造成了流血。用一种方法归纳起来，其弊端就是上述的"四个问题"。正如昔日人们常说的，所谓资本主义市场经济，无非是优胜劣败、弱肉强食的世界，无非是"吃掉别人或是被人吃掉"的世界。（日本《读卖》月刊11月号文章题：没有赢家的市场战争，作者中部大学教授饭田经夫，《参考消息》1998年10月28日）

　　②　如何解决失业问题是一个大课题，我们这里不作赘述。但现代社会，不论是从最终目的上讲，还是从"适者生存"的竞争讲，都需要不断地进行技术发明和技术革新，因而，建立技术密集型的产业结构是任何地区和国家产业发展的基本目标之一。

的重要前提。我们讲究劳动力的充分利用，但并不是为了使用劳动力而使用劳动力，而是在实现人的全面发展的基础上和前提下充分发挥劳动力——每一个人的积极性、主动性和创造性。

5. 人力学习

人是人类社会一切活动的决定因素，是构成生产力的唯一要素。其他任何要素在生产中的作用，都取决于人力。因此，人需要不断学习，也确实是在不断学习。人类社会的一切进步，都在于人通过学习使自己的能力得到了提高。

从现实来看，当前的知识经济、信息经济的基本特征就是知识和信息爆炸。而知识和信息爆炸既是人力提高的结果，也是现实人类活动的起点。人要适应和引领社会需要学习，人生活在社会中也需要学习。不过，我们所讲的"学习"，与目前的"应试学习"和"被迫学习"不同，它不是被动的，或者被强迫的行为。实际上，学习是人生活的一种状态，或者说是人的常态。

亚当·斯密在《国民财富的性质和原因的研究》中对资本的定义是：一个国家全体居民的所有后天获得的有用能力是资本的重要组成部分。英国经济学家马歇尔曾观察到"所有资本中最有价值的是对人本身的投资"。新制度学派的代表人物加尔布雷斯在《丰裕的社会》一书中指出：现代的经济活动需要大量受过训练和熟练的人，对人的投资和物质资本投资一样重要，改善资本或者技术进步几乎完全取决于教育、训练和科学发展的投资。舒尔茨教授关于人力资本投资的思路是，在承认大多数民众都是人力资本所有者的前提下，根据人们知识和创新能力的高低，大致将人力资本所有者分为以下几等：一般型人力资本、专业技术型人力资本、管理型人力资本、研究和开发型人力资本、决策型人力资本。由此可见，即使仅仅是为了适应现代社会，个人也需要不断学习，社会也需要为每个人创造不断学习的条件（和制度）。

6. 对新型工业化的解读

（1）新型工业化提出的背景

新型工业化是在党的十六大报告《全面建设小康社会，开创中国特色社会主义事业新局面》首次提出来的。正如该报告所说，虽然经过二十多年的改革开放，我国的经济得到了快速发展。但是，我国仍然处于并将长期处于社会主义的初级阶段，现在达到的小康还是低水平的、不全面的、发展很不平衡的小康。人民日益增长的物质文化需要同落后的社会生产之间的矛盾仍然是我国社会的主要矛盾。我国生产力和科技、教育还比较落后，实现工业化和现代化还有很长的路要走；城乡二元经济结构还没有改变，地区差距扩大的趋势尚未扭转，贫困人口还为数不少；人口总量继续增加，老龄人口比重上升，就业和社会保障压力增大；生态环境、自然资源和经济社会发展的矛盾日益突出；我们仍然面临发达国家在经济科技等方面占优势的压力。因此，我们所要建立的是"经济更加发展、民主更加健全、科教更加进步、文化更加繁荣、社会更加和谐、人民生活更加殷实"的社会主义社会，这既是国内外经验的总结，也是中国特色社会主义的具体体现。

首先，我国是一个后发展国家。在实现工业化的进程中完全可以汲取发达国家工业化的经验和教训，实现跨越式发展。西方国家走的是一条先工业化后信息化之路，中国完全可以将信息化和工业化并进，甚至优先实现信息化，进而带动工业化。

其次，西方国家走的是一条先污染后治理的路子，在西方工业化过程中，自然环境付出了极大的代价。中国必须汲取这样的教训，走出一条工业化与经济发展、环境改善相结合的新路子。

最后，我们还必须考虑到中国人口众多、就业压力突出的现实。西方工业化走的是一条机器排挤工人的路子，造成了严重而长期的社会问题。中国作为后发展国家，又是社会主义国家，一定要处理好工业化与经济发展、人民生活改善的关系，处理好资本密集型、技术密集型与劳动密集型产业的关系，处理好高新技术产业与传统产业的关系。所谓十年树木、百年树人，劳动力素质的提高是一个长期的过程，而劳动者的生活则是一个日常问题。只有实行各得其所、各尽所能，才能实现社会的可持续发展。

（2）新型工业化的内容解读

根据十六大报告的提法，走新型工业化道路，就要大力实施科教兴国战略和可持续发展战略，坚持以信息化带动工业化，以工业化促进信息化，走出一条科技含量高、经济效益好、资源消耗低、环境污染少、人力资源优势得到充分发挥的新型工业化路子，努力把我们国家建设成为经济更加发展、民主更加健全、科教更加进步、文化更加繁荣、社会更加和谐、人民生活更加殷实的社会主义国家。这意味着如果说工业化是人类经济发展的一个阶段，那么新型工业化则是人类的一种文明形态。它不仅仅是人们收入水平的提高，也不仅仅是人类使用机器的增加，而是以可持续发展为基本宗旨，以科技水平的提高和社会和谐发展为基本特征的一种文明形态。

第一，新型工业化必须是能够可持续发展的工业化，因此一定要体现出经济社会的可持续发展的能力。十六大报告指出，必须把可持续发展放在十分突出的地位。所谓可持续发展，就是既要满足当代人的需要，又不能影响子孙后代的利益。能够增强可持续发展的能力是新型工业化的生命力所在，也是新型工业化区别于传统工业化的最根本的标志之一。为了实现经济、社会的可持续发展，首先要强调资源的节约、生态建设和环境保护，体现出资源的供给和环境的承受能力。传统的工业化模式是建立在大量消耗自然资源，并对环境造成巨大影响的基础之上的。如果按照这一模式，中国的工业化将受到资源供给不足和环境污染恶化的限制而无法实现。根据中国地质科学院全球矿产资源战略研究中心 2002 年提出的未来"20 年中国矿产资源的需求与安全供应问题"报告，自 2002 年起的后 20 年中国实现工业化，石油、天然气、铜、铝矿产资源累计需求总量至少是目前储量的 2 至 5 倍。该报告系统分析和研究了英、美等先期工业化国家 100 多年，日、韩等新兴工业化国家 50 年来工业化进程中经济发展与矿产资源消费的相关关系，并且总结了矿产资源消费的总量、人均消费量等与经济发展的若干规律，并在此基础上预测了中国及全球在未来 20 年内能源、资源消费趋势。报告首次提出，自 2002 年起，未来 20 年中国石油需求缺口超过60 亿吨，天然气超过 2 万亿立方米，钢铁出口总量 30 亿吨，铜超过 5000 万吨，精炼铝 1 亿吨。也就是说，在中国实现工业化的进程中，重要矿产资源的供应将是不可持续的。因此，要通过降低资源消耗，减少环境污染，提高绿化水平，来建立适宜人类生存的生态环境。同时，还要在经济发展的基础上，不断提高人民的收入水平和物质文化生活水平，逐步消除两极分化，建立和谐的人文社会环境。

第二，新型工业化必须注意发挥教育与科学研究在技术进步中的作用。新型工业化的基础之一科学技术的现代化，正如十六大报告指出的，走新型工业化道路，必须发挥科学技术作为第一生产力的重要作用，注重依靠科技进步和提高劳动者素质，改善经济增长质量和效益，加强基础研究和高技术研究，推进关键技术创新和系统集成，实现技术跨越式发展。鼓励科技创新，在关键领域和若干科技发展前沿掌握核心技术和拥有一批自主知识产权。深化科技和教育体制改革，加强科技教育同经济的结合，完善科技服务体系，加速科技成果向现实生产力转化。推进国家创新体系建设。发挥风险投资的作用，形成促进科技创新和创业的资本运作和人才汇集机制，完善知识产权保护制度。

第三，走新型工业化道路一定要处理好高新技术产业与传统产业之间的关系。推进产业结构优化升级，形成以高新技术产业为先导、基础产业和制造业为支撑、服务业全面发展的产业格局。优先发展信息产业，在经济和社会领域广泛应用信息技术。积极发展对经济增长有突破性重大带动作用的高新技术产业。用高新技术和先进适用技术改造传统产业，大力振兴装备制造业。

所谓高新技术产业，通常是指那些以高新技术为基础，从事一种或多种高新技术及其产品的研究、开发、生产和技术服务的企业集合。

美国商务部提出的判定高新技术产业的主要指标有两个：一是研发与开发强度，即研究与开发费用在销售收入中所占比重；二是研发人员（包括科学家、工程师、技术工人）占总员工数的比重。此外，产品的主导技术必须属于所确定的高技术领域，而且必须包括高技术领域中处于技术前沿的工艺或技术突破。根据这一标准，高新技术产业主要包括信息技术、生物技术、新材料技术三大领域。加拿大认为高新技术产业的认定取决于由研发经费和劳动力技术素质反映的技术水平的高低。而法国则认为只有当一种新产品使用标准生产线生产，具有高素质的劳动队伍，拥有一定的市场且已形成新分支产业时，才能称其为高新技术产业。澳大利亚则将新工艺的应用和新产品的制造作为判定的显著标志。

经济合作与发展组织（OECD）也用研究与开发的强度定义及划分高新技术产业，并于1994年选用R&D总费用（直接R&D费用加上间接R&D费用）占总产值比重、直接R&D经费占产值比重和直接R&D占增加值比重三个指标把高新技术产业分为四类，即航空航天制造业、计算机与办公设备制造业、电子与通讯设备制造业、医药品制造业。这一分法为世界大多数国家所接受。

中国目前还没有关于高新技术产业的明确定义和界定标准，通常是按照产业的技术密集度和复杂程度来作为衡量标准的。1991年，原国家科技部规定科技管理部门在下列范围内确定为高新科技：微电子和电子信息技术、空间科学和航空航天技术、光电子和光机电一体化技术、生命科学和生物工程技术、材料科学和新材料技术、能源科学和新能源技术、生态科学和环境保护技术、地球科学和海洋工程技术、基本物质科学和辐射技术、医药科学和生物医学工程技术、其他在传统产业基础上应用的新工艺新技术。而根据2002年7月国家统计局印发的《高技术产业统计分类目录的通知》，中国高技术产业的统计范围包括航天航空器制造业、电子及通信设备制造业、电子计算机及办公设备制造业、医药制造业和医疗设备及仪器仪表制造业等行业。

发达国家在新的经济增长中，60%～80%都是新科技推动的。发展建立在高新技术等知识基础上的经济，是摆脱我国工业化进程中资源环境约束的根本途径。在高新技术产业中我国应尤其注意信息技术产业的作用，用信息化带动工业化，以工业化促进信息化，形成良性互动。在发展高息技术产业的同时，也应该看到，目前传统产业在我国社会经济中仍发挥着不可替代的作用。据测算，目前，我国传统产业实现的增加值占国内生产总值的85%，从业人员占就业人数的94%。因此，我国应积极地对传统产业及其生产要素进行科学合理、高效的改造和重组，促使其更新换代，提高传统产业产品的科技含量，增加其附加值，使之以更低的成本获得更高的效益，促进传统产业结构的优化升级。

第四，走新型工业化道路要处理好资金技术密集型产业和劳动密集型产业的关系的同时，兼顾经济发展和就业扩大。我国是一个拥有13亿人口的大国，有六七亿劳动力供给，劳动力剩余现象十分严重，农业剩余劳动力高达40%以上，再加上人口自然增长每年增加约1000万的劳动力和因提高效率从现有生产过程中优化出来的劳动力，20世纪末需要就业的劳动者已达2.3亿。在这种情况下，如果片面强调发展资金技术密集型产业，就会造成大量失业，造成人力资源的严重浪费。另一方面，目前我国仍有许多具有国际比较优势的劳动密集型产业，如有些加工制造业、服装业、纺织业和服务业等。我们要充分发挥劳动力资源相对价格的比较优势，在发展资金技术密集型产业的同时有选择有重点地发展劳动密集型产业，加快发展现代服务业，提高第三产业在国民经济中的比重。这既有利于带动投资和消费，又保障就业和扩大就业，从而保证经济稳定健康的发展。

（二）民族地区产业结构优化的决定因素分析

1. 资源节约的具体要求

一般认为，资源节约型社会是指在生产、流通、消费等领域，通过采取法律、经济和行政等综合性措施，提高资源利用效率，以最少的资源消耗获得最大的经济效益和社会收益，保障经济社会可持续发展。

显然，这里的资源仅仅指自然资源，或者说物质资源。实际上，正如前面所说，资源包括很多内容，既有物质资源，也有非物质资源，既有自然资源，也有人力资源，既有现实资源，又有潜在资源。因此，所有这些资源既是宝贵的生产要素，又是资源节约型社会的生产目的之一。特别是人力资源，表面上看是无限的，但这是在既有的观念之下，在资本雇佣劳动的观念之下的一种片面的认识，因此，所有资源都是节约的对象。

资源节约型社会是一个复杂的系统，它包括资源节约观念、资源节约型主体、资源节约型制度、资源节约型体制、资源节约型机制、资源节约型体系等。

观念是行动的先导。资源节约观念是指人们从节省原则出发，克服浪费，合理使用资源的意识。资源节约型主体包括社会的各个方面，如政府、社会团体、军队、企业、事业单位、家庭以及个人等。其中，资源节约型家庭和个人是资源节约型社会的基础，资源节约型政府是导向。资源节约型体系可分为两大类，一类是以产业为标准划分的资源节约型产业体系。其主要包括：重效益、节时、节能、节约原材料的工业体系；规划科学、设计优良、节地省材、质量过硬的基本建设体系；节水、节地、节时、节能的"二高一优"节约型农业体系；节时、节能、重效益的节约型运输体系；适度消费、勤俭节约的节约型生活服务体系。另一类是战略资源节约型体系，即有关战略资源从生产、流通、分配到消费的各个环节形成的相互关联、相互制约的有机节约的整体。

2. 环境友好的具体要求

《中共中央关于制定"十一五"规划的建议》指出，必须加快转变经济增长方式，推进国民经济和社会信息化，切实走新型工业化道路，坚持节约发展、清洁发展、安全发展，实现可持续发展。

建立环境友好型社会，必须大力发展低碳经济。所谓低碳经济，是指在可持续发展理念指导下，通过技术创新、制度创新、产业转型、新能源开发等多种手段，尽可能地减少煤炭石油等高碳能源消耗，减少温室气体排放，达到经济社会发展与生态环境保护双赢的一种经济发展形态。低碳经济（Low - carbon economy）的特征是以减少温室气体排放为目标，构筑低能耗、低污染为基础的经济发展体系，包括低碳能源系统、低碳技术和低碳产业体系。其中低碳能源系统是指通过发展清洁能源，包括风能、太阳能、核能、地热能和生物质能等替代煤、石油等化石能源以减少二氧化碳排放。低碳技术包括清洁煤技术（IGCC）和二氧化碳捕捉及储存技术（CCS）等。低碳产业体系包括火电减排、新能源汽车、节能建筑、工业节能与减排、循环经济、资源回收、环保设备、节能材料等。

建立环境友好型社会，必须大力发展循环经济。发展循环经济，是建设资源节约型、环境友好型社会和实现可持续发展的重要途径。坚持开发与节约并重、节约优先，按照减量化、再利用、资源化的原则，大力推进节能节水节地节材，加强资源综合利用，完善再生资源回收利用体系，全面推行清洁生产，形成低投入、低消耗、低排放和高效率的节约型增长方式。积极开发和推广资源节约、替代和循环利用技术，加快企业节能降耗的技术改造，对消耗高、污染重、技术落后的工艺和产品实施强制性淘汰制度，实行有利于资源节约的价格和财税政策。要强化节约意识，鼓励生产和使用节能节水产品、节能环保型汽车，发展节能省地型建筑，形成健康文明、节约资源的消费模式。

建立环境友好型社会，还要加大环境保护力度。坚持预防为主、综合治理，强化从源头防治污染和保护生态，坚决改变先污染后治理、边治理边污染的状况。进一步健全环境监管体制，提高环境监管能力，加大环保执法力度，实施排放总量控制、排放许可和环境影响评价制度。大力发展环保产业，建立社会化多元化环保投融资机制，运用经济手段推进污染治理市场化进程。要切实保护好自然生态。坚持保护优先、开发有序，以控制不合理的资源开发活动为重点，强化对水源、土地、森林、草原等自然资源的生态保护。

环境友好型社会是一个复合体，由环境友好型技术、环境友好型产品、环境友好型企业、环境友好型产业、环境友好型学校、环境友好型社区等组成。这个复合体包括有利于环境的生产和消费方式，无污染或低污染的技术、工艺和产品，对环境和人体健康无不利影响的各种开发建设活动，符合生态条件的生产力布局，少污染与低损耗的产业结构，持续发展的绿色产业，人人关爱环境的社会风尚和文化氛围。

3. 效益经济的具体要求

从理论上讲，商品经济本身就是效益经济。在商品经济社会，时间就是金钱、效率就是生命已成为家喻户晓的至理名言。但实际则并不尽然，现实中存在着大量的不讲效益、铺张浪费的现象。问题的关键还在于人的意识、观念和认识水平。

效益经济的具体要求就是凡事要讲求效益，追求效益。判断一项工作或一项工程是否符合效益经济的原则有一个基本标准，这就是"三赢"。具体运用这一标准可从时间和空间两方面考虑。一个是时间，即过去、现在、未来；另一个是空间，即你、我、他。也就是说，判断一项工程是否有效益，不仅要看它目前能否带来收益，更要看它是否会对未来造成损害；不仅要看它对参与者或部分人、或部分地区是否有利，更要看它对其他人或其他地区是否会造成损害。

具体来看，要注意从决定经济可持续发展的根本因素入手，处理好几个关系。一是人和物的关系，二是劳动力和技术、知识的关系，三是本地与周边地区乃至整个国家以及世界的关系，四是当前和长远的关系，五是生产和消费的关系，六是物质与精神的关系。

4. 技术密集的具体要求

技术密集也叫做知识密集，不仅仅指工业生产过程。在现代信息社会中，无论是第一产业的农、林、牧、渔业，还是第三产业中的各个组成部分，都是包含着丰富知识含量的经济活动。当然，第二产业尤其要注意，因为目前第二产业是资源消耗最多的行业。

为了实现技术密集，人们就要不断学习，不断创新。

5. 人力学习的具体要求

人力学习型产业结构就是要建立学习型社会，这种学习型社会的要求有两个方面，一是要为人们学习创造必要的时间条件，即人们要有时间学习，快乐学习；二是要为人们学习创造必要的硬件设施，包括要有学习的场所如学校，学习的材料如正面向上的文化和技术等。

具体到学习型社会对产业结构的要求，就是要有高度发达的教育产业。需要注意的是，这里所说的教育产业，并不是说教育要产业化，而是说教育行业要在整个社会的各行业中占有绝对比重，教育投入也要在整个社会特别是在政府的支出中占有绝对比重。

从体制上看，教育行业，不论是中小学教育，还是高等教育，都可以采取产业化和非产业化并行的模式。比如在高等教育中，民办高校完全可以产业的形式，实行市场化运作。这些高校在教学内容上可注重应用和技术——职业培训，注重知识和技能的扩展，加强对口培养和专业定制；在办学方式上实行市场化运作，靠教学质量和就业率取胜。与此相对应，公办高校实行非产业化，侧重基础性、开拓性研究和高技术研究。

（三）决定民族地区产业结构的模型分析

一个国家或地区的产业结构问题，首先是这个国家或地区该发展什么、不该发展什么产业的问题，其次，是这个国家或地区的这些该发展的产业发展到什么程度、不该发展的产业限制到什么程度的问题。在这里，我们只对第一个问题即发展什么样的产业进行分析，这实际上也是我们前面分析的主导产业的选择问题。

正如我们前面所说，决定一个国家或地区产业结构的因素主要是其资源。民族地区的特殊性就在于其资源的特殊性，因此也决定了其产业结构优化目标的特殊性。具体来看，影响和决定民族地区产业结构的因素主要有民族资源、历史文化资源、区位资源、矿产资源、生态资源、劳动力资源、技术或知识资源、资本、信息资源以及市场资源等。在这些资源中，有一些是民族地区的优势资源，如民族、历史文化、区位、生态、矿产等，另一些则是民族地区所缺乏的资源，如资本、信息和劳动力等。从另一个角度看，有些资源具有两面性，比如生态资源，既是民族地区的优势资源，也是民族地区的约束性资源，而且是硬约束性资源；劳动力资源虽不是硬约束性资源，但由于相对落后的教育，造成民族地区充裕的劳动年龄人口不能很好地转化为劳动力，再加上民族地区市场化程度较低，市场要素没有完全信息化，因此民族地区的信息资源相对缺乏。资本作为一种通用资源在任何情况下都不能算是充裕，但在民族地区更显紧缺。不过，作为一种资源，资本不仅仅是一个数量问题，更重要的是流动性问题，即如何提高资本的使用效率和效益，这也正是我们探讨发展民族地区金融服务体系的原因所在。

民族地区的产业结构可以由下列模型决定：

$$Y = \phi(N,H,L,M,B,W,T,C,I,D)$$

式中，Y：产业结构。

N：民族资源，包括民族数量，各民族聚居的程度，以及民族风情及风俗保存情况。显然，各民族的聚居程度是可变的，可以通过移民或城镇化提高改变；民族风情及风俗的保存情况也是可变的，在现代商品经济条件下，民族风情和风俗有消亡的趋势，但也可以通过开发和投资予以保存和发展。

H：历史文化资源，包括历史遗迹和历史资料的开发与整理。

L：区位资源。不同的地区有着不同的区位资源和区位优势。民族地区的区位资源优势尤为明显。

M：矿产资源。在民族地区，实际上在我们整个国家，矿产资源丰富是优势也是劣势。在技术水平落后的情况下，矿产资源的开发、运输和利用不仅会破坏生态，污染环境，而且还会造成极大的浪费，因为大多数矿产资源是非再生资源。因此，为了很好地利用和发挥矿产资源的作用，必须加大技术创新力度。

B：生态资源和生态约束。历史和现实证明，不论是在民族地区这样的生态脆弱地区，还是在东部发达地区，发展经济都必须注意保护生态。

W：劳动力资源。劳动力资源即包括劳动力的数量和劳动力的质量。从前者角度讲，劳动力是一个独立的要素，是指在劳动年龄段内、身体健康、能够并且愿意从事劳动的劳动者的数量；从后者角度看，则包含了技术或知识，也就是说，现代社会的劳动力已经不再是只有一定体力的一定年龄段的人，而（应该）是掌握着一定技术、具备一定现代知识的劳动力。

T：技术资源或知识资源。

D：市场资源，或市场需求、市场约束。纯粹从民族地区来说，市场需求是有限的，这主要是因为民族地区地广人稀，同时由于受国家财政分配体制的影响，居民收入水平增长较慢，社会保障制度不健全，造成居民无钱不能消费，有钱也不敢消费。不过，当前是一个开放的世界，民族地区面对的不仅是全国这样的大市场，更是全世界这样的国际市场。因此，市场是资源还是约束，更大程度上取决于民族地区的产品。

C：资本。资本是一个综合性要素，但在现代社会也是一个独立的要素。因为从产业结构的角度讲，以经营资本运作和融通货币资金的金融业正是现代产业的有机组成部分。①

I：信息资源。在现代信息社会，与资本一样，信息也是一个综合性要素，同时也是一个独立的要素。信息产业不仅是一个独立的行业，而且任何生产活动都离不开信息，信息也已渗透到了社会活动的各方面、各要素之中。

根据各类资源在经济发展和产业结构优化过程中的地位和作用不同，可以将上述模型变化为：

$$Y = \phi C \cdot (N, H, L, M, B, W, T, D) \cdot I$$

在这里，我们把资本和信息作为公共要素（或者叫做综合性要素，也可以叫做通用要素）提取出来，体现出这两个要素的特殊地位和作用。也就是说，在上述 10 类要素中，除资本和信息要素以外其他要素都可以没有，或者说其他要素都不够重要，但资本和信息两个要素绝不能缺少，而且还要处于第一推动力和持续推动力的位置。

这些资源要素之间的关系可以用图 2-1 表现出来。

从图 2-1 可以看出，我国的民族地区应主要发展金融业、信息业、民族文化创意产业（包括旅游业）、边境贸易（包括边境物流及境内外市场研发）、教育（包括高新技术研发）、生态农业以及环保产业。而由丰富的矿产资源所决定

---

① 在经济运行中，"实体经济"是用于描述物质资料生产、销售以及直接为此提供劳务所形成的经济活动的概念。它主要包括农业、工业、交通运输业、商业、建筑业、邮电业等产业部门。"虚拟经济"则是用于描述以票券方式持有权益并交易权益所形成的经济活动的概念。在现代经济中，它主要指金融业。虚拟经济是市场经济高度发达的产物，以服务于实体经济为最终目的。随着虚拟经济迅速发展，其规模已超过实体经济，成为与实体经济相对独立的经济范畴。

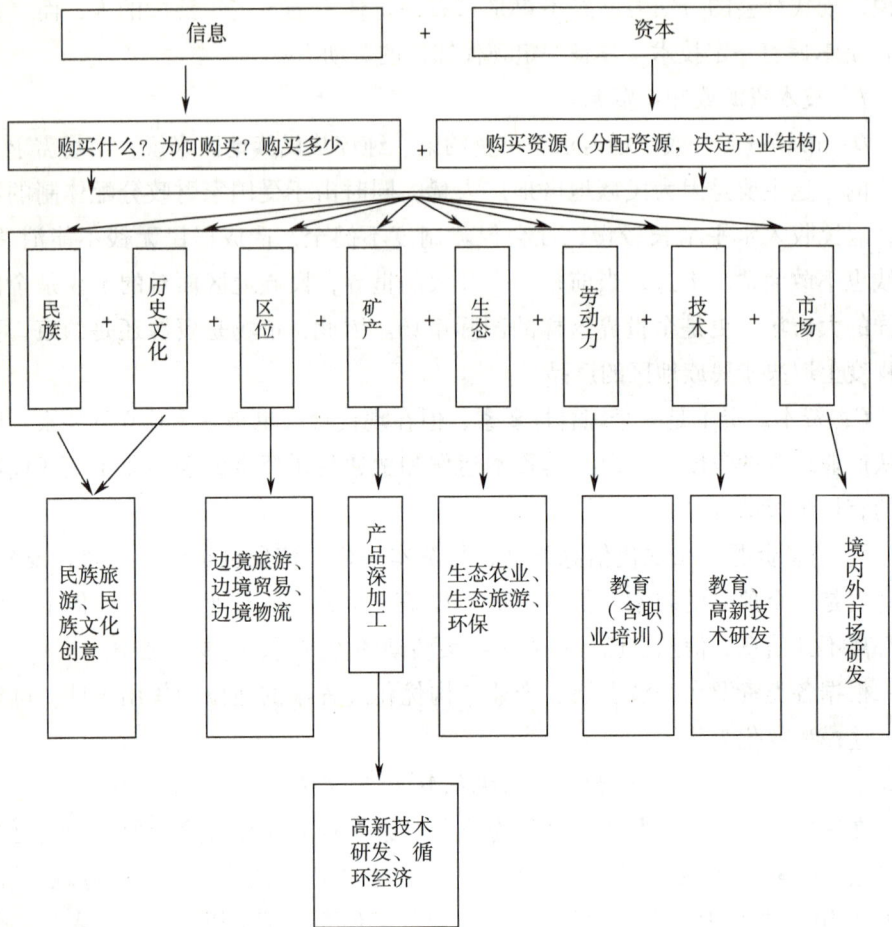

图 2-1　资源要素关系图

的工矿产品深加工，由于需要有高新技术作基础和担保，在技术创新之前应尽可能少开发甚至不开发，因此，不应该作为重点发展的产业。相反，与之相关的高新技术研发应成为发展的重点。

五、民族地区的目标产业结构

根据前面民族地区产业结构决定模型可以看出，我国民族地区应主要发展以下几种产业。

（一）基础类产业

1. 信息产业

信息产业是属于第四产业范畴，它包括电讯、电话、印刷、出版、新闻、广播、电视等传统的信息部门和新兴的电子计算机、激光、光导纤维、通信卫星等信息部门。它主要以电子计算机为基础，从事信息的生产、传递、储存、加工和处理。

第四产业是从三次产业中分化出来的属于知识、技术和信息密集的产业部门的统称。它包括设计、生产电子计算机软件及其服务部门，咨询部门，应用微电脑、光导纤维、激光、遗传工程的新技术部门，高度自动化、电气化部门等。信息产业独立作为第四产业。

信息产业特指将信息转变为商品的行业，它不但包括软件、数据库、各种无线通信服务和在线信息服务，还包括了传统的报纸、书刊、电影和音像产品的出版，而计算机和通信设备等的生产将不再包括在内，被划为制造业下的一个分支。

我国数量经济学家和信息经济学家乌家培教授认为，信息产业是为产业服务的产业，是从事信息产品和服务的生产、信息系统的建设、信息技术装备的制造等活动的企事业单位和有关内部机构的总称。同时，他认为信息产业有广义和狭义之分，狭义的信息产业是指直接或者间接与电子计算机有关的生产部门；广义的信息产业是指一切与收集、存储、检索、组织加工、传递信息有关的生产部门。我国学者曲维枝认为，信息产业是社会经济生活中专门从事信息技术开发、设备、产品的研制生产以及提供信息服务的产业部门的总称，是一个包括信息采集、生产、检测、转换、存储、传递、处理、分配、应用等门类众多的产业群。基本上主要包括信息工业（包括计算机设备制造业、通信与网络设备以及其他信息设备制造业）、信息服务业、信息开发业（包括软件产业、数据库开发产业、电子出版业、其他内容服务业）。

在 2010 年政府工作报告中，物联网、三网融合、3G 被明确提及。这意味着在中国经济形势最为复杂的 2010 年，在转变经济增长方式、发展新兴产业、扩大内需过程中，信息产业将发挥举足轻重的作用。而仅物联网一项，就将带来难以估量的巨大空间。与人们的普遍感知相反，物联网并不是一个遥不可及、不可触摸的概念，它已经悄无声息地潜入到我们的日常生活中：当我们在超市消费结账时，会享受到射频识别（RFID）服务，这是物联网；当我们使用汽车导航仪时，会享受到全球定位系统的服务，这也是物联网。简单来说，物联网就是一个物物相连的互联网，相比于人人相连的互联网，物联网也将呈几何级数的增长。值得注意的是，物联网还有着长长的产业链，云计算、三网融合和北斗系统这些技术均可纳入物联网的范畴。广州证券林穗林认为，在当今科技时代，随着居民消费水平的提高，新的信息需求将不断产生，信息技术产品将加快升级换代，信息产业将继续扮演推动产业升级、迈向信息社会的"发动机"角色。

2. 金融业

金融业包括银行、保险、证券、信托、租赁、担保、资信评估、信息咨询等。这是我们本书研究的核心问题，这里不做详细阐述。

3. 教育文化产业

严格来说，教育文化产业应包括教育和文化两个方面。教育能不能产业化，这是长期以来一直争论的问题，但实际上又是一个早已解决，或者说早应解决的问题。因为教育既不是新生事物，也不是中国的特产，但教育的意义古今相同，国内外也无例外。因此，问题不在于教育能不能产业化，而是如何大力发展教育事业。换句话说，发展教育毋庸置疑，但如何发展则可以探讨。从目前的现实看，一部分富裕人群不仅不惜代价投资幼儿教育，更不惜巨资留学国外，对这部分人的教育不仅可以产业化，而且还可以高成本化；而对大多数人的教育则是需要国家"包"下来，实行义务、免费或者低收费。此外，教育的不同阶段也可以采取不同的方式，基础教育和普及教育阶段实行义务和免费教育，而继续教育和进修教育、升职教育则可以采取收费甚至高收费方式。从另一角度看，收费不仅是收入和产业化问题，更是个人对教育的投入和重视问题。从这一意义上讲，免费和收费互相补充，国家和市场共同发挥作用，是发展教育的有效途径。当然，为使发展教育落到实处，我们需要界定哪些需要收费、收多少费用的问题。

对于我国民族地区来说，由于经济发展相对落后，因此教育产业化是不现实的，但不惜代价发展教育则是必需的。我们要充分认识到教育在经济社会发展和产业结构调整、优化中的基础作用和带动作用，根据现实条件和经济社会发展的需要，有针对性地在发展基础教育的同时大力发展高等教育，尤其要重视发展与产业调整和优化相关的职业教育。

前面我们已经说明，民族地区有着丰富的文化资源，为文化创意产业的发展提供了得天独厚的有利条件。在对传统民族文化搜集、整理、保护的基础上进行创造性地开发、保护、利用和传播，将不仅为中华民族优秀文化资源的保护作出贡献，对民族地区各类产业的发展和产业结构的优化也将起到主导性作用。

4. 研发产业

这里的研发产业包括产品研发、技术研发、市场研发等，既是民族地区教育产业的有机组成部分，也是各类专业研发机构生存的必然要求。因为民族地区有着丰富的原始资源，包括自然资源和社会文化资源，所以需要强有力的研发机构和研发力量去挖掘、开发和利用。

研发，英文为 Research & Development，简称 R&D，即研究开发、研究与开发、研究发展。其原意是指各种研究机构、企业为获得科学技术（不包括人文、社会科学）新知识，创造性地运用科学技术新知识，或实质性地改进技术、产品和服务而持续进行的具有明确目标的系统活动。研发一般指产品、科技的研究和开发。我们这里将研发延伸，既包括自然科学和技术的研发，也包括社会科学和精神产品的研发。研发活动是一种创新活动，需要创造性的工作。

科技研发是指为获得科学技术的新知识、创造性地运用科学技术新知识、探索技术的重大改进而从事的有计划的调查、分析和实验活动。科学原理、规律、理论的研究称为基础研究，而科学技术的应用性研究和开发称为应用研发。科技研发情况是衡量一个国家创新能力的重要指标。技术研发是指为了实质性改进技术、产品和服务，将科研成果转化为质量可靠、成本可行、具有创新性的产品和材料、装置、工艺和服务的系统性活动。在民族地区，技术开发包括低碳技术、循环经济技术、农牧产品加工技术、工矿产品加工技术、食品加工技术等。产品开发包括民族文化产品开发、食品开发和工矿产品开发等。其中，民族文化产品开发可以衍生出民族文化创意产业、民族文化开发、保护与传承；食品开发包括民族食品开发和生态农牧食品开发等。

（二）第一产业

民族地区的第一产业主要是以生态农业为基础的农产品深加工产业。实际上，这一产业既可以归为第一产业，属于大农业的范畴，也可以归为第二产业，属于轻工业和食品加工业的范畴。我们这里将它归为第一产业，主要是为了体现民族地区农产品的特点和优势，即生态、绿色、有机。

生态农业是指在保护、改善农业生态环境的前提下，遵循生态学、生态经济学规律，运用系统工程方法和现代科学技术，集约化经营的农业发展模式。

它是按照生态学原理和经济学原理，运用现代科学技术成果和现代管理手段，以及传统农业的有效经验建立起来的，能获得较高的经济效益、生态效益和社会效益的现代化农业。生态农业是一个农业生态经济复合系统，将农业生态系统同农业经济系统综合统一起来，以取得最大的生态经济整体效益。它也是农、林、牧、副、渔各业综合起来的大农业，又是农业生产、加工、销售综合起来，适应市场经济发展的现代农业。

生态农业最早于1924年在欧洲兴起，20世纪三四十年代在瑞士、英国、日本等得到发展。60年代欧洲的许多农场转向生态耕作，70年代末东南亚地区开始研究生态农业，至20世纪90年代，世界各国均有了较大发展。建设生态农业，走可持续发展的道路已成为世界各国农业发展的共同选择。

生态农业的探索阶段。生态农业最初只由个别生产者针对局部市场的需求而自发地生产某种产品，这些生产者组合成社团组织或协会。英国是最早进行有机农业试验和生产的国家之一。自20世纪30年代初英国农学家A. 霍华德提出有机农业概念并相应组织试验和推广以来，有机农业在英国得到了广泛发展。在美国，替代农业的主要形式是有机农业，最早进行实践的是罗代尔（J. I. Rodale），他于1942年创办了第一家有机农场，并于1974年在扩大农场和过去研究的基础上成立了罗代尔研究所，成为美国和世界上从事有机农业研究的著名研究所。罗代尔也成为美国有机农业的先驱。但当时的生态农业过分强调传统农业，实行自我封闭式的生物循环生产模式，未能得到政府和广大农民的支持，发展极为缓慢。

生态农业的关注阶段。到了20世纪70年代后，一些发达国家伴随着工业的高速发展，由污染导致的环境恶化也达到了前所未有的程度，尤其是美、欧、日一些国家和地区工业污染已直接危及人类的生命与健康。这些国家感到有必要共同行动，加强环境保护以拯救人类赖以生存的地球，确保人类生活质量和经济健康发展，从而掀起了以保护农业生态环境为主的各种替代农业思潮。法国、德国、荷兰等西欧发达国家也相继开展了有机农业运动，并于1972年在法国成立了国际有机农业运动联盟（IFOAM）。英国在1975年国际生物农业会议上，肯定了有机农业的优点，使有机农业在英国得到了广泛的接受和发展。日本生态农业的提出，始于20世纪70年代，其重点是减少农田盐碱化，农业面源污染（农药、化肥），提高农产品品质安全。菲律宾是东南亚地区开展生态农业建设起步较早、发展较快的国家之一，玛雅（Maya）农场是一个具有世界影响的典型，1980年，在玛雅农场召开了国际会议，与会者对该生态农场给予高度评价。生态农业的发展在这时期引起了各国的广泛关注，无论是发展中国家还是发达国家都认为生态农业是农业可持续发展的重要途径。

生态农业的发展阶段。20 世纪 90 年代后，特别是进入 21 世纪以来，实施可持续发展战略得到全球的共同响应，可持续农业的地位也得以确立，生态农业作为可持续农业发展的一种实践模式和一支重要力量，进入了一个蓬勃发展的新时期，无论是在规模、速度还是在水平上都有了质的飞跃。如奥地利于 1995 年即实施了支持有机农业发展特别项目，国家提供专门资金鼓励和帮助农场主向有机农业转变。法国也于 1997 年制定并实施了"有机农业发展中期计划"。日本农林水产省已推出"环保型农业"发展计划，2000 年 4 月推出了有机农业标准，于 2001 年 4 月正式执行。发展中国家也已开始绿色食品生产的研究和探索。一些国家为了加速发展生态农业，对进行生态农业系统转换的农场主提供资金资助。美国一些州政府就是这样做的，如依阿华州规定，只有生态农场才有资格获得环境质量激励项目；明尼苏达州规定，有机农场用于资格认定的费用，州政府可补助 2/3。这一时期，全球生态农业发生了质的变化，即由单一、分散、自发的民间活动转向政府自觉倡导的全球性生产运动。各国大都制定了专门的政策鼓励生态农业的发展。

生态农业的特点，一是综合性。生态农业强调发挥农业生态系统的整体功能，以大农业为出发点，按整体、协调、循环、再生的原则，全面规划，调整和优化农业结构，使农、林、牧、副、渔各业和农村第一、第二、第三产业综合发展，并使各业之间互相支持，相得益彰，提高综合生产能力。二是多样性。生态农业针对我国民族地区地域辽阔，各地自然条件、资源基础、经济与社会发展水平差异较大的情况，充分吸收我国传统农业精华，结合现代科学技术，以多种生态模式、生态工程和丰富多彩的技术类型装备农业生产，使各区域都能扬长避短，充分发挥地区优势，各产业都根据社会需要与当地实际协调发展。三是高效性。生态农业通过物质循环和能量多层次综合利用和系列化深加工，实现经济增值，实行废弃物资源化利用，降低农业成本，提高效益，为农村大量剩余劳动力创造农业内部就业机会，保护农民从事农业的积极性。四是持续性。发展生态农业能够保护和改善生态环境，防治污染，维护生态平衡，提高农产品的安全性，变农业和农村经济的常规发展为持续发展，把环境建设同经济发展紧密结合起来，在最大限度地满足人们对农产品日益增长的需求的同时，提高生态系统的稳定性和持续性，增强农业发展后劲。

（三）第二产业

我国民族地区的第二产业主要是以工矿产品深加工为基础的循环经济。这里面包括两个方面，一是工矿产品的深加工，二是循环经济。这两个方面都建立在研发的基础之上。

我们知道，民族地区有着丰富的化石资源，这些资源有两个显著特点，一个是储存数量的有限性，另一个是简单开采和利用的重污染性。近几十年来，我国民族地区的生产总值增长主要建立在这些资源的开采和出售之上，尤其是内蒙古地区，资源的开采和出售已严重污染和破坏了环境，严重影响了内蒙古的可持续发展。民族地区资源的利用有两个渠道，一个是就地开采和深加工，另一个是运往异地深加工。显然，就地开采并深加工是最好的出路。不过，就地开采并加工所存在的问题是开采和加工技术。这恰恰是民族地区大力发展教育和研发的原因所在。同时，正如我们前面所说，民族地区所存在的突出问题之一就是教育相对落后，研发力量薄弱。通过发展教育和研发产业为其他产业发展提供基础，或者通过限制和引导包括工矿产品深加工和循环经济来带动教育和研发，正是我国民族地区经济发展的必由之路。

（四）第三产业

1. 民族文化创意产业

文化创意产业（Cultural and Creative Industries），是一种在经济全球化背景下产生的以创造力为核心的新兴产业，强调一种主体文化或文化因素依靠个人（团队）通过技术、创意和产业化的方式开发、营销知识产权的行业。

创意产业概念的出现有着大的历史背景。第一，欧美发达国家完成了工业化，开始向服务业、高附加值的制造业转变。它们一方面把一些粗加工工业、重工业生产向低成本的发展中国家转移，另一方面它们很多老的产业、城市出现了衰落，这时候就出现了经济转型的实际需要。第二，20 世纪 60 年代，欧美出现了大规模的社会运动，亚文化、流行文化、社会思潮等都风起云涌，对传统的工业社会结构有很大的冲击。人们更重视差异，反对主流文化，张扬个性的解放，对以前普遍认为怪异的多元文化都逐渐开始承认，社会文化更加多样和多元，形成了有利于发挥个人创造力的氛围。第三，20 世纪 80 年代撒切尔夫人、里根上台以后的经济政策更加鼓励私有化和自由竞争，企业和个人要创新，有差异化才能有市场，这样也刺激了创意产业的发展。在这样的时代背景下，创意产业在西方发达国家得以萌生和不断发展。

关于什么是文化创意产业，目前尚无确切和普遍接受的定义。近年来，文化产业、文化创意产业话题非常热，更多的时候大家的讨论都停留在概念层面，到底文化创意产业或者文化产业是什么，国内理论界众多学者围绕文化创意产业的不同侧面提出了各种说法。有人认为文化产业主要是创造出一些能够吸引人眼球的文化产品，如电视节目、影像制品等，因此称之为眼球经济。有人认为文化创意产业竞争主要是围绕如何争夺受众的注意力，并围绕受众的注意力展开多种经济附加值服务，因此称之为注意力经济。也有人根据伴随中国汽车数量急剧增长而出现的交通广播类节目盈利模式提出了耳朵经济的概念，这些说法都不全面，都没有点出文化创意产业的核心本质。20 世纪 80 年代，美国著名的文化经济学家约翰·霍金斯在《创意经济》一书中把创意产业定义为其产品都在知识产权保护范围内的经济部门，知识产权（专利、版权、商标和设计）所涉及的四种产业就组成了创意性产业和创造性经济。《北京市文化创意产业分类标准》将文化创意产业定义为"以创作、创造、创新为根本手段，以文化内容和创意成果为核心价值，以知识产权实现或消费为交易特征，为社会公众提供文化体验的具有内在联系的行业集群"。

由此可以看出，文化创意是以知识为元素、融合多元文化、整理相关学科、利用不同载体而构建的再造与创新的文化现象。文化创意产业主要包括广播影视、动漫、音像、传媒、视觉艺术、表演艺术、工艺与设计、雕塑、环境艺术、广告装潢、服装设计、软件和计算机服务等方面的创意群体。

关于文化创意产业的名称，各个国家也不相同。称创意产业的有英国、韩国。欧洲其他国家有人称之为文化产业。在美国没有文化创意产业的概念。美国是一个高度法治的国家，一切创造力产生的产品都是有知识产权的，比如绘画、歌曲、舞蹈、电视节目、广播节目都是有版权的，未经授权其他人不能抄袭。因此他们把相关行业基本叫做版权产业。实际上这个产业最核心的东西就是创造力。也就是说，文化创意产业的核心其实就在于人的创造力以及最大限度地发挥人的创造力。创意是产生新事物的能力，这些创意必须是独特的、原创的以及有意义的。在内容为王的时代，无论是电视影像这样的传统媒介产品，还是数码动漫等新兴产业，所有资本运作的基础就是优良的产品，而在竞争中脱颖而出的优良产品恰恰来源于人的丰富的创造力。因此文化创意产业其本质就是一种创意经济，其核心竞争力就是人自身的创造力。由原创激发的差异和个性是文化创意产业的根基和生命。

从世界各国文化创意产业的发展情况看，在全球化的维度下，经济日趋一体化，互联网的迅速发展，形成了麦克卢汉所说的地球村；其他产业尤其高科技行业已经日益因全球化而趋同，但文化是别人替代不了的。每个民族每个国家都有自己独特的文化历史。各个民族的差异化很明显。然而如果没有关注自身的文化资源，没有对本土文化进行产业化发展，本土文化就会受到其他国家文化产业浪潮的冲击。文化产业发达的西方国家的生活模式和价值观到处传播，尤其是"冷战"后美国文化对发展中国家的大量渗入，全球文化的同质化现象日趋明显。

哈佛大学的约瑟夫·奈教授提出了在中国国内很时髦的一个词叫软实力，就是指把文化推到世界去。虽然中国有悠久的历史，丰富的文化资源，但是在以产业形式进行文化推广方面的工作做得很不够。国内一直对软实力有误解，一谈软实力就是怎样卖电影、书籍等文化产品。实际上，软实力最核心的是有吸引力的价值观，真正有吸引力的不是一些红灯笼之类的符号表象，而是软实力背后的价值观念，这才是根本。其次还有科技能力等。在当今世界，创意产业已不再仅仅是一个理念，而是有着巨大经济效益的直接现实。约翰·霍金斯在《创意经济》一书中指出，全世界创意经济每天创造220亿美元，并以5%的速度递增。一些国家增长的速度更快，美国达14%，英国为12%。

就世界范围来说，美国的文化产业最为发达，美国文化产业在其国内GDP中所占的比重非常大。在整个20世纪90年代，全球无线电视和基础有线电视收入的75%，付费电视收入的85%依靠美国电视节目。全球55%的电影票房收入和55%的家庭录像收入也依靠美国产品，美国的CD和录音带大约占全球录音产业收入的一半。美国的图书市场占全球图书市场的35%。文化创意产业在给美国带来巨大的经济效益的同时，也将美国的文化价值体系迅速地向世界其他国家和民族进行推广，美国的价值观念通过美国的影视作品在全世界范围内得到了传播。亚洲的韩国和日本在发展文化创意产业方面也取得了巨大的成绩，尤其风靡东亚甚至欧美的韩国电影和韩剧，在赚取了观众大量眼泪的同时还赚取了大笔的外汇，在很多国家形成了被称为"韩流"的韩国文化热。

中国是有着5000多年文明史的古老国家，在长期的社会实践中，各民族人民勤劳勇敢，创造了丰富而灿烂的文化。中国的民族文化创意产业的内容非常广泛，初步分析可以包含以下几方面：一是人文方面的，如生、老、病、死；衣、食、住、行；婚、恋、嫁、娶；语言、文字、节庆、歌舞、家族源流（主要家族、家谱、基因）、民族渊源、历史遗产。二是自然方面的，如村庄（分布、城镇改造）（名称、名镇、名村）、地理（江、河、湖、海、山、水、草、沙）、生态、动植、人种。三是经济方面的，如农业、工业、现代服务业以及手工艺（金属制品、石雕、木雕、砖雕、竹编、陶瓷、纺织刺绣、剪纸、面膜）等。四是医药方面的。这些材料为我国民族地区发展文化创意产业提供了无尽的宝藏。

2. 旅游业

旅游业包括民族（含民族文化、民族艺术、民族体育，其中民族文化又包括民族语言、民族餐饮、民族服饰、民族建筑、民俗）旅游、生态旅游、边境旅游，在此基础上衍生出住宿、餐饮、导游、客运（铁路、公路、城市公交、航空）、货运（主要是旅游用品，包括食品等）以及交通设施（铁路、公路、机场）建设、会展。由此可见，在民族地区生态脆弱、基础设施落后的背景下，旅游业真可以说是主导产业，旅游业的发展可带动多个产业。

随着求知、求异和求奇的旅游时尚逐渐兴起，人们开始要求绿色、原生态和回归自然。民族地区有优美独特的自然风光，丰富多彩的人文景观，极具内涵的传统文化，使其形成了丰富的自然生态旅游资源，因此大力发展民族地区旅游业是促进少数民族地区经济发展，弘扬民族传统文化的良好举措。

民族旅游（Ethnic Tourism）在国外被称为 Aboriginal Tourism 或 Indigenous Tourism（土著/原住民旅游），在我国台湾地区又被称做异族观光，它是一种根据当地人口和社会文化特征来命名的旅游形式。一般而言，民族旅游是指旅游者前往少数民族（土著民族）的居住地区旅游。民族旅游是一种跨文化的交流形式，从旅游资源的角度讲，它指的是民族地区独特的民族文化和自然环境，其中民族文化是民族旅游的核心吸引物。由于大多民族地区的经济和社会发展相对落后，民族旅游往往成为民族地区脱贫致富的主要途径。[1]

民族旅游这一旅游形式因其民族性、异域性、神秘性、资源独特性、休闲性和文化体验性的一体化，自 20 世纪 80 年代初期中国民族地区旅游业起步伊始，便日益受到旅游者推崇，特别是由于民族旅游代表民族经济和民族文化传承与保护、民族地区可持续发展的最佳实践，西部很多地区的旅游市场导入了民族旅游模式，民族旅游得到蓬勃发展。[2]

更为特别的是，少数民族在发展过程中保留了各民族不同历史阶段各具特

---

① 杨昇，王晓云，冯学钢. 近十年国内外民族旅游研究综述 [J]. 广西民族研究，2008（3）.

② 吴忠军，韦俊峰，王佳果. 民族旅游标准化建设探讨 [J]. 标准科学，2015（3）.

色的文化遗产、宗教圣地、民族村寨和民族建筑，民族地区可称"天然历史博物馆"。中国各少数民族都有自己独特的文化，外显于衣、食、住、行、娱乐诸方面，是人类文明的宝贵财富。当前，国际旅游趋势正在向文化旅游发展，能展现民族风俗，弘扬民族民间文化的旅游越来越受到重视。要了解一个国家或民族的文化，民俗是最好的窗口，因为民俗是一种传承文化，是一个民族物质文明和精神文明的具体表现，是民族传统文化的承载体。饮食文化、民间工艺、民族服饰文化、建筑文化、婚姻习俗、生活礼节、生产习俗、民族舞蹈、民族体育等，构成了少数民族文化的丰富内容，也为开展民族文化旅游提供了资源。①

从生态旅游看，民族地区有着丰富的自然生态旅游资源。我国民族地区大多处于边疆及边远地区，自然条件十分复杂。同时，民族地区与大多数汉族发达地区相比，经济还比较落后，整个地区的资源仍处在未开发或少开发阶段，这就使民族地区保存着优美的自然环境和良好的生态环境。

民族地区的生态旅游资源按自身特点可大致分为：山地资源。民族地区有丰富而闻名天下的山地资源，如桂林的岩溶山水风景区，山清、水秀、石美、洞奇，向来有桂林山水甲天下和碧莲玉笋世界之美誉；云南路南石林也是著名的岩溶景区，其中有奇峰危石，怪石嶙峋。阿诗玛、万年灵芝等景点用其酷似的形态和优美的传说，把游人带入奇妙的景境。草原资源。我国草原主要分布在内蒙古地区、西北荒漠地区的山地、东北西部和青藏高原等民族地区，几乎涵盖了世界上主要的草地类型，有草原、草甸等。不同的植物构成了不同的草地类型，表现了不同的结构，呈现了不同的景观，十分具有多样性，向来以其辽阔、美丽、多彩而为人们称赞。森林资源。我国民族地区森林旅游资源丰富，类型多样，分布广泛。森林生态旅游可使旅客置身于丰富的动植物资源环境中，获得美的享受和性情的陶冶，如吉林省长白山等。随着我国经济的快速发展和人民生活水平的提高，森林旅游已成为我国十分大众化的旅游方式。湖泊资源。民族地区湖泊众多，仅青海省就有大小湖泊 230 个，其中最大、最著名的就是青海湖。四川省阿坝州内的九寨沟以水著称，有一百多个梯形彩色湖泊，无数飞瀑流泉奔腾倾泻串联其间，景色秀丽奇绝，被誉为"童话世界"、"人间仙境"，是世界著名的景点。沙漠、戈壁资源。沙漠、戈壁是一种有着独特魅力的旅游资源，茫茫大漠上形态各异的风蚀城堡、神秘奇特的沙坡钟鸣、连绵不断

---

① 甲任．民族地区生态旅游循环经济体系的建立［J］．中国西部科技，2011（9）．

的沙丘、虚幻缥缈的海市蜃楼等奇景都极具旅游价值。如宁夏的沙坡头，再现了"大漠孤烟直，长河落日圆"的壮丽奇景；号称"死亡之角"的塔克拉玛干沙漠，在它的周围和深处发现的古城遗址达 40 余处，这些人类古遗迹为沙漠旅游增添了新的魅力。①

需要注意的是，作为当代经济的重要组成部分，生态旅游业对环境和生态资源的依赖性很强，良好的环境及生态资源是发展生态旅游的前提和基础。在制定生态旅游环境保护规划时要坚持两个原则：一是要坚持"综合开发，保护第一"，把环境和生态资源保护放在首位；二是要坚持容量控制，旅游区内一切资源都是有限的，而民族地区由于其地理位置的特殊性，生态资源更是有限和脆弱。循环经济既有利于解决对生态旅游业发展中由于经济收益降低、经济效益脱节带来的困境，又有利于长期源源不断地促进对生态旅游业可持续发展。②

我国民族地区主要地处边境，因此发展边境旅游具有先天优势。边境旅游是指相邻两国或地区的居民，在双方接壤的对外开放的边境城市或地区相互进行短程旅行游览的行为。它是国内旅游的延伸，国际旅游的重要组成部分。边境旅游可根据不同的旅游目的划分为探亲旅游、观光旅游、购物旅游、商务旅游、疗养旅游、观光加度假、购物加度假等多种旅游方式。边境旅游这一重要的旅游产品，作为各国旅游业发展中的重要组成部分，越来越受到许多国家政府和旅游部门的重视。虽然不少边境地区经济、交通相对落后，但那里往往是人们出国旅游最方便的地区。它们具有与邻国距离近、费用低廉、语言障碍少及旅游资源独特等特点。加上国际关系发展良好，便具备了开展跨国旅游的优势。近年来，许多相邻国家为扩大本国的国际旅游市场，充分利用本国边境资源发展边境旅游，使那些位于边境地区、跨越两国或多国边境的著名的或鲜为人知的自然奇观或人造景观，成为人们争相前往的地方，成为对旅游者产生强大吸引力的旅游目的地。③

从空间方面看，相邻国家关系的良好发展，会使两国之间相互开放的城市或地区的范围不断增大，从最初只限于边境城市或地区向着内地延伸，直至邻国的省会所在地或首都。

从时间方面看，根据相邻两国开放边境城市或地区的具体情况、旅游资源和游览项目的多少及旅游交通状况，来确定开展一日游或多日游。一般情况下，

---

①　甲任．民族地区生态旅游循环经济体系的建立［J］．中国西部科技，2011（9）．
②　甲任．民族地区生态旅游循环经济体系的建立［J］．中国西部科技，2011（9）．
③　姚素英．谈谈边境旅游及其作用［J］．北京第二外国语学院学报，1998（3）．

随着旅游线路的延长、旅游产品的翻新和娱乐设施的增加，可从开始的一日或几日游，逐步发展成为多日游。例如1988年中苏只搞一日游，1990年扩大了对外开放的区域，使中俄边境游的时间延长到7~8日。中越边境旅游也从1~2日游，发展成为多日游。再如，在行、住、食、游、购、娱六大要素已初步形成体系的满洲里市，旅游线路从原来开办的红石一日游、赤塔三日游发展到试开通乌兰乌德八日游、伊尔库茨克十日游、莫斯科十五日游。

从游客方面看，原来只限于边境地区或附近地区居民，逐渐扩展到国内各地区居民。许多国际旅游者都是通过边境口岸到邻国旅游的。例如，越南公民进入中国后，到广西、广东、北京、上海等城市旅游的人数，从1991年1.52万人次上升到1996年2.36万人次。

近年来，边境游的发展对我国民族地区经济发展的促进和带动作用日益明显。一是促进了边境地区国民经济的协调发展。多年来，外经外贸的发展推动了旅游业的迅猛发展，边境旅游呈现出强劲的发展势头。通过边境旅游活动，吸引了大量的邻国公民，使边境旅游得以不断发展，带动了边境地区相关行业，如交通运输业、饭店旅馆业、医疗卫生业、银行保险业、邮电通讯业、商业、建筑业等部门的发展，繁荣了边境地区经济，促进了边境地区国民经济的协调发展。二是促进了边境地区外向型经济的发展。随着对外开放的不断扩大，边境地区商务旅游和购物旅游活动得到迅速发展。为满足邻国和第三国家商品市场的需要，边境地区发展了这些商品的生产和销售，并与邻国相关企业协作，拓展了对外贸易的领域，促进了边境地区外向型经济的迅速发展。三是促进了边境地区与全国各地的横向联系。在边境旅游发展过程中，全国各地区许多企业打破了地区、部门、行业和所有制的界限，使边境地区企业与内地相关企业进行横向经济联系，共同发展边境贸易和旅游经济，其中主要有旅行社组织团队，交通运输，旅游商品的生产、销售和旅游饮食等方面的横向联系与合作。不仅为企业集团化发展创造了条件，而且提高了边境地区的知名度。四是增加财政收入，为国家积累资金。目前，虽然没有全国边境旅游收入的确切统计数字，但从一些重要边境旅游收入中可以看出按一定税率交给国家的税款是可观的。例如，云南省1996年创汇6000多万美元，按5%计税，工商税收300多万美元。广西1995年中越边境旅游出入境游客人数达220万人次，旅游收入达2.63亿元人民币，占广西当年全部旅游收入的9%。五是拓宽了就业门路。10多年来边境旅游业的开展，直接或间接地解决了大批的多余劳动力的就业问题。如果按国际惯例直接就业与间接就业的1:5计算，与旅游业相关行业的就业人数可拓宽 5 倍。由此可见，发展边境旅游能为许多人提供就业岗位。六是促进了边境地区人民思想解放和精神文明建设。开展边境旅游，要求经营者的素质高于国内旅游服务质量，要求服务人员有严格的外事纪律和较高的礼貌常识。开展边境旅游，可提高当地居民的开放意识、旅游意识和生态保护意识，促进人们的精神文明建设。开展边境旅游，可使那些发展相对滞后地区的居民有机会认识和学习由邻国旅游者带来的先进技术、信息和知识，开阔人们的眼界。七是开展边境旅游可实现旅游扶贫战略。以发展旅游业带动老、少、边、穷地区脱贫致富，是推动旅游业深入发展的新思路。我国一些适合开展边境旅游的地区，多数处于贫困地带，只靠原有的农、工、商等产业难以达到脱贫之目的。实际上这些地方有着丰富的自然旅游资源和人文旅游资源，有着发展边境旅游的较大潜力。最后，加强了邻国人民之间的了解和友谊。开展边境旅游 10 多年来，我国接待了数百万计的邻国旅游者。这些来华的外国人和华侨通过亲自体验加深了对我国的了解和热爱，通过交流，也使我们得以更快、更全面地了解邻国情况，增强两国人民之间的友好睦邻关系。

应该说，我国民族地区旅游业刚刚起步，由于对旅游产品的开发研究不足，再加上管理不善，我国民族地区的旅游目前大多属于明显的季节游，有的地区旅游时段甚至只有短短两三个月，形成了"干俩月吃一年"的景象，造成旅游热季物价飞涨，旅游淡季又一落千丈，给人以严重的宰客印象。为此，需要在加强管理的同时着力研发旅游产品，延长旅游路线，增加旅游内容，促进游客食宿，从而在实现游客旅游目的的同时增加旅游目的地的产值和就业，实现民族地区产业结构的有效调整。

3. 边境贸易与边境物流

边境贸易是指边境地区，在一定范围内边民或企业与邻国边境地区的边民或企业之间的货物贸易。有两种形式：一是边民互市贸易。它是基于边民个人之间买卖行为的一种贸易方式，两国双方边境居民在规定的开放点或指定的集市上，以不超过规定的金额，买卖准许交换的商品。二是边境小额贸易，指边境地区的外贸公司，与邻国边境地区的贸易机构或企业之间进行的小额贸易。

边境物流，又称口岸物流，是指口岸城市利用其自身的口岸优势，以先进的软硬件环境为依托，结合口岸边贸、旅游、加工、生产、保税、金融和保险等行业的发展，强化其对口岸周边物流活动的辐射能力，突出口岸集货、存货、配货特长，以口岸产业为基础，以信息技术为支撑，以优化口岸资源整合为目标，发展具有涵盖物流产业链所有环节的口岸综合服务体系。口岸物流不仅仅包括一般的集散、仓储和保税功能，而且还可以为进出口加工、境外营销、国内外加工、会议展览等提供物流服务活动。

正如前面所说，我国民族地区多处陆路边境，在发展边境贸易和边境物流方面有着得天独厚的优势，尤其是随着我国对外开放的扩大，国际贸易的发展，以及"一带一路"战略的实施，"互联互通"的实现，以口岸城市为中心的边境贸易和边境物流将有更进一步的发展，势必带动其他产业快速发展。

4. 环保产业

环保产业是指在国民经济结构中以防治环境污染、改善生态环境、保护自然资源为目的所进行的技术开发、产品生产、商业流通、资源利用、信息服务、工程承包、自然保护开发等活动的总称，主要包括环保机械设备制造、自然保护开发经营、环境工程建设、环境保护服务等方面。

环保产业是一个跨产业、跨领域、跨地域，与其他经济部门相互交叉、相互渗透的综合性新兴产业。因此，有专家提出应列为继知识产业之后的第五产业。国际上对环保产业的理解有狭义和广义之分。其中狭义的理解是终端控制，即在环境污染控制与减排、污染清理以及废物处理等方面提供产品和服务；广义的理解则包括生产中的清洁技术、节能技术，以及产品的回收、安全处置与再利用等，是对产品从生到死的绿色全程呵护。美国的环保产业由三类组成，第一类包括分析服务、固体废弃物管理、危险废弃物管理、化学废弃物管理、修复/工业服务、咨询与工程；第二类包括水处理设备和化学药品、大气污染治理、过程与预防技术、废弃物管理设备、环境仪器仪表制造；第三类包括公共用水资源恢复、环境能源来源。而在日本，生态企业则被划分为六个部门，即环境保护、废弃物处置和循环利用、环境恢复、有利于环境的能源供给、有利于环境的产品（清洁产品）、有利于环境的生产过程。

从国际上看，环保产业发展很快，已经成为各个国家非常重视的朝阳产业。据统计，全球环保产业的市场规模已从 1992 年的 2500 亿美元增至 2013 年的 6000 亿美元，年均增长率 8%，远远超过全球经济增长率。

从我国的情况看，根据《"十二五"节能环保产业发展规划》预测，到 2015 年，我国节能环保产业总产值将达到 4.5 万亿元，环保服务业产值超过 5000 亿元，形成 50 个左右年产值在 10 亿元以上的环保服务公司，产值年均增长率达到 40%，服务业在环保产业中的占比达到 30%，这表明我国的环境服务业发展具有很大的潜力。其中，节能环保产业是指为节约能源资源、发展循环经济、保护生态环境提供物质基础和技术保障的产业，是国家加快培育和发展的 7 个战略性新兴产业之一。节能环保产业涉及节能环保技术装备、产品和服务等，产业链长，关联度大，吸纳就业能力强，对经济增长拉动作用明显。因此人们认为加快发展节能环保产业，是调整经济结构、转变经济发展方式的内在要求，是推动节能减排，发展绿色经济和循环经济，建设资源节约型、环境友好型社会，积极应对气候变化，抢占未来竞争制高点的战略选择。

根据《国务院关于加快培育和发展战略性新兴产业的决定》和《国务院关于印发"十二五"节能减排综合性工作方案的通知》有关要求，为推动节能环保产业快速健康发展，国家在环保产业方面重点发展的领域有三个。一是先进环保技术和装备，包括污水、垃圾处理，脱硫脱硝，高浓度有机废水治理，土壤修复，监测设备等，重点攻克膜生物反应器、反硝化除磷、湖泊蓝藻治理和污泥无害化处理技术装备等；二是环保产品，包括环保材料、环保药剂，重点研发和产业化示范膜材料、高性能防渗材料、脱硝催化剂、固废处理固化剂和稳定剂、持久性有机污染物替代产品等；三是环保服务，建立以资金融通和投入、工程设计和建设、设施运营和维护、技术咨询和人才培训等为主要内容的环保产业服务体系，加大污染治理设施特许经营实施力度。

由此可以看出，我国民族地区既是生态脆弱区，又是生态屏障地，在发展环保产业方面更显得急需和紧迫。

除了以上这些产业之外，实际上，随着这些产业的发展，民族地区可以带动相关的产业实现大发展。比如民族地区的交通基础设施还相对落后，随着旅游、物流等的发展，铁路运输、公路运输、城市公共交通、航空运输业、仓储邮政业以及住宿和餐饮业等必然会快速发展起来，充分体现出龙头行业的带动作用。

第三章 金融作用于
产业结构调整的经验

在引言中，我们对国内外的金融发展理论作了评述，说明了虽然民族地区的经济发展和产业结构调整是中国的特产，但金融发展理论在一定程度上，从某几个角度研究了经济发展与金融之间的互动关系。虽然有人认为产业结构调整与经济发展关系密切，甚至认为经济发展在某些情况下就是产业结构的调整，或者说是产业结构调整带来的，但产业结构调整毕竟不能完全等同于经济发展。

金融的发展及深化对产业结构影响可从两方面解释。首先，金融业的发展直接体现为金融保险业的产出增大，这在统计核算中不仅表现为 GDP 总量的扩大，同样表现为第三产业增长加快，第三产业比重增大，产业结构优化；其次，金融对产业结构调整的更重要的作用体现在可以促进各产业不同程度的增长，实现产业结构的优化。这里我们主要对金融促进各产业不同程度增长的经验进行总结。

一、金融在产业结构调整中的作用

产业结构的优化，表现为构成国民经济的各产业部门之间比例关系的变动。尽管造成这种变动的原因多种多样，但最直接的原因不外乎一个，这就是各产业之间资源配置量的变动。由于在商品经济社会，资金是资源的代表，是资源的货币表现，因此，资源配置量的变动集中表现为资金分配的变动。又由于在现代社会资金被集中掌握在金融部门之手，也意味着资金的分配权掌握在金融部门手里。

在实践中，产业结构的调整，无论是改善产业之间数量的比例关系，还是提高产业结构的质量；无论是采取投资倾斜为主的增量调整，还是采取以资源再配置为主的存量调整；无论是物质资本形成，还是人力资本的形成，都离不开金融中介。

那么，金融部门是怎样进行资金的集中和分配呢？一般认为，金融部门正是通过其资金形成、资金导向、信用催化、产业整合及防范和分散风险等作用机制，来改变资金的供给水平和配置格局，从而推动产业结构的不断调整和优化。

确实，金融部门作用于产业结构调整的具体方式是通过这几种途径发挥的，但这也是被动的发挥作用。金融部门作为国民经济的综合部门，掌握着全社会的资金，其完全可以主动地发挥调整作用。

（一）通过金融政策影响产业结构

产业政策，又可以称为产业结构政策，是一个国家根据经济发展的内在联系，揭示一定时期内产业结构的变化趋势及其过程，并按照产业结构的发展规律保证产业结构顺利发展，推动国民经济发展的政策。产业政策的实施需要金融政策的支持。日本和东南亚新兴工业化国家和地区的成功经验显示，完成产业结构的转换，产业政策和金融政策起到了决定性作用。其中以韩国为代表的结构主义产业和金融政策模式与以我国台湾为代表的新古典主义产业和金融政策模式最为典型。

韩国发展模式是一个经典的结构主义模式，其主要目标是把整个经济结构转化为非农业经济并以多样化的方式参与国际贸易，摆脱单一产品出口模式。该模式认为：市场机制作为资源配置的手段在发展中国家是失灵的，政府必须通过产业政策的制定和实施重点扶持收益高、有长远活力的具有战略意义的产业。为此，韩国政府广泛运用倾斜的信贷政策，有60%左右的银行贷款受政府控制。运用揠苗助长的策略鼓励由政府挑选出来的、有潜力的大型企业作为生产资本—技术密集型企业。后来这些企业中的多数成了韩国极为成功的企业。

台湾地区是新古典主义的模型。新古典主义模式认为，市场是很有效的，价格机制是资源配置的最有效方式。然而，新古典主义承认，在产业发展的不同阶段，政府在产业发展中应扮演一些临时性的辅助性角色。新古典主义的主要目标是通过政府的介入以建立一个成熟、充分竞争的市场，待这一市场完全建立后，政府从市场中完全退出。该模式认为，工业化要经过四个阶段：轻工业进口替代、轻工业出口替代、资本—技术密集型产品的进口替代、高科技密集型的出口替代。政府有责任引导和促进这几个不同产业阶段的转型。当经济金融发展到第四个阶段时，政府应该使贸易自由化，放松对外汇的管制，开放金融体系，减少政府介入的作用，让价格和市场机制来有效地调节资源配置。台湾地区的模式造就了一大批充满活力的中等规模的高科技企业，其中有部分企业逐步成长为国际市场的行业巨头。

（二）通过存款和信用扩张决定产业结构

银行是全社会的资金中心，首先在于其吸收了全社会的储蓄资金。但储蓄仅仅是资金形成的价值准备，储蓄向投资的转化才是资金形成的关键。资金形成在经济增长和产业结构调整中的重要作用，最终要通过这一过程来实现，而无效的转化也会给经济发展造成不利的影响。随着经济从简单的商品经济到货币经济、再到信用经济乃至金融经济的发展，储蓄向投资转化的形式也经历了实物转化、货币转化、信用转化和金融中介转化四个历史阶段。货币、信用与金融中介的发展，一步步推动着储蓄向投资转化机制的完善。金融的体系结构、运行机制以及调控机制的健全与完善，促进了金融体系充分发挥储蓄投资转化中介的作用，并不断提高这一转化的效率。

金融具有信用催化即信用创造的作用和能力，通过信用创造可以加速资本形成，促进生产中资源的节约和使用效率的提高，从而把潜在的资源现实化，推动产业结构调整与经济总量增长。在信用催化机制作用下，资金投向不限于已存在明显效益的产业或项目，往往以资金的增值返还为出发点，选择具有超前性以及有广泛的前向、后向和旁侧扩散效应的产业项目进行投资，催化主导产业、相关产业及其合理的产业结构体系的构建与调整更迭，在资金良性循环基础上实现经济的发展和提高。这也是金融促进产业结构升级调整机制的一个重要方面。

（三）基于利益需要和产业政策决定资金投向

金融在聚积巨额资金的同时，要寻找资金的投向。金融资金的投向从根本上讲是建立在金融企业的利益需要基础之上的，同时又受到国家和地区产业政策的影响和限制。

在实现资金导向和资源配置功能的过程中，商业性金融机构按照收益性、安全性、流动性原则对竞争行业的投资性项目进行评估，促使资金从低效部门向高效部门转移，并通过一定的组织制度，对资金使用企业实行经济控制和监督，促进信息沟通，减少资金配置中的短期行为，提高投资收益。

政策性金融的主要功能体现在执行国家的产业政策上，这具体又分为两方面。一方面，政府通过中央银行，利用一般性货币政策工具，调整货币供应量，为实施产业结构调整政策提供一个迫使旧的产业结构发生松动、淘汰、改组与发展的宏观氛围，为产业结构调整创造先决条件；同时，通过区别对待的利率政策，对不同产业、行业和企业进行鼓励或限制，或采用信贷选择政策，由中央银行根据产业政策进行信贷配给或行政指导，直接干预民间金融机构的信贷，引导资金投向。另一方面，政府往往出面建立若干官方或半官方的政策性金融机构，向私人金融机构不愿或无力提供资金以及投入资金不足的重点、新兴产业进行投资和贷款，实现对市场调节的补充。

（四）通过产融结合和利益共享加速产业整合

产融结合是指产业与金融业在经济运行中通过参股、持股、控股和人事参与等方式而进行的内在结合或融合。产融结合客观上对资本配置产生了三个方面的重大影响，一是促进产业组织结构合理化。合理的产业组织结构意味着能较好地取得规模经济效益和保持产业的竞争力，从而能推动产业技术进步和效率的提高，而产业组织结构与绩效是由企业追求效率的行为决定的，所以，金融促进产业组织合理化的作用机制，是通过金融对企业的集中行为而实现的。其具体途径就是通过企业的集团化。[①]

二是金融资本对产业资本的渗透，加速了资本集聚的进程，推动资源向优势企业和产业集聚，迅速壮大了企业规模，提高了规模经济效益和产业竞争力，这在资本市场上常见的股权转让和兼并收购中表现得尤为明显。同时，金融的发展推动了企业向集团化、国际化发展，通过组建集团内部的财务公司，为集体内部提供了连接纽带和控制手段。金融发展带来了高效的金融运行机制，为产业成长提供了必要的金融资源配置和重组机制，打破了部门、地区和国界的限制，加速了产业结构的调整。

三是产融结合使金融市场与商品市场、劳动力市场、技术市场成为完整的市场体系。金融市场促进了资本在不同区域间的流动、重组，这种流动必然带来商品、劳动力和技术等资源的空间转移，改变了区域资源禀赋，促进了产业结构调整。特别是技术的传播，对区域产业结构提升具有决定性的意义。[②]

金融对产业组织的演化具有重要作用，它影响着企业的治理结构和控制方式。首先，金融发展意味着金融机构与金融工具的多样化，为信用扩展提供了完备手段，促进了资本的转移和集中，推动了企业集团化发展，加速了产业结

---

① 匡霞，杨再斌. 论金融在我国产业结构调整中的作用机制［J］. 中共青岛市委党校、青岛行政学院学报，2000（2）.

② 郑南源，尤瑞章，贺聪. 金融支持产业结构调整的作用机制研究［J］. 西部金融，2007（7）.

构的调整。其次，金融发展为企业集团提供了集团内部的联结纽带和控制手段，由此企业集团的发展可打破行业、部门、地区和国界的限制，推动企业向跨国、多元化方向发展。最后，金融发展使企业竞争形式发生变化，即由价格竞争发展到销售竞争、技术竞争和资本竞争，后者须以大量的资本为前提，因而对金融资源具有很强的依赖性。

金融发展促进地区新兴产业的整合与产业集群形成。首先，它通过促进技术进步加速关键企业的形成。在产业的成长中，关键企业往往是那些能够优先采用先进技术，并能够将科技成果转化为现实生产力的企业。它们能够创造更大的市场需求，具有持续的高速增长能力，而且还可以通过扩散效应，有效地带动相关基础产业和后续产业的发展。因此，关键企业对资本也具有强大的吸引力，但是它们所需要的巨额资本却往往受到传统融资方式的限制。金融的发展则适应了产业成长对资金的需求，极大地提高了生产的社会化程度和资本集中规模，从而直接支持了关键企业的成长。其次，资本市场的重组功能可以推动资源向优势企业和产业聚集，迅速壮大企业规模，使优势产业在经济结构中的份额和影响力大大提高。这在资本市场上常见的股权转让和兼并收购中表现得尤为明显。最后，金融的发展推动了企业集团化、国际化的发展，组建集团内部的财务公司，为集团内部提供了连接纽带和控制手段。金融发展通过建立高效的金融体系，为产业成长提供了必要的金融资源配置和重组机制，并且通过打破部门、地区和国界的限制，加速了产业结构的调整。金融发展催生下的主导产业能够迅速有效地吸收创新成果，对其他产业的发展产生示范效应，能够通过产业链条带动相关产业的发展，促进生产要素的优化配置，真正实现产业整合功能。

（五）通过金融创新防范、分散风险

一般认为，金融是高风险行业，同时又是追求最安全性的行业。技术创新活动通常带有很大的不确定性、高风险性，如果创新成功将带来巨大收益，但是如果失败则会给创新企业带来难以承受的损失，有时甚至会导致企业的破产倒闭。金融体系的出现使创新风险能在不同的投资主体之间分散开来，例如在技术创新的不同时期分别有天使投资、私募基金、风险投资基金、IPO 等不同资金募集方式，这些投资的主体对风险的偏好有很大的差别，能分别适应技术创新活动不同阶段的风险分散需求。同时，金融部门还可以通过保险公司对高风险、高收益的新兴产业提供保险，以降低创业者的风险，而以风险投资基金为代表的风险投资机构，能较好地适应技术进步带来的投融资高投入、高风险、高收益的特点，推进产业技术结构的升级调整和高新技术产业的发展。

国际贸易相对于国内贸易，有着更大的时间与空间矛盾，所受到的风险比国内贸易要多得多，主要有政治风险、经济风险、自然风险。政治风险主要指贸易伙伴国的政局动荡，如罢工、战争等原因造成货物可能受到损害或灭失；经济风险主要指汇率风险和通货膨胀风险；自然风险指在国际贸易过程中可能因自然因素，如海啸、地震等引起的风险，因此国际贸易面临的风险更大，对金融支持的需求更多。一国通过金融发展，能为国际贸易提供规避风险的金融工具与金融服务，如海上货物运输保险、出口信用保险、出口信用担保、贸易融资、买方资信调查等，可以有效地规避、减少国际贸易中的各种风险，促进国际贸易的发展。

此外，金融工具的流动性，能按照价格机制在风险和收益之间找到均衡点，优化投资者的投资行为。金融发展水平越高，金融工具越丰富，技术创新的风险分散机制就越有效。

（六）通过支持技术创新与成果转化实现产业升级

产业结构升级的根本动力在于技术进步，必然需要数目庞大的资金投入，而金融推动技术进步的机制着重体现在其对技术开发投融资的支持上。以技术创新及其应用作为资金流动的根本指向，可以使既定的实物资源能有更高的产出。金融不但在源头上为发明创新提供资金支持，更重要的是金融支持使科技成果迅速传播和普及，并现实地转化为生产力，这是金融促进产业结构升级的一个重要途径。金融化程度越高，科技成果的国际间传播速度就越快，这对于发展中国家利用后发优势通过引进外资和技术获得快速发展至关重要。为解决资金紧张的困难，除必要的减免税等财政扶持手段及企业自身积累之外，还需要依靠金融体制的发展①。

熊彼特在论述创新与经济发展时认为，创新活动是一个国家经济发展的动力，银行的功能在于甄别出最有可能实现产品和生产过程创新的企业家和项目（是从项目之中选择企业家，而不是从企业家之中选择项目），通过向其提供资金来促进技术进步②。希克斯认为工业革命不是技术创新的结果，新技术的应

---

① 刘荣利. 试论利用金融政策优化我国产业结构［J］. 济宁学院学报，2009，4（2）.

② Thorsten Beck，Ross Levine. Industry Growth and Capital Allocation：Does Having a Market – or Bank – Based System Matter? ［J/OL］. NBER Working Paper No. 8982，2002. http：//www. nber. org.

用，需要大量的投资于特定项目和高度非流动性的长期资本，在缺乏金融市场的情况下，是办不到的。这样，技术创新本身不足以刺激增长，新技术的应用还需要流动性强的资本市场的存在。所以，工业革命只有在金融革命发生之后，才有可能发生①。Levin 与 King 认为，良好的金融体系提高成功创新的概率②。Solomon 与 Tadesse 认为，良好的金融发展能促进技术创新活动的长期化与稳定化。随着金融发展水平的提高，金融功能的不断完善，金融工具的越来越丰富，一国的整体技术水平会不断提升，进而提升本国在国际贸易中的技术比较优势③。

金融发展促进技术创新和成果转化的作用表现在以下几个方面，一是通过融通资金促进技术创新。进行技术创新需要投入大量的资本，创新资本的规模一般远远大于创新企业自有资金的规模，如果没有商业银行、资本市场等融资渠道，创新企业的融资交易成本将是巨大的，并且融资的数目也是极其有限的。金融中介的出现特别是纳斯达克之类的为创新型企业提供融资的资本市场的出现，使创新企业融资的交易成本与信息成本大大降低，能有效地将资金从剩余方流入到创新型企业。一国的金融发展水平很大程度上决定了一国储蓄的规模以及储蓄向投资转化的效率，金融发展水平高的国家通常能为技术创新提供有力的资金支持。二是通过金融激励促进技术创新。创新型企业中的核心人力资本即高层管理者以及核心技术骨干对于技术创新的成败有着决定性的影响，能否对他们进行有效地激励就显得十分必要。然而，一方面由于创新企业本身就受到资金的严格约束，另一方面由于技术创新的巨大不确定性，使这些企业的核心人力资本回报率无法用传统的企业一般资产收益率来衡量。因此，企业不可能采用高工资、高福利等传统激励手段进行有效激励。资本市场的发展股票期权等创新性金融衍生工具的出现，有效地解决了创新型企业核心人力资本激励的问题，目前在纳斯达克上市的企业中几乎都采用了有效金融激励手段。④ 三是金融业的发展直接促进了技术的创新。自从 20 世纪 50 年代后期美国的银行业首次采用电脑来扶助银行业务进行数据的储存和处理后，信息技术便与金融结下了不解之缘。20 世纪 70 年代各主要发达国家风起云涌的金融创新浪潮，首先就要归功于计算机等信息处理的技术和设备在金融界的广泛运用，它们是金融

---

① 陈建国，杨涛. 中国对外贸易的金融促进效应分析 [J]. 财贸经济，2005 (1)：83 – 86.
② 马正兵. 中国金融发展的经济增长效应与路径分析 [J]. 经济评论，2008 (3).
③ 曾国平，王燕飞. 中国金融发展与产业结构变迁 [J]. 财贸经济，2007 (8)：12 – 20.
④ 刘梅生. 开放条件下金融支持产业结构升级的机制分析 [J]. 贵州大学学报，2009 (3).

创新的物质保障。现代金融业不仅仅是资金和知识密集型的行业，更是高科技的行业。各大金融机构为提高产品和服务的竞争能力，纷纷投巨资提高业务的网络化、集成化和智能化，高科技技术和设备投资支出占总支出的比例逐年提高。随着电子货币和网络银行的兴起和推广，对网上支付和结算、网络安全、网上数据集成的要求也越来越高，金融行业的这种需求直接推动了相关信息产业的技术研发和创新。四是金融的发展为科技成果在区域间的传播开辟了道路。金融发展促进了资产在不同区域间的流动、重组，这种流动必然带来技术的空间转移，加快科技成果在区域间的传播。金融发展促进了股份制这一企业制度形式的普及，使科技成果的持有人可以用工业产权、非专利技术等方式进行出资，变为企业的股东，分享企业成长的收益。金融发展使得金融市场与商品市场、劳动力市场、技术市场成为完整的市场体系，这一体系所提供的运行机制更有助于促进区域经济技术合作的顺利实现。[①]

（七）降低信息成本的信息揭示机制[②]

金融优化资本配置，促进产业结构调整是建立在一个重要的假设前提之上的，即金融体系能够对投资项目进行有效评估和甄别，以发现最具投资价值的行业和企业。关于金融中介的最新研究结果表明，金融机构在信息收集与处理方面具有专业优势和规模效益（Diamond，1984，John Boyd，1986）。单个投资者没有时间、精力和方法对大范围的公司、市场状况进行信息的收集和处理，结果高昂的信息成本使得投资不能流向实现其最高价值的地方。而金融中介专门从事信息的收集、处理工作，发展各种评估技术来甄别投资项目的价值，具有单个投资者无法比拟的专业优势和规模效益。金融机构的出现，降低了信息成本，改善了资本配置效率。

另外国外的研究还表明，股票市场也是信息生产和传播的重要载体。股票市场不仅是一个资金汇集的市场，同时也是一个信息汇集的市场。企业经营和行业发展的最新信息在股票市场最先得到披露（包括强制性披露和自愿披露），投资者获取信息的成本很低，从而提高了资本配置的效率（Merton，1987），促进了产业结构调整。

---

① 高静文. 金融发展促进东北地区产业结构调整内在机制研究［J］. 现代财经，2005（7）.
② 郑南源，尤瑞章，贺聪. 金融支持产业结构调整的作用机制研究［J］. 西部金融，2007（7）.

二、银行在产业结构调整中的作用和经验[①]

（一）银行和产业结构之间的互动关系

金融是现代经济的核心，在市场经济条件下，它是配置经济资源最重要的手段，金融资源的配置会对宏观经济运行状况和微观企业的运行效果产生重大影响。亚当·斯密在《国民财富的性质和原因的研究》中指出："慎重的银行活动，可增进一国产业。"熊彼特在《经济发展理论》中进一步指出："银行通过提供非正常信用，将社会储蓄资金以贷款的形式再分配，从而促进产业升级。"爱德华·肖的《经济发展中的金融深化》与罗纳德·麦金农的《经济发展中的货币与资本》等论著中对此类问题也有比较详细的阐述。他们的基本论断是一个国家或一个地区的经济发展归根结底是一个产业结构不断调整、优化和升级的过程，也是金融不断发展及体制变更的协调、优化过程。在这个过程中，金融深化起着至关重要的作用。

从银行与产业结构的互动性看，产业结构的良性程度影响着银行业的发展，银行业反过来也促进产业结构的优化升级。一方面，一个良性的产业结构构筑的经济发展平台，资源配置优化，产业间比例合理，产业内部发展均衡，银行对产业的支持就可以减少摩擦成本和风险系数，达到资源的有效配置。而资源的有效配置又促进产业在更高层次上的优化，从而形成螺旋式上升的态势。另一方面，产业结构调整虽然表现为各产业之间产出比例的调整，实质上是社会资源在各产业间配置结构的调整。在现代经济中，社会资源必须通过货币资金的运动才能完成其在商品生产者之间的转换。银行作为组织社会货币资金流通的枢纽，在引导社会资金流动方面发挥着独特的作用，银行部门组织的各项资金，经过科学、合理的运作，可以有效地引导投资投向，实现资源配置结构的再调整，从而达到促进产业结构调整的目的。银行在产业结构调整的资金运动中处于主导地位，是产业结构升级换代的重要推动力。两者只有形成良性互动，才能达到协调发展。

第二次世界大战后，产业结构在国际范围内经历了数次大规模的调整。实

---

① 中国工商银行江苏省分行课题组．银行信贷政策与产业结构调整——工商银行构建金融支持体系服务江苏产业结构调整的设想［J］．金融论坛，2006（6）．

践证明，在市场机制和行政引导的协同影响下，大多数国家的产业结构调整达到了理想的目标，银行在其中发挥了灵活而重要的作用。总体来看，银行在调整产业结构过程中主要有以下四点成功经验。

1. 以增量投入和存量调整助推产业结构升级

德国金融系统在此方面有其成功之处。比如，为了做好鲁尔老工业区的产业结构调整，政府和银行10多年间先后增加投入250亿马克，帮助鲁尔工业区致力于产业结构调整和改造，取得了明显成效。近年来，德国通过对产业结构调整的重点行业和企业，实施大额的经济补贴以及兼并、重组，对传统产业进行优化升级，在产业结构调整中取得较好的效果，调整的结果使德国经济成为欧洲舰队的旗舰。在德国，政府和银行在资源配置上发挥着重要的作用，其主要是通过以增量投入和存量调整相结合方式，助推产业结构的升级。

2. 制定与产业政策匹配的信贷政策引导产业结构调整

这种银行支持模式在第二次世界大战后日本产业结构变化中的作用最为明显。第二次世界大战后，日本的产业政策逐步成熟，其总的指导思想是保护夕阳产业的结构调整，选择培植在国内外市场有发展前途的产业。日本对产业结构调整的银行支持，主要是通过国家制定和实施经济计划和产业政策，特别是对主导产业的扶持和保护政策，以及对衰退产业的调整和援助政策。银行业根据产业政策的不同支持方向，适时调整信贷政策，引导产业投资结构，将企业经营活动纳入实现产业发展的轨道，从而推动产业结构的升级和合理化。

3. 以金融创新配合国家产业结构调整

新加坡金融监管当局积极鼓励银行业针对产业发展趋势进行体制创新和产品创新，达到了银行风险控制和产业结构优化的双赢。20世纪60年代以来，新加坡创造了世界经济发展史上的高增长奇迹，关键在于国家制定了从传统产业结构向劳动密集型，再向资本密集型产业结构转变的正确战略。银行围绕产业战略转移，积极创新与产业结构调整相适应的金融产品、金融政策，加大对出口加工型企业、基础设施建设等产业的信贷投放力度，引导产业结构的转型。在亚洲金融危机爆发后，银行又积极通过控制风险和金融创新相结合的方式，引导地区产业进行从劳动密集型和资本密集型向以知识与技术为主导的产业转变，取得较好成效。

4. 通过货币政策协助产业结构调整

中国改革开放以来经历了6次宏观调控。其中有5次紧缩型调控，在稳健的财政政策的配合下，我国银行业把握住货币信贷这个闸门，充分发挥金融调控在宏观经济中的重要作用。中央银行执行稳健货币政策的基本做法是，运用信贷规模和利率调控的松紧搭配组合，调整信贷供给。通过货币政策与产业规划和政策的协调，中央银行区别对待，控制中长期贷款过快增长，防止信贷资金流向部分盲目投资和重复建设行业，防止固定资产过快增长势头。商业银行实行"区别对待、有保有压"的产业结构调控政策，通过鼓励和限制性的信贷措施，促进国家产业结构的调整。

（二）国外商业银行支持产业结构调整的经验[①]

商业银行支持产业结构优化的方式主要是通过实行信贷倾斜、优惠利率等方式，影响银行贷款流向，使资金流向支柱产业、新兴产业和具有发展潜力的中小企业。

在美国中小企业发展的金融支持中，美国政府对其政策性贷款数量很少，主要是向中小企业投资公司、风险投资公司等发放优惠贷款，再由后者通过低息贷款购买或担保公司证券的方式向中小企业提供资金，极大地促进了中小企业的发展。德国政府把资金援助作为其中小企业促进计划的主要支柱。资金援助的主要方式是低息贷款和信贷担保，除此之外政府还通过投资公司为中小企业提供投资。政府向中小企业提供贷款，德意志银行起主要作用。它通过地方商业银行放款给中小企业，地方商业银行获得低息的再筹款贷款，承担主要的债务拖欠风险。法国对中小企业金融信贷支持主要是通过地方投资公司给予优惠信贷，贷款总额不能超过投资总额的70%。

日本银行通过对商业银行的窗口指导在控制信用总量的同时，指导贷款的使用方向，保证优先发展部门的资金需要。日本在第二次世界大战后通过金融监管使近70%的社会资金流入银行体系。在此基础上政府主导下信贷倾斜政策的实施保证了在市场金融领域重点企业和产业发展的资金供给，支持了政府的产业发展政策。另外，日本政府为了支持那些在市场竞争中处于劣势的中小企业发展，对其实行利率优惠政策，如这些企业可以按最低利率在国家专业银行或金融公司获得贷款。为促进高新技术产业的发展，日本政府对基础性研究的投资给予进一步的税收优惠待遇，对高新技术项目实行低息贷款，极大地推动了日本高新技术产业的发展。在韩国，由政府发起，组织国内各财团和企业多

---

① 马洪娟. 产业结构优化中金融支持措施的国际比较及对广东的启示［J］. 改革与战略，2009（5）.

方筹资，成立数额高达 1 万多亿韩元的风险企业投资基金，为风险企业提供低息或无息贷款。

实际上，发达国家与发展中国家的商业银行对产业结构优化的支持措施是有差异的。一是美、英等发达国家更加注重市场机制在资源配置中的基础性地位，金融支持机制的市场化特征更为显著，更加重视金融市场在产业结构优化中的作用，政府对市场金融活动不进行直接干预。如美国产业发展中的对中小企业的金融支持主要是为中小企业提供金融服务，如担保、资产证券化等，而非直接采取优惠利率的方式，充分发挥市场机制在金融支持产业发展中的作用。发展中国家主要依靠信贷利率、贷款投向进行直接和间接的干预为产业政策目标服务，政府对金融的干预较多，金融支持的手段也更直接。二是商业银行对产业结构优化支持的规模和范围存在差异。在发达国家，由于其经济政策的指导思想是将政府对市场的干预限制在最小范围，政府强调市场机制的作用，因而信贷倾斜、优惠利率等措施的规模和发展态势受到限制。相反，在发展中国家的经济发展过程中，信贷倾斜、优惠利率等政策的地位和作用范围较大，政策性金融贷款在整个金融体系的贷款中占有相当大的比重。例如，1970 年韩国用于支持出口产业和重化工业的政策性资金分别约占银行信贷总额的 13% 和 22% 。在新加坡和马来西亚，情况也大致相似。

（三）银行在产业结构调整中的优劣势分析

1. 银行在产业结构调整中的优势

银行在促使国民经济迅速重建、复兴与起飞方面具有明显的积极作用。在产业结构调整中，其比较优势表现在以下方面：第一，政府借助银行体系，能够迅速贯彻自己的意愿，集中调度、运用资金，实现政府的总体产业发展战略。第二，在银行主导型金融模式下，所有权变更不作为控制企业的手段。一般企业只拥有少数相对稳定的主要投资者，包括银行和其他关系企业。在这种集中而稳定的股权结构下，各主要投资者之间为了共同的利益而建立起相互监督、合作的关系。银行能为关系企业提供一揽子债务和股权资本，并在企业财务陷入困境时给予支持，使企业免遭破产、兼并，为产业的早期发展和壮大提供了重要的制度保障。第三，能在组织水平上实现银行与公司间的信息共享。银行作为公司的大股东和债权人，能利用其优势，尽可能获得和占有全面的企业信息及其拟建项目的信息，更大程度地降低放款风险，协调集团内或相关公司的投资计划，并通过事前治理、事中治理和事后治理对公司经理的行为进行有力的激励、监督和控制，促进企业的健康发展。

2. 银行在产业结构调整中的局限性

银行在产业结构调整中的比较优势和效率的实现，依赖于一个高度竞争的产品市场和良好的道德法制环境。在目前的情况下，由于存在银行内部控制的公司治理结构，对产业结构的调整带来一定的非效率。第一，它抑制了资本市场的成长，从而使银行和企业在一定程度上失去独立性和灵活性。各经济主体为了维持长期合约，一些缺乏效率的企业或项目难以淘汰，对这部分资金进行重新配置相对缓慢，因此存在对低效项目过度投资的倾向，加剧了产业调整的刚性。第二，它导致企业信息具有内部占有性特征，使交易缺乏透明度，并最终影响资本配置和利用的效率与收益。在这一模式下，银行、企业间的相互交叉持股往往会被排斥，外部股东的利益易受到损害，由于企业能够抗拒来自资本市场的并购威胁，这会降低企业改善竞争力的动力，使产品市场缺乏竞争。同时，在一些寡头垄断和缺乏竞争的产业中，公司的决策缺乏有效的评价和检验机制，造成权力滥用和低效。这些缺陷对产业竞争优势的形成十分不利。

三、证券市场融资对产业结构调整的效应

（一）两种相反的观点

证券市场融资对产业结构影响的问题在发达国家并不是很突出，因此很少见到直接研究产业结构与证券市场的文献。在早期，殷醒民（1997）通过对1996 年上海证券交易所上市公司股票的制造业结构分析发现上市公司通过资本市场发行股票来募集资金的实际效果是加剧了制造业资金的分散化，并且认为股票市场与国家的产业政策基本上没有联系①。韩立岩、蔡红艳（2002）运用Jeffrey 模型度量了我国20 世纪90 年代各年资本配置效率，检验结果表明多数年份行业资本流动与其盈利能力无关②。基于 Jeffrey Wugler 的资本配置效率模型，蔡红艳、阎庆民（2004）还度量了行业成长性，研究发现我国产业结构调整中各行业成长性的此消彼长并未在资本市场中得到体现，而低成长性行业的资本流动中，政府的非市场化扶持力度在起着更大的作用。我国金融市场中的资本

---

① 殷醒民. 中国工业资金的"逆向"流动和企业融资政策导向 [J]. 经济研究, 1997 (5).

② 韩立岩, 蔡红艳. 我国资本配置效率及其与金融市场关系评价研究 [J]. 管理世界, 2002 (2).

流动存在着明显的扶持落后行业的非市场化行为，其结果必然是我国工业产业中高成长行业无法有效继续成长，而低成长行业依然在衰落、亏损中徘徊，导致整体工业的竞争力减弱[①]。潘文卿和张伟（2003）运用我国1978—2001年28个省区的数据发现中国股票市场的筹资行为与资本配置效率基本弱正相关或不相关。[②] 但是，王兰军（2003）、王军、王忠（2002）、朱建民、冯登艳（2000）等人的研究表明，在一国产业结构调整优化过程中，证券市场以其筹资、促进经济要素合理流动、提高资源配置和利用效率等功能扮演着极其重要的角色。我国证券市场的发展改变了企业传统的融资方式和经营机制，不仅帮助近千家企业通过融资、上市、改制，还通过资本运营提升了产业集中度，对技术改造、产业升级、结构调整起到了催化作用。[③]

（二）证券市场推动产业结构调整的效应[④]

证券市场对产业结构的影响是从两个层次的市场上反映出来的。一是通过一级市场新发证券调整产业增量结构，二是通过二级市场资产重组调整产业存量结构。在一级市场上，管理层通过对新股上市的计划控制，可以按产业结构调整要求和产业发展方向进行有序扩容，扶持新兴产业部门、瓶颈行业中的企业优先上市，将资金优先配置到这些企业，使它们迅速发展，从而实现产业结构优化，达到政策目标。另外，由于公司上市后，其业绩达到一定标准可通过配股进行股本扩张，管理层可通过对其配股行为进行政策引导，以达到既鼓励优势企业快速发展，又使增量资本流向政策导向的行业中去的目的。另外，在二级市场中，企业之间可以通过参股、控股、并购等形式实现存量资产的重组。由于企业间的改组与重构是建立在市场机制的基础上，从而使调整更有效。

金融市场为产业结构调整及时提供信息、加快技术创新、促进企业重组。产业结构的调整依据资源的社会供给与社会需求的变动，而这变动无疑是中国

---

① 蔡红艳，阎庆民. 产业结构调整与金融发展——来自中国的跨行业调查研究［J］. 管理世界，2004（10）.

② 潘文卿，张伟. 中国资本配置效率与金融发展相关行研究［J］. 管理世界，2003（9）.

③ 王兰军. 中国股票市场功能演进与经济结构战略性调整研究［D］. 西南财经大学博士学位论文，2002.

王军，王忠. 资本市场抑制的理论与实证分析［J］. 金融教学与研究，2002（12）.

朱建民，冯登艳. 证券市场与产业结构调整研究［J］. 金融理论与实践，2000（2）.

④ 马洪娟. 产业结构优化中金融支持措施的国际比较及对广东的启示［J］. 改革与战略，2009（5）.

产业结构调整表现出来的日趋复杂的信息结构。而金融市场的构成部分之一，证券市场对于信息的灵敏性、传递的有效性能较好地解决产业结构调整过程对信息的依据，并据此来引导资本的流向，同时金融市场加快技术创新。而今，以技术进步推动产业升级是产业结构调整中的重要内容。但是技术的创新与商业化是一项不确定性强、商业风险性极大的活动，而创新性企业规模小、发展前景不确定，资信程度低并缺乏担保资产很难从银行等金融中介机构筹措到大量资金。资本市场则正好解决了这个问题，尤其是风险投资市场，不仅为高新技术产业提供资本，而且推动这些技术创新渗透到相关产业，从而带动整个产业结构的调整，纳斯达克市场就是典型的例子。除此之外，资本市场还促进企业重组。目前一场世界范围内的大规模企业结构整合，无论是收购还是重组，大多都是通过公募或私募资本市场进行的。尤其是风险投资资本市场较好地解决了知识产权的价值和企业资产价值的市场评价、股权的可交易性、投资风险的分散等问题，使企业重组的道路更畅通。

在发达国家，成熟的证券市场以其独特的方式影响着产业结构，对产业结构优化起着重要的作用。为了鼓励中小企业到资本市场直接融资，美国政府专门在股票市场上设立二板市场即纳斯达克股票市场（NASDAQ），降低发行股票与上市交易的门槛，为小型科技企业提供了一条直接融资渠道。小企业可以通过该市场发行股票，获得发展资金。到1999年底，美国92%的软件企业、82%的计算机制造企业得到过该市场的支持。

20世纪90年代以后，英国、德国、法国等发达国家也相继建立了自己的二板市场，为中小企业的发展开辟了新的融资渠道，对促进本国中小企业尤其是科技型中小企业的发展发挥了重要作用。另外，发达国家证券市场上，并购涉及行业广、交易规模大、跨国并购呈上升趋势，大大提高了产业的集中度。

为拓宽中小企业的融资渠道，日本在直接融资领域设立专门的二板市场。日本的二板市场最早出现于1973年，1981年演变为高风险企业和中小企业上市的市场，包括JASDAQ和东京证券交易所的新兴成长公司市场。日本设有中小企业柜台市场，以为大量不能在证券交易所上市的中小企业提供融资便利。韩国于1996年建立自动报价系统（KOSDAQ），支持高科技新兴公司以及小企业融资。但是，还有很多发展中国家的中小企业缺乏直接融资的市场。另外，发展中国家的并购数量和规模虽有所提高，但涉及行业、交易规模仍远小于发达国家，且并购在一定程度上受政府的影响。

（二）证券市场在产业结构调整中的优劣势分析

从国际经验看，股份制和资本市场本身的起源和发展与现代工业的兴起和产业结构的更迭有着密不可分的联系。1870—1920年，西方主要工业国的金融证券率和国民生产总值证券率分别为12%和8%，而这一时期产业结构的层次也相对较低，处于由农业经济向工业经济过渡的阶段。1920年后，随着第一产业的就业比重降至5%、第三产业升至50%时，金融证券率与GNP的证券率也分别达到50%和80%以上。资本市场发展本身孕育着推动产业结构升级调整的有效机制。

1. 证券市场在产业结构调整中的优势①

与银行机构比较起来，证券市场对于产业结构调整具有以下几点优势：

第一，正是借助于股份制和资本市场的资金集中及风险分散机制，现代产业发展中所需的、单个资本（企业和银行）难以承担的巨额投资及风险的难题才得以化解。

第二，资本市场的资金流动性和产权明晰化，能有效解决产业结构调整升级中的资产专用性和体制进入壁垒等矛盾。首先，证券把物质上不可分、位移上受时空限制的经营财产实体，裂变为可进行代数加总和可不断交易流通的财产单位，一定程度上克服了资金要素流动中的资产专用性障碍；其次，多种形式证券的发行，包括投资基金等金融工具的出现，能广泛调动社会投资，打破分散小额资本进入某些产业部门的规模壁垒；最后，资本市场分散风险的特性及发达的信息机制，也有利于提高产业结构调整的效率和效益，减少调整过程中的经济震荡。

第三，资本市场和股份制的发展，规范了企业产权制度，使之有可能根据市场规则行使法人财产权，进行多种形式的资本经营活动，推动存量资产重组和产权交易，有利于克服产权障碍，促进活化资产存量，推动产业结构升级。

2. 证券市场在产业结构调整中的局限性

不可否认，证券市场在调整产业结构过程中也有其局限性，这主要表现在以下几方面：

第一，由于缺乏完全有效的公司治理机制将非执行董事、管理者的利益与投资者的利益直接协调一致，委托代理问题的出现导致决策者缺乏产业创新的

---

① 向君. 产业结构调整中的金融模式与政策选择 [J]. 时代金融，2007（1）.

内在动力。

第二，高度流动的资本市场会鼓励投资者的短视行为，使所有权进一步分散，股东对企业缺乏长期投资意愿，不满意的投资者很容易迅速出售股权，从而降低了投资者通过监督管理者和公司业绩，推进企业加快产品结构升级调整的外在压力。

第三，以市场机制为基础的接管兼并加剧了企业运作的不稳定性。在美国，由于企业股东不直接参与企业管理、不享有企业治理报酬，试图获取公司控制权的投资者可以许诺给予股东足够大的控制报酬，从而劝说其出售其股份，而频繁的接管兼并方式往往损害企业的长期发展战略。

四、市场主导与政府主导的作用比较

无论是银行主导的金融体系，还是证券市场主导的金融体系，根据政府在其中所发挥的作用大小不同、对金融活动的控制程度不同，都可以分为市场主导和政府主导两种情况。这两种情况在产业结构调整中的作用也有所不同。

（一）以美国、英国为代表的市场主导型金融模式①

美英国家崇尚自由市场经济和自由企业制度，突出强调市场力量对促进经济发展的作用，在产业调整的过程中，主要借助市场力量使生产要素合理配置，从而使产业结构合理化。市场主导型金融模式又可分为银行主导型和资本主导型两类。银行主导型模式强调作为基本生产主体的企业，在融资结构上，流动资金与固定资产投资主要以银行来实现。而在资本主导型模式中，企业自源融资比例较高，债务流量和存量水平较低，外部融资主要来自于有组织的市场上发行证券，从金融中介取得的信用不具有重要的地位，银行以提供短期信用为主，主要用于企业的周转资金。因此，就市场主导型金融模式而言，它是以商业化的金融机构和金融市场为依托的。首先，金融机构根据其自身的利益要求和收益性、安全性、流动性的原则，对竞争性行业的投资项目进行评估筛选。其次，它们根据金融市场上资金供求决定的利率和收益水平，实现资金从低效向高效部门和企业转移，提高产出结构水平和效益。最后，通过一定的组织制度，金融机构对资金使用企业进行经济控制与监督，增进企业的信息沟通，减

---

① 陈雁．产业结构调整中的金融模式探索［J］．河南金融管理干部学院学报，2008（2）．

少资金配置中的盲目与短期行为，提高投资收益。

（二）以日本、韩国为代表的政府主导型金融模式[①]

日本在第二次世界大战后经济腾飞的原因之一，就是包括政府指导下一系列强有力的产业政策和金融体制。日本、韩国等国家由于缺乏良好的市场体制和金融基础，经济发展又存在巨大的资金缺口，产业发展和经济结构的调整不能完全依靠市场机制，而需要政府运用积极的产业政策来实现经济赶超，提高产业的国际竞争力。在日本、韩国的经济发展中，产业政策发挥了重大作用。在产业政策的工具体系中，金融是极其重要的工具之一，是政府集中社会资源贯彻产业政策的重要手段。从"二战"后至今，日本、韩国产业政策的内容和目标不断调整变化，金融支持的方式和重点也随之进行调整，但政府主导始终是其金融支持机制的主要特征。政府主导型金融模式主要实现对资金导向的倡导机制与矫正补充机制，可分为政策引导型和直接投资型。前者强调政策的引导，通过实施一定的金融政策，实现货币政策与产业政策的相互协调，实现资金倡导的功能。而后者则强调各国发展中都有若干重点产业或新兴产业，它们对经济发展至关重要，但这些行业往往资金需求量大、投资回收期长、风险高，私人金融机构难以承担其融资，政策性金融方面也往往直接参与资金的配置，也称为直接投资型政策性金融。为此，可由政府出面建立一些官方或半官方的政策性金融机构，向私人（民间）金融机构不愿提供资金、无力提供资金以及资金不足的重点、新兴部门进行投资和贷款。

（三）市场主导型金融模式与政府主导型金融模式的差异[②]

市场主导型金融模式与政府主导型金融模式都是在市场经济体制基础上进行的，但金融模式的机制、方式、范围等仍有差异。美、英等国更加注重市场机制在资源配置中的基础性地位，更加重视金融市场在产业发展、产业组织合理化中的作用，而日、韩等国更加依赖银行体系，政府对银行体系控制较多，形成了政府主导的以间接融资为主的金融支持产业政策的机制。美、英等国金融支持方式以间接手段为主，如担保、资产证券化等，而非直接注资，在产业组织合理化方面，主要通过反垄断和消除不平等竞争等间接方式为其创造公平

---

① 陈雁. 产业结构调整中的金融模式探索 [J]. 河南金融管理干部学院学报，2008（2）.
② 陈雁. 产业结构调整中的金融模式探索 [J]. 河南金融管理干部学院学报，2008（2）.

竞争的环境。而日、韩等国则以直接手段为主，不论在市场金融，还是在政策金融领域，政府对金融的干预都较多，金融支持的手段也更直接，主要体现为直接对鼓励发展的产业和企业进行贷款。市场主导型金融模式国家政策金融的支持范围较小，其资金来源基本上是根据资金需要，通过发行债券从市场上筹措，政府视需要提供补助，这有利于保持一个合理的政策金融规模。而政策金融是政府主导型金融模式国家产业政策工具体系中的重要内容，规模较为庞大，支持的范围也较大，侧重于区域开发和经济结构的优化，因此，也容易与民间金融产生竞争。

五、政策性金融

政策性金融不完全等同于前面所说的政府主导型金融。政策性金融主要是指为实现一定的政策目标而采取的一种金融手段，主要表现为三种形式。一是建立专门的政策性金融机构，为产业结构和区域产业布局优化中小企业的发展提供资金支持。二是政府通过预算进行贷款，如在美国中小企业发展的金融支持中，政府对其政策性贷款数量很少，主要是向中小企业投资公司、风险投资公司等发放优惠贷款，再由后者通过低息贷款、购买或担保公司证券的方式向中小企业提供资金。在20世纪六七十年代，政策性金融无论是在发展中国家，还是在发达国家，都被当做一种能够有效促进经济发展的工具，并得到比较广泛的运用。三是在发挥诱导性作用方面，政策性金融对国家发展目标和战略意义的产业部门进行倡导、诱导性投资，以此吸引商业性金融机构的投资及民间金融的投资，因为政府政策性金融一旦决定对某些产业提供政策性资金，反映了国家经济发展的长远目标，有利于增加商业性金融的信心，会提高民间投资的收益预期，降低投资风险预期。发挥政策性金融虹吸扩张性作用，是指政策性金融机构以减少的政策性资金投入虹吸更多民间商业性资金的功能。政策性金融使民间商业性金融对某一产业的投资热情高涨起来后，政策性金融就逐渐减少其份额，把投资领域让给民间商业性金融，自己转向扶持其他行业。这就形成一种政策性金融对商业性金融资金运用方向和规模的扩张性诱导机制。

在美国，只要涉及国计民生和国家对外发展战略的领域，都有十分强大的政策性金融体系或政策性金融活动存在。以住宅金融为例，美国政府把促进并稳定住房市场作为其政策性金融活动的重点领域之一。1938年，美国政府出资1000万美元成立了"联邦国民抵押贷款协会（FNMA）"，专事抵押贷款的买卖和抵押贷款证券化业务。FNMA 作为一个典型的政策性金融机构，增强了美国住宅抵押贷款市场的流动性和稳定性。另外，美国还设有美国进出口银行、联邦土地银行、联邦住房贷款银行等政策性银行。法国设有法国农业信贷银行、法国对外贸易银行、法国土地信贷银行、法国国家信贷银行、中小企业设备信贷银行等政策性银行。

许多东亚发展中国家在 20 世纪六七十年代也都不同程度地发展政策性金融。如菲律宾在 20 世纪 50 年代，为了支持农村和中小企业的发展，政府出资建立了农村银行体系和私人银行。韩国、马来西亚、泰国也分别在 20 世纪六七十年代建立了国家开发银行和进出口银行，配合国家的经济发展战略。但在拉丁美洲、北非等许多发展中国家，政策金融也出现许多问题，比如政策性资金被滥用、误用，政策性金融机构出现巨额亏损，呆账、坏账不断增多等现象。相比之下，东亚一些发展中国家政策金融的管理和运作是比较成功的，曾在东亚各国经济发展初期为推行国家经济发展战略发挥过重要作用。

发达国家与发展中国家的政策性金融主要具有以下差异：

第一，政策性金融机构的所有制不同。发展中国家政策性金融机构主要为政府所有，而在发达国家，政策性金融机构并非都由政府掌握，德国和法国的政策性金融机构还包括一些民间金融机构，其运作方式以间接手段为主。相比之下，发展中国家政策性金融的形成和运作都不同程度地受到政府的控制和直接干预。例如，在马来西亚，到 1997 年，占全国商业银行资产总额 60% 的马来亚银行和马来西亚土著银行的主要股权仍为政府所控制。政府通过持有主要金融机构的股权，得以控制这些金融机构的贷款投向，干预企业的经营活动，推行国家的产业政策。

第二，政策性金融的服务对象不同。从一些发达国家的情况来看，政策金融主要服务于农业、住宅、中小企业，其目的是缩小地区经济发展的差距，提高居民的生活水平，更多体现的是一种国家财政方面的公益性与公平性原则。与此不同的是，发展中国家的政策性金融的服务对象主要是国家产业政策。由于发展中国家政府政策的重点是摆脱经济发展的落后性，消除贫困，促进社会经济发展，因而，其政策性金融从一开始就是为了推行国家主导型的经济发展赶超战略而制定的，其目的是执行国家的产业政策，实现经济的快速发展。[①]

---

① 马洪娟．产业结构优化中金融支持措施的国际比较及对广东的启示［J］．改革与战略，2009（5）．

六、经验分析：没有结论的结论

通过上面的介绍，不论是国内的实践，还是国外的经验，都可以说明一点，金融在促进产业结构调整和优化过程中是有作用的，不管这种作用是银行发挥的还是证券市场发挥的，或者是二者共同发挥的，对产业结构变动具有某种作用是肯定的。特别是近几十年来，随着证券市场的发展，企业兼并风起云涌，其中无不渗透着金融的智慧，体现着金融魅力。但是，如果说上面的分析有什么意义的话，恐怕也只有这一点。因为第一，既然金融有促进产业结构调整和优化的作用，那么为什么迄今为止世界各国的产业结构都没有在金融的作用下优化呢？不论是发达国家还是发展中国家，经常面临着产业结构的调整问题，如果这种产业结构的调整不能顺利进行，就只能借助于经济危机，也经常借助于经济危机。翻开世界经济史，我们看到进入工业社会以来，自从 1825 年发生第一次经济危机以后，经济危机的周期逐步缩短，期间还发生了 1929 年的世界大萧条、1997 年的亚洲金融危机和 2008 年的国际金融危机。经济危机的过程，就是产业结构强制更新和调整的过程。当代社会，金融体系已经发展到了登峰造极的地步，为什么不能主动调整和优化产业结构，而必须要经过经济危机的破坏呢？而且，最近一次的经济危机就是从金融危机开始的，说明金融不仅没有促进产业结构的优化，而且还助长了产业结构的扭曲。这到底是金融无能，还是金融低能？

第二，尽管发生了经济、金融危机，金融的作用我们也不能完全否认，但从前人的分析中我们不能知道金融调整经济结构的目标是什么，也就是说经济结构的理想目标是什么，也就是金融要把经济结构调整成什么样子？为什么是这个样子？这种调整的作用到底有多大？这种调节作用是金融固有的功能还是偶然发生的？这种调节作用是否已经得到了很好甚至充分地发挥？

第三，现代社会，金融包括了很多内容，单从金融机构来说，就可以分为银行类金融机构和非银行金融机构，非银行金融机构又可分为证券类机构、保险类机构等。那么，为什么出现这些不同类型的金融机构？它们之间是什么关系？不同类型的金融机构在产业结构的调整和优化过程中能发挥什么样的作用，怎样能更好地发挥其作用？这显然也是前人的分析没有说清楚的。

第四，事实上，我们在提出产业结构的优化问题的同时，也意味着金融结构的优化问题，那么，什么样的金融体系是优化的呢？金融结构又如何优化？这恰恰是前人研究所缺少的，也是我们需要解决的核心问题。

第四章　金融在产业结构优化中的地位与作用

上一章我们说明，过去的研究都是从机构和现实的角度来进行分析的，在研究银行或金融市场作用时，没有一个明确的作用目标，即产业结构或者说整体经济要发展成什么样子，或者被金融调控成什么样子？这样一种没有目标的调控，金融功能如何发挥，即需要一种什么样的金融服务体系，正像前面对银行和证券市场的对比一样，这种直观的对比显然没有一个明确的结论，即哪个更优，哪个更劣。因为二者发挥作用的空间是不一样的，或者说作用的受力点不同，无法进行比较。更进一步地，在这种情况下，不仅没把二者的关系说清楚、搞明白，反而还把银行和金融市场之间的相互协调、配合给否定了。因为我们的着眼点是哪个更优，而不是怎样才能更好地发挥整个金融体系的作用。

一、一个新的研究视角：金融功能观

（一）金融功能观的提出

传统的金融理论主要从金融机构的角度来着手研究金融体系，即所谓的机构金融观点。持有该观点的人认为，现存的金融市场活动主体及金融组织是既定的，并有与之相配套的金融规章和法律来规范各种组织的运行，现有的金融机构和监管部门都力图维持原有组织机构的稳定性。有关金融体系所有问题的解决，如商业银行不良资产和资本市场的系统风险等，都应在这种既定的框架下来解决，即使要牺牲效率也是值得的。在此前提下，有的学者主张银行占优，有的学者主张证券市场占优。

银行主导论者认为，银行主导型金融体系占有以下几方面优势：首先，金融中介体可以降低投资者获得及处理企业信息的成本，因而有利于资源配置和企业控制（Diamond，1984，Boydand Prescott，1986）；其次，金融中介可以聚集存储并且既投资于短期项目也投资于长期项目，可以减少流动性风险（Diamondand Dybvig，1983，Bencivenga and Smith，1991）。金融中介也能降低跨期风险（Allen and Gale，2000）。但是，对银行主导型金融体系持批评态度的学者指出它的主要弱点是不利于创新性企业和项目的发展。在不确定性的环境下，银行往往不如证券市场有效率（Allen and Gale，1999）。另外，由于银行对企业的特殊地位，银行对企业的监控可能倾向于非效率。

市场主导论认为金融市场有以下几方面优势：第一，证券市场流动性越强，投资者就越有动力去搜集并分析有价值的信息，企业也能获得长期资金（Holmstrom and Tirole，1993）。第二，证券市场可以为并购和变现企业家提供帮助，有利于公司监控。通过并购管理失败的公司，流动性的证券市场加强了公司治理，提高了资源配置效率（Scharfstein，1988，Stein，1988）。第三，允许投资者快速卖出从而降低了流动性风险（Levine，1991）。第四，市场有利于风险分担（Saint - Paul，1992）。对市场主导型金融结构的批评主要集中在信息外部性和企业监控两方面。在一个有效市场上，个别投资者不愿花费时间和资源去搜集信息，如果其他投资者也能搭便车从这些信息中获利的话（Stigliz，1985）。不仅如此，内部人和外部人之间的信息不对称降低了并购威胁的效力，使市场监控企业的作用下降。流动性市场也为投资者提供了方便的退出选择，因而削弱了他们监控企业的动力（Shleifer and Vishny，1986）。

上述观点存在的明显缺陷，当经营环境的变化以及这些组织机构赖以存在的基础技术以较快的速度进行革新时，银行、保险及证券类机构也在迅速变化和发展，由于与其相关法律和规章制度的制定滞后于其变化，金融组织的运行将会变得无效率。针对这一缺陷，R. Merton 和 Z. Bodie 于 1993 年提出了功能主义金融观点（functional perspective）理论。

功能金融理论具有两个假定，一是金融功能比金融机构更加稳定。R. Merton 和 Z. Bodie 认为，随着时间的推移和区域的变化，金融功能的变化要小于金融机构的变化。从金融机构的纵向来看，以银行为例，现代商业银行的组织设置和机构布局与早期的货币代管机构相比，已经发生了翻天覆地的变化；从横向来看，处于不同地域的银行其组织设置也不同，但履行的功能却大致相同。二是金融功能优于组织机构。金融功能比金融的组织机构更加重要，只有机构不断创新和竞争才能最终使金融具有更强的功能和更高的效率。在前述假定前提下，R. Merton 和 Z. Bodie 认为，从功能金融观点看，首先要确定金融体系应具备哪些经济功能，然后据此来设置或建立能够最好地行使这些功能的机构与组织。任何金融体系的主要功能都是为了在一个不确定的环境中帮助不同地区或国家之间在不同的时间配置和使用经济资源。由此看出，金融功能观更适合这种研究。因为第一，金融功能观首先研究的是金融体系应具备什么样的功能，而这种功能是经济发展的客观需要，也是经济活动的内生变量。第二，金融功能观根据所要发挥的金融功能来设置和建立金融体系。实际上，我们的目的也不是金融体系，而是金融功能，无论什么样的金融体系，只要有利于其金融功能的发挥，就是我们所需要的。

功能范式与机构范式的不同之处在于，它是从分析金融系统的目标和外部环境出发，从中演绎出外部环境对金融的功能需求，然后探究需要何种载体来承担和实现其功能需求。随着经济增长阶段变化导致金融面临外部环境的改变，对金融的功能需求与原有金融机构所能履行功能间的差距也随之变化，这就要求对金融制度安排、组织形式和市场形态进行相应的调整以适应变化了的外部环境。因此，在功能范式下，金融形态包括金融机构、产品和市场的变迁必然内生于经济增长机制和条件变化，由此就可以解释各国金融体制间的差异。同时，在金融形态变迁过程中，由于金融功能具有相对稳定性，从而在金融变迁和动荡的环境中，运用功能范式可以更清晰地把握金融与经济之间的内在关系及其演化趋势，使金融体系更好地适应外部环境对其功能要求的变化，因而用这种方法研究金融体系比机构方法更加准确和全面。况且，随着科技的进步和经济全球化的发展，金融创新日新月异，金融国际化和金融证券化风起云涌，在金融机构观下传统意义的两种金融结构（以银行中介为主和以金融市场为主）和两种银行制度（专业银行制度和混业银行制度）已出现趋同融合趋势。因此，使用功能分析视角，围绕金融功能的发挥来展开对金融发展的研究，才能够将历史比较与国际比较统一于同一个分析框架之下。

努力维持一个稳定的金融体系，并提高其运行效率是个世界性的课题，那么研究什么样的金融体系是稳定且具有效率则显得十分重要。由于金融机构会随着时间、空间的转移和基础技术的更新换代表现出不同的组织形式和运行方式，因此，从金融组织形式以及与此相关的金融制度来研究金融对经济增长的作用或者说金融体系的稳定性和效率性不具有指导意义。相反，由于金融体系的金融功能具有相对的稳定性，根据金融体系金融功能的发挥程度来对金融体系的稳定性和效率性进行研究得出的结论更加具有前瞻性。结合前面提到的功能金融的两个假定，一个兼具稳定和效率的金融体系，应该能够积极创造和充分使用各种金融工具和手段来动员社会闲散资源，然后在全社会按照效益最大化的原则进行配置，以此来提高全社会的投资效率，促进国民经济的增长。因此，根据 R. Merton 和 Z. Bodie 的功能金融理论，判断一个国家或地区金融体系稳定性和效率性的标准是金融体系能否创造出丰富多样的金融工具，充分动员社会储蓄并将聚集起来的资金进行高效配置，提高资本的边际生产率和全要素生产率，并有效进行风险分散和管理，促进社会福利的增长。

对于转轨国家尤其是中国来说，以功能分析方法规划本国的金融发展和稳定战略，就可以更好地利用金融的功能实现制度转轨，促进其经济增长和稳定，从而这一范式可以为政策制定者更有效地改革金融组织结构和体制指明方向。从这个意义上说，金融发展的最终目的就在于实现金融功能的良性发挥。相对于我国民族地区来说，金融体系是否稳定和具有效率的判断标准就在于其是否有利于民族地区经济结构的优化和经济效率的提高，最终实现民族地区乃至全国经济的可持续发展。

不过，这种金融功能观也有缺陷。丰富的金融工具、充分动员的社会储蓄，并不能保证社会资金的高效配置，更不可能有效地分散和管理风险，当然也就更谈不上优化社会的产业结构。因为资金的高效配置既有时间上的短期性，更有空间上的局部性，而只有使经济全局、长期的资金高效配置才能实现经济的可持续发展和实现产业结构的优化。从金融的分散和管理风险的功能来看也是如此。实际上，目前的金融是有风险要预防，没有风险创造风险预防。因此，仅仅沿着目前的逻辑并不能很好地认识金融的功能，不能解决金融的发展问题，更不可能解决产业结构的优化问题。

（二）一个运用金融功能观的先例

金融功能观是 R. Merton 和 Z. Bodie 于 1993 年提出的一种新的研究范式，实际上，利用这一范式研究金融问题却并不是从 1993 年以后才开始的。笔者在 1986 年就提出了"建立适合中国国情的金融体系"[①]，就是根据中国改革开放、经济发展对金融的要求，为充分发挥金融的作用，对中国金融体系的具体设计。

笔者认为，建立适合中国国情的金融体系，是建立具有中国特色社会主义的客观要求。既能体现金融业本身的要求，又适合中国国情，这是我们建立金融体系的出发点和指导思想。具体来说，一是要改变旧观念，坚持商品经济。长期以来，我们把计划经济同社会主义经济等同起来，党的十二届三中全会肯

---

① 冯彦明. 建设适合中国国情的金融体系［J］. 河北财经学院学报（现河北经贸大学学报），1987 (1).

定了社会主义经济是有计划的商品经济，提出了商品经济的高度发展是社会主义不可逾越的阶段，这是一切改革的理论基础。商品经济有以下几个特点：①纵横联系密切，没有部门界限。伴随商品流通的资金运动也是一个统一的整体，经营货币资金的金融机构就不可能有明确的分工，更不能人为地按社会经济部门实行专业化分工。②具有区域性。在经济发展过程中，由于自然等条件的影响，会形成具有地方特色的区域经济。由于各区域内的资金运动具有不同的特征，因此就要求设立不同的金融机构与之适应。③竞争。④国际化，即商品经济发展到一定阶段，必然突破国家的界限，成为国际化的商品生产。商品在国家间的流动就要求有经营国际金融业务的金融机构。⑤计划性。商品经济与计划并不是完全对立的，而是可以统一的，并且会逐渐加大其相交的面积。因为价值规律不仅要求在生产单个商品时使用必要的劳动时间，而且在社会总劳动时间中也只把必要的比例量使用在不同种类的商品生产上。价值规律的要求是客观的，人们有可能认识它并主动利用它，这是计划存在的基础。但由于客观经济过程纷繁复杂，不仅受价值规律支配，还受其他规律制约，单纯认识价值规律就不是件容易的事。因此，社会经济活动还要受市场自发调节。设立金融体系要体现计划与市场相统一的特点。二是充分发挥银行的作用。发展商品经济，要求充分发挥银行的作用。银行体系和银行作用是辩证统一的，没有合理的银行体系，就不可能发挥其应有的作用；要充分发挥作用，就要按照发挥作用的要求设立相应的银行体系。三是坚持国家管理。四是其他因素，包括地大物博，人口众多且农村人口多，生产力水平低，科学技术不发达。

正是基于以上发挥银行作用、适应商品经济需要的认识，笔者当时提出了设立三个层次的银行体系，一是中央银行。中央银行是直接体现国家对金融体系进行控制和监督的金融机构。为了组织全国的经济运行，对其他金融机构的设置和经营进行监督，并办理全国的清算业务，中央银行应按照经济区域适当多设分支机构，并且成立信息部。

二是四个政策性金融机构，包括中国农村银行（中国农业发展银行）、中国外贸银行（中国进出口银行）、中国投资银行（国家开发银行）和中国金融保险公司（存款保险公司）。

中国农村银行，全称是支持中国农村经济发展银行。建立中国农村银行体现了国家有计划支持农村经济现代化，体现中国国情的客观要求，是中国金融体系的特色之一。在当时看来，发展农村经济的关键，首先是要帮助农村树立商品经济观念，其次是从资金上给予实际的支持，在此要帮助农村开发本地资源，发挥本地优势，促进专业化协作。为此，建立中国农村银行就成为必要。中国外贸银行，全称是中国支持外贸经济专业银行。这是适合中国国情的金融体系的又一大特色。建立外贸金融机构是商品生产国际化的必然要求，是中国利用自身的资源和劳动力优势，是发展出口外向型经济（后称外向型经济），解决我国对外贸易落后局面，带动国内经济全面发展的必然要求。中国投资银行的建立，则是基于国家有计划地支持固定资产投资、改造，以及新技术开发和运用的需要，是发展我国落后生产力的客观要求。

三是完全靠市场调节的自主经营、自负盈亏的金融企业。其中第三层次的金融机构的设立可以通过两个途径，首先是对现有的工商银行、中国银行、农业银行等银行的改革；其次是放宽限制，允许以各种形式如私人、合伙、集团等开办多种金融机构。而且，当时笔者主张将中国农业银行和中国银行改革成第三层次的金融机构而不是改组成中国农村银行和中国外贸银行。

二、产业结构调整和优化的条件分析

前面我们介绍了金融功能观，说明金融可以发挥什么样的作用。相对于产业结构调整和优化来说，金融应发挥什么样的作用，怎样发挥作用，这首先取决于产业结构调整和优化的目标，以及为达到此目标所需要的条件。如果说产业结构调整和优化是需求，那么金融功能的发挥就是供给，供给只有满足需求才能形成现实的有效作用。因此，我们需要再返回来探讨产业结构的调整和优化所需要的条件。

虽然金融功能观为我们研究金融的发展和金融的作用，特别是研究金融作用于经济结构的调整提供了新的思路，但正如上面我们已经指出的，纯粹的金融功能观也有缺陷，因为虽然金融功能相对稳定，但经济对金融的需求是在不断演变的，而且是非常具体的，甚至是局部的。经济发展到底需要什么样的金融功能，这也并不是明摆着的，而是需要通过研究和探索去认识的。在经济发展过程中对金融功能的要求是否合理也是需要探讨的问题，恐怕并不是所有的要求都是合理的，而为了保证这种要求的合理性需要金融机构和组织如何配合，也是需要我们深入探讨和解决的问题。因此，在调整和优化产业结构的过程中，金融能否起到作用，或者说金融是否具备条件和能力对一个国家或地区的产业结构进行调整和优化，一个机构或组织需要具备什么样的条件才能有能力发挥调整和优化产业结构的功能，这需要认真分析。

肖大伟（2007）等人认为，现代金融工具的发展和金融市场的完善，为相应的金融活动提供了必要的条件，产业结构调整中的金融支持要在现代金融体系的建立和完善中进行。金融脱媒、金融管制的放松和资产证券化已成为现代金融业的发展趋势，这些趋势也正是金融支持产业结构调整的必备条件。① 因为通过发行商业票据，直接对相关产业部门提供金融资源的支持，促进了那些产业的发展。所以说，如果没有金融脱媒，一些金融资源就很难这样方便地投入到相关产业，那些产业也难以获得如此快速的成长。随着金融管制的放松，发达国家的一些汽车集团设立的财务公司，现在已能够对客户提供从购车到汽车关联消费所涉及的信贷、信用卡、保险甚至代客理财的全方位金融服务，直接支持了这些产业的发展。资产证券化的发展提供了多样化的流动性更强的金融工具，满足了资金运作高效率的要求，丰富了支持产业发展的金融手段。

显然，这是一种就事论事的研究方法，缺乏系统观念，对现实也缺乏指导意义。因为第一，金融脱媒会有利于产业结构调整，但银行机构即金融媒介化也会支持产业结构调整，我们并不能说资金集中于银行就完全不利于产业结构调整。因为资金总是要用的，资金的投向决定着产业结构调整的方向，而这一点对于银行或者其他任何方式的资金融通，其效果都是一样的。谁能保证金融脱媒后市场不会失灵？谁敢说证券市场的资源配置行为都是有效的？第二，能够为客户提供全方位金融服务的显然不仅仅或者说不一定是财务公司的作用，因此也不能说就是金融管制放松的结果。在现代经济条件下，即使金融管制不放松，通过金融监管，也会产生类似财务公司的机构，或者有其他机构发挥类似财务公司的作用，从而为汽车业的发展提供支持。第三，美国的次贷危机表明，资产证券化并不都是有效的，恰恰相反，还有可能刺激金融业产生更大的危机。因此，资产证券化确实提供了流动性，从而提高了资金的使用效率，但并不一定有利于资源的合理配置，因而并不一定有利于产业结构的优化。

实际上，这里的根本问题是，现在的大多数研究主要集中于金融对产业结构的调整（实为变动）的分析上，考虑更多的是第一、第二、第三产业之间的结构变动，既没有考虑整体产业结构的改善，更没有考虑到产业结构调整的深化——产业内和产品内分工的问题。进一步来说，谈论较多的是资源的分配结构，并没有考虑资源的分配方向；较多的是不同产业间资源分配的多少，没有考虑这样的分配是否合理？为什么合理与不合理？如何改善？比如人们认为，

① 肖大伟，高陆. 金融对产业结构调整和优化的支持［J］. 经济研究导刊，2007（7）.

资本具有自发的甄别产业利润、调整产业结构的功能，虽然我们不能否认这种功能对于产业结构的合理化和高级化有一定的促进作用，但如果因此就认为在完全市场化的金融运作体系中，资本将自动流向高利润率的行业和高投资回报率的企业，支持相应产业的发展并使产业结构的调整方向与需求结构相符，从而使产业结构合理化或高级化，这就未免有些过于简单，其结论也就会出现问题。高利润率的行业和高投资回报率的企业是否就是资本应该流向的行业和企业？我们应该清楚，决定行业利润和企业效益的因素很多，其中有些是合理的，有些是不合理的。这里不说合理的因素，从不合理角度讲，西方经济学中的垄断、外部性、公共品和信息不对称等导致市场失灵的因素必然会引导、造成误判。此外，委托—代理问题也不是偶然的和个别的。事实上，在产业结构高级化和现代产业结构的调整过程中，很多行业和技术都是不太成熟或者有较大风险的，这导致大多数人不愿意投资，势必会影响产业结构的调整。

那么到底产业结构优化需要什么条件？

（一）必要条件

前面我们已经说过，产业结构的调整无非就是资源的重新配置，而产业结构的优化就是对资源的最优配置。从一般意义上讲，产业结构的变动可能是"随意"的，也可能是"随利"的。这里都存在着不合理的成分。如何保证这种变动总是合理的，是朝着"改善"的方向前进呢？这就需要两个必要的条件：资金和信息。前面我们在探讨决定民族地区产业结构的模型时也说明，从根本上讲，决定一个国家或地区产业结构（不是产业结构优化）的因素有两个，一个是资金，另一个是信息。

1. 资金中心

资金，是指个人或单位经营工商业的本钱，是国家用于发展国民经济的物资或货币。资金的最初形式是货币资本，投入生产后就形成了生产资金和商品资金，最后通过出售返回到货币资金的形式。在原始经济和自然经济条件下，社会生产不存在资金的概念和形式，存在的知识生产的各种要素如劳动力、生产工具和劳动对象。但在商品经济产生之后，特别是在货币产生之后，资金的概念正式进入人们的视野，并且成为社会生产的基本要素和条件，进而产生了资本雇佣劳动。这也正是马克思提出货币（货币资金）是第一推动力和持续推动力的原因。直到现在，人类进入了信息社会，劳动者（掌握了信息的劳动力）的地位再一次回升到社会生产的主体，进而提出了"人本"的概念，提出了

"劳动雇佣资本"的呼声。但也许是由于历史的惯性，资本（资金）仍然是社会生产的基本要素之一，在社会生产中牢牢占据着统治的地位，发挥着第一推动力和持续推动力的作用。

也正因为如此，资金成为调节和优化产业结构的条件之一，或者说，调节和优化产业结构本身在一定意义上就是要重新分配资金，重新进行资源配置，重新进行投入产出。显然，这样的调节和优化只有在被调节和优化的范围内掌握了巨额、最好是几乎全部的货币资金才行，也就是说，调节者要成为其所调节范围内的资金中心，掌握几乎全部的货币资金，决定着这些资金的投资方向。

2. 信息中心

信息则是一个崭新而又古老的概念，之所以说其崭新，是由于进入 20 世纪特别是在 20 世纪的后半期，信息的概念才被人们越来越重视。但实际上，信息作为关于事物本身及其运动、变化的特征和人们对事物本身及其运动、变化特征的认识和概括，自人类产生以来就一直存在。随着社会经济的发展和信息论、控制论的广泛应用，不仅信息的意义越来越被人们所认识，而且很多人认为现在人类社会进入了信息时代。在信息时代，信息就是财富，信息资源在社会生产和人类生活中将发挥日益重要的作用。

实际上，迄今为止人类遇到和解决了无数的问题，这些问题看起来形形色色，表现形式多种多样，但归根结底都可以看做是信息问题，或者说是人类的认识问题。拿人们的日常生活最基本的内容吃饭来说，想不想吃？吃什么？何处吃？有没有？吃多少？怎样得到吃的东西？所有这些都是信息问题。从银行管理来看，不论是存款、贷款，还是表外业务，其开拓和发展都需要信息，都离不开信息，实际上也都是一个信息问题。我们不断要求搞市场调查，搞市场营销，进行贷款"三查"就是为了获得信息。再从有效管理世界经济来说，当年亚当·斯密提出了"看不见的手"的困惑，商品经济的进一步发展要求将"无形之手"变为"有形之手"，其中的关键就是信息。随着生产社会化程度的进一步提高，马克思、恩格斯设想的资本主义发展的新阶段——共产主义社会的"一切生产部门将由整个社会来管理，也就是说，为了公共的利益按照总的计划和在社会全体成员的参加下来经营"。其中的公共利益、总的计划、所有社会成员也是一个信息问题，尤其是要制定总的计划，离开信息是不可能的。当前，世界经济的一体化趋势不可当，全球化本身就是信息，世界经济一体化要求在全世界范围内有效分配资源。在全球化面前，个人、企业、银行、国家要参与世界性经济活动，这就不仅需要掌握一个人、一些企业、一个国家内部的各种信息，更要了解、掌握全球的信息。

经济信息是决策和计划的基础。科学的决策与计划必须以全面反映客观经济过程的信息为依据。不掌握信息只能拍脑袋、瞎指挥，信息不准确也会导致决策失误。只有掌握充分可靠的经济信息，才能准确把握形势，了解情况，不失时机地作出正确决策。经济信息也是控制和监督经济活动的依据和手段。因为决策和计划毕竟是建立在事先预测的基础之上的，是否符合实际，还需要在实施过程中检验和不断、及时作出调整。这就需要信息的反馈，根据返回的信息及时发出调节和控制指令，以保证经济系统正常运行。经济信息还是个管理阶层、各经济环节相互沟通、形成有组织的活动的脉络和纽带。整个国民经济是一个多层次的大系统，包括数目繁多的部门、行业、企业等，必须借助于信息流通上传下达，左右通气，才能正常运行。

3. 资金中心与信息中心的关系

上面说明，资金（资本）是最直接的要素，发挥着产业发展和产业结构变动的第一推动力和持续推动力的作用，决定着购买什么，从而也决定着产出什么；而信息虽是后发要素，在人类最初的生产活动中并没有受到重视，但在现代社会中则是不可或缺的要素，也是最基本的要素之一，决定着购买什么，为什么购买，购买多少，因而决定着生产的方向。如果说信息是决策的前提，资金就是决策的根基，信息决定了资金的投向，资金的规模则决定着投量。由投入—产出—投入，形成了一个闭环，也就决定了社会的产业结构。因此我们说，资金和信息两个要素就已经决定了产业的结构。

当然，这并不是说只要有资金和信息就能决定产业结构，更不是说有了资金和信息就能决定产业结构的合理和优化。一方面，产业结构是一个国家或一个地区的，资金和信息也必须是一个国家或一个地区的，只有拥有这个国家或这个地区的足够的资金和信息，或者准确地说，只有成为这个国家或这个地区的资金中心和信息中心，才能决定其产业结构。另一方面，成为一个国家或一个地区的资金中心和信息中心，也只是为决定这个国家或地区的产业结构提供了必要条件，这个国家或地区的产业结构是否合理或优化，还取决于其他因素——充分条件。

（二） 充分条件

货币（资金）是固定地充当一般等价物的特殊商品，信息则是固定地充当决策基础和前提的一般商品。货币和信息本身都不具有阶级属性，因而都具有两面性，掌握资金和信息、调节社会产业结构的机构主体（金融机构）只有正当、合理使用这两个要素，才能实现产业结构的优化，否则，就会产生相反的效果。前面我们借鉴国内外经验证明，金融在调整和优化产业结构中是有作用的，但也必须清楚，从现实情况看，我们还没有任何制度或机制保证任何机构、包括金融机构能完全正当、合理地使用其所掌握的资金和信息，或者说，纯粹的金融发展并不能有效促进产业结构的改善。因为这里面都包含着价值判断问题，而金融作为一种企业形式，可能存在着严重的短视症和短期行为。小至内蒙古鄂尔多斯民间金融危机、大至美国次贷危机都说明了这一点。金融资金流向的盲目性表明金融的作用没有得到很好发挥。其实这种盲目性在国内外都存在。因此，应提出完善金融敏感性和导向性的做法和思路。也就是说，要正当、合理使用资金和信息两个要素，机构主体（金融机构）还必须满足两个条件，一是要主动承担起社会责任，二是要受到政府政策的有力支持和约束。

在间接金融主导的模式下，要想有效地进行产业结构的调整，实现产业结构的合理化和高级化，就必须要求银行部门有强烈的社会责任感和高超的分析判断能力，因为这时的资金都掌握在银行手中。

在直接金融主导的模式下，投资决策（资金来源决策）权掌握在投资者——投行、公众（股东）手中，这时要实现产业结构的合理化和高级化，就必须要求被投资者（企业）充分的信息公开，同时投资者能够理性地作出判断。

1. 社会责任

所谓企业社会责任（Corporate Social Responsibility，CSR），也就是企业应承担的社会责任，是指企业在其商业运作过程中对其利害关系人应负的责任。其中的利害关系人是指所有可以影响、或会被企业的决策和行动所影响的个体或群体，包括员工、顾客、供应商、社区团体、母公司或附属公司、合作伙伴、投资者和股东等。企业社会责任的概念是基于商业运作必须符合可持续发展的理念。企业除了考虑自身的财政和经营状况外，也要考虑其对社会和自然环境所造成的影响；除了考虑当前的利润之外，还要考虑未来的发展需要。企业的社会责任要求企业必须超越把利润作为唯一目标的传统理念，强调要在生产过程中对人的价值的关注，强调对环境、消费者、社会的贡献。

企业的社会责任经历了一个不断演变的过程。早期的企业的社会责任局限于业主个人的道德行为之内。古典经济学理论认为，一个社会通过市场能够最好地确定其需要，如果企业尽可能高效率地使用资源以提供社会需要的产品和服务，并以消费者愿意支付的价格销售它们，企业就尽到了自己的社会责任。

到了 18 世纪末期，西方企业的社会责任观开始发生了微妙的变化，表现为小企业的业主们经常捐助学校、教堂和穷人。

进入 19 世纪以后，两次工业革命的成果带来了社会生产力的飞跃，企业在数量和规模上有较大程度的发展。这个时期受社会达尔文主义思潮的影响，人们对企业的社会责任观是持消极态度的，许多企业不是主动承担社会责任，而是对与企业有密切关系的供应商和员工等极尽盘剥，以求尽快变成社会竞争的强者。随着经济和社会的进步，企业不仅要对盈利负责，而且要对环境负责，并承担相应的社会责任。20 世纪 80 年代，企业社会责任运动开始在欧美发达国家逐渐兴起，它包括环保、劳工和人权等方面的内容，由此导致消费者的关注点由单一关心产品质量，转向关心产品质量、环境、职业健康和劳动保障等多个方面。一些涉及绿色和平、环保、社会责任和人权等的非政府组织以及舆论也不断呼吁，要求社会责任与贸易挂钩。迫于日益增大的压力和自身的发展需要，很多欧美跨国公司纷纷制定对社会作出必要承诺的责任守则（包括社会责任），或通过环境、职业健康、社会责任认证应对不同利益团体的需要。

近些年来"企业社会责任"的思想广为流行，英国《金融时报》曾提出公布企业的道德指数，《财富》和《福布斯》等商业杂志在企业排名评比时也加上了社会责任标准。美国学者戴维斯认为，企业之所以要承担社会责任，就源于它的社会权利，即企业能够对诸如少数民族平等就业和环境保护等重大社会问题的解决有重大的影响力，因此社会就必然要求企业运用这种影响力来解决这些社会问题。为了承担和完成这种社会责任，要求企业成为一个双向开放的系统，即开放地接收社会的信息，要让社会充分了解它的经营。为了保证整个社会的稳定和进步，企业和社会之间必须保持连续、诚实和公开的信息沟通。企业的每项活动、产品和服务，都必须在考虑经济效益的同时，考虑社会成本和效益。也就是说，企业的经营决策不能只建立在技术可行性和经济收益之上，而且要考虑决策对社会的长期和短期的影响。

尽管如此，世界各国，包括欧美发达国家公司在履行社会责任方面并不值得称道，最近一次的金融危机就是由美国金融系统的自利性与货币性资产的公共性矛盾引发。

美国是以私有制为基础的资本主义国家，资产阶级的自利性与资本家的生产方式相结合形成美国以私有制为基础的经济体制。资产阶级的自利性在美国得到了法律有效保障，而且在美国的意识形态中也一直得到宣扬。从 20 世纪 30 年代亚当·斯密的古典自由主义思想到 20 世纪 80 年代的新自由主义思想都一直认为经济人的自利性是市场经济的基础。从理论上分析，经济人的自利性是争取自身利益的最大化，在不损害别人利益基础上有利于市场效率的提高，但是在资源稀缺的条件下过分强调自身利益最大化必然会影响到别人的既有利益，不利于整体效率的提高，少数人自利性强化到极点必然会引起市场重整。前美联储主席格林斯潘、现美国证监会主席考克斯、政府监管和改革委员会主席瓦格斯曼等都认为金融危机源于自利性。当然这种自利性主要是指美国金融系统的自利性。

美国金融系统的自利性包括金融企业的自利性和金融家的自利性。无节制的金融家的自利性是一个极其严重的问题，无节制的金融企业的自利性也是一个严重的问题。金融企业无节制的自利性主要表现为金融企业利用金融作为现代经济核心的特殊地位，实现对实体经济的控制，并越来越多地占有超额垄断利润。近10年，整个美国金融行业所创造的利润竟占美国所有企业利润的40%左右。而在40年前，这一比例仅为2%左右。商业银行在低利率的时期为了追逐利润，把贷款贷给信誉程度比较低的贷款人，可是，当2004年美国政府调高利率之后，这些人的贷款就还不起本息了，造成一连串连锁反应。当他们还不起钱的时候房屋就给收回去了，地产市场就会有严重的供大于求的现象，所以价格就会降低，存在着泡沫的房价一破裂之后就会引出整个股市、整个金融市场的萎缩。投资银行在追逐利润动机驱使下，不断推出规模庞大、结构复杂、透明度低的金融衍生品。2007年美国实物经济与金融衍生品比例竟为1:9。金融企业在追逐利润同时承担较少的风险和不相称的社会责任，在有限公司的制度下，金融企业只承担有限责任，在以利益最大化的目标下，金融企业承担较少的社会责任，一切以盈利为目标。在奉行自由主义思想的政府监管下，金融企业的自利性和金融家的自利性得不到控制和监督，金融危机是早晚必然出现的事。

金融企业的自利性其实是金融家们的自利性的表现。在美国金融危机中，金融家们无节制的自利性主要表现为只要金融家们继续能够因短期盈利而受到薪酬的激励，金融企业就会继续冒不安全的风险，然后由股东、债券持有人甚至有些时候纳税人来承担后果。例如，为挽救美国国际集团，美国政府提供了1700亿美元。这笔资金本来是要解决公司的问题，但令人没想到的是公司的高管们竟要求支付给他们2008年的奖金1.65亿美元。要知道1700亿美元可是纳税人的血汗钱，可是这些高管们却并没有感恩的心。又例如，2008年美国第四大投资银行雷曼兄弟控股公司亏损20亿美元，英国巴克莱银行提出要收购雷曼兄弟。但是公司的管理人员没有想到要救公司，而是先想到自己趁机在收购当中捞一把，八名雷曼兄弟的高管人员竟然要求英国巴克莱银行支付给他们25亿美元的红利。最后的结果当然是收购未成，雷曼兄弟破产。也正是雷曼兄弟控股公司的破产引发多米诺骨牌效应，使美国金融危机扩展到了全世界。①

如果说美国的次贷危机已昭告天下，次贷的问题显而易见，次贷永远不可能成为优贷，次贷危机引起的损失不是风险，而是必然，那么建立在次贷基础上的资产证券化和房屋止赎则显示的不仅仅是次贷本身的问题，而是美国社会全方面的问题，弄虚作假，喧哗浮躁，无法无天。其中一个重要的方面就是社会责任流于形式。可以看出，别说是一般工商企业，就连作为美国经济综合部门和神经中枢的金融机构，在次贷危机累积过程中和发生之后也是普遍弄虚作假，坑害消费者和投资者，毫无社会责任可言。

为此，作为社会生产结构调整和优化的机构主体，只有主动承担起社会责任，承担起保证社会经济可持续发展的社会责任，承担起奖优罚劣、奖勤罚懒的社会责任，承担起研究社会经济发展规律、指明社会经济发展方向的社会责任，才能达到其既定的优化目标。

2. 政府政策

一个或一类机构主体如果要承担起优化产业结构的重任，除了完全具备两个必要条件即成为社会的资金中心和信息中心之外，还要愿意并能够承担社会责任，同时也要能够得到政府的政策支持和监管约束。也就是说，我们这里所说的政府政策包括两个方面内容，一个是政府政策支持，另一个是政府政策约束。这两个方面相互联系，相互促进，共同作用于银行，实现产业结构的有效调整和优化。

政府直接管理经济具有一定的局限性。政府是国家公共行政权力的象征、承载体和实际行为体。政府的行为有其特点，一是从行为目标看，政府行为一般以公共利益为服务目标，在阶级社会里，它以统治阶级的利益为服务目标。二是从行为领域看，政府行为主要发生在公共领域。三是从行为方式看，政府行为一般以强制手段（国家暴力）为后盾，具有凌驾于其他一切社会组织之上的权威性和强制力。四是从组织体系看，政府机构具有整体性，它由执行不同职能的机关，按照一定的原则和程序结成严密的系统，彼此之间各有分工，各

---

① 廖旗平. 美国金融危机对中国高校金融人才培养的启示［J］. 广东农工商职业技术学院学报，2010（8）.

司其职，各负其责。由此可以看出，由于经济活动有自身的规律性，虽然政府也具有管理经济的职责，但其地位和行为特点决定了其不可能直接管理经济，也不可能管理好经济，所以管理经济、调整产业结构的重任职能交由专业的经济主体来完成。

当然，纯粹的经济主体来管理经济，调整产业结构也有其局限性，这就需要政府的配合和支持。第一，市场总会有失灵的情况，经济主体管理市场和经济活动总会受到其利益的限制，难免出现"身在庐山"的情景，这时就需要作为社会管理者的政府发挥有形之手的作用，站在更高的角度指正经济主体的行为。第二，政府掌握着财政、税收、利率、准备金率等政策手段，为支持和鼓励经济主体发挥管理经济的职能，需要综合利用这些手段，支持和限制并重，鼓励和惩罚共用，支持和鼓励那些管理职能履行好的经济主体，而限制和惩罚那些管理职能履行不好的机构。第三，政府还掌握着产业政策和投资政策，这是决定国家或一个地区产业发展方向的重大政策措施，这些政策的落实需要经济主体的有效配合，而经济主体在调整和优化产业结构时也必须考虑政府的这些政策。第四，在很多情况下，经济主体在利用经济手段管理经济、调整产业结构的同时，也确实需要政府的有效配合，比如对特定地区和行业实行税收、利率优惠等政策。第五，经济活动本身虽然有自身的规律性，但也必然和必须受到上层建筑即政府的影响和支配，特别是政府的重大战略决策会在很大程度上决定其资源配置，因而决定着产业结构的变动。经济主体只有与政府有机配合，才能发挥好其调整和优化产业结构的作用；政府在进行重大决策时如果能与经济主体进行有效的沟通和协调，也增加了其战略实现的便利性和可能性。

三、金融功能的演进：银行优化产业结构的条件分析

（一）传统金融功能观综述

随着金融功能观的提出，"金融功能"这一概念也正式进入人们的研究视野。然而事实上，由于金融功能是指金融相对实体经济而言所起的功效和作用，是金融与经济关系的实质，因此对金融自身功能的研究远在此之前便已展开。追根溯源来看，金融发展理论乃至金融经济学都对金融功能作出了丰富而深刻的阐释。

在 20 世纪 70 年代以前，先哲们主要是从金融的某一项功能出发对金融在经济增长中的作用加以认识的。如亚当·斯密强调金融的媒介功能、熊彼特从金融的信用创造功能、格利和肖从金融的储蓄转化为投资的中介功能、帕特里克从金融的资源配置功能、希克斯从金融在提供流动性以分散风险方面的功能等不同角度来认识这个问题，而戈德史密斯则强调金融的动员储蓄和配置资源功能。这些研究为后人们提供了丰富的思想资源。

20 世纪 70 年代诞生的现代金融发展理论主要以发展中国家为研究对象，重点研究金融发展与经济发展的关系，从而对金融体系的功能进行了更为深入的探讨。麦金农和肖分别从金融压制和金融深化两个角度论证了发展中经济的金融发展与经济发展的辩证关系。在论及金融体制如何影响经济发展时，麦金农提出了渠道效应论，认为货币当局改善货币供应条件、提高货币的实际收益率后，货币会成为一种有吸引力的价值贮藏手段，从而使资本积累过程借以进行的这种渠道得到扩大，促进经济发展。肖则提出了债务中介论，认为货币只是一种债务中介而非社会财富，金融中介的任务就是吸收储蓄，并通过引入各种金融资产拓展储蓄者对投资机会的选择空间，使储蓄转化为投资。

麦金农和肖创立的金融发展理论将金融体系对于经济发展的重要作用提至一个前所未有的高度，对金融的促进资本形成和资源配置功能机理给予了详细论证，并强调了以市场化和自由化促进金融发展、从而有效发挥金融机制的功能来促进经济发展这样一种基本思路。

20 世纪 90 年代以来，目睹金融自由化的尝试大多以失败告终，理论和实践的困境促使一些经济学家突破了麦金农—肖的分析框架，利用新的研究方法来研究金融体系的发展及其作用，并相应提出了一系列政策主张，包括金融约束理论、内生性金融发展理论等，以及前面述及的基于内生性金融发展理论提出的金融功能观点。赫尔曼（Hellmann）、默多克（Murdock）、斯蒂格利茨（Stiglitz）等把不确定性、信息不对称、不完全竞争、外部性理论引入金融发展理论，提出了金融约束理论（1996）。这一理论认为，对于金融发展水平较为低下的发展中国家而言，金融深化具有极大的社会福利效应，因此应当鼓励银行积极开拓新的市场。但是竞争性体系会使银行产生内在的不稳定性（信息问题导致高昂的交易成本），且银行在开拓新市场方面的相关信息具有公共品性质，所以不仅银行没有动力，而且自由竞争也达不到社会的最优结果。这时就需要政府发挥积极作用，利用一组金融政策如存款监管、市场准入限制、限制资产替代等，将实际利率控制在竞争条件以下的水平，为金融部门和生产部门制造租金机会，从而激励这些部门在追逐租金机会的过程中把私人信息并入到配置决策中，缓解那些有碍于完全竞争的与信息有关的问题，以此促进金融发展和经济发展。金融约束理论充分认识到金融部门在处理信息不对称方面功能的优势和劣势，重视在金融配置资源过程中政府的角色，不再停留在任由金融功能的自由发挥，而是进一步主动运用金融机制的有效部分，弥补非完全信息条件下市场化金融的缺陷部分，以暂时的约束作为培育金融功能发展的过渡性手段。

内生性金融发展理论将金融中介作为宏观模型的内生部分，围绕以下两个问题展开研究：一是解释金融体系的内生生成，二是论证金融作用于经济增长的内在传导机制以及金融发展与经济增长之间的因果关系。在理论上突破了仅在资本积累和资本效率上对经济增长效应的理解，将金融与经济之间作用的微观机制作为研究对象，在实证中检验金融发展与经济增长的因果和相互作用关系。其代表人物莱文提出，在改善交易和信息成本中，金融体系最主要的功能是在不确定的环境中，便利资源在时间和空间上的配置。这一主要功能又可分解为五个基本功能：便利风险的交易、规避、分散和聚集；配置资源（主要是指信息揭示功能对资源配置的作用）；监管经理人员，促进公司治理；动员储蓄；便利商品和劳务交换。莱文通过检验资本积累和技术创新两个渠道，论证了每一种金融功能均可能影响经济增长，即金融体系通过影响资本形成的比率和改变技术创新率来影响经济增长。

摩顿和博迪将金融的核心功能归纳为：便利资源在不同时空和不同主体之间的转移；提供清算和结算支付的途径以完成交易；为储备资源和在不同的企业中分割所有权提供有关机制；提供管理风险的方法；提供价格信息，帮助协调不同经济部门的决策；解决信息不对称带来的激励问题。

中国学者对金融功能也作了较多的探讨，从不同的角度提出了很多有益的观点。总体来看，大家认为金融体系具有以下三大核心功能：一是便利清算和支付的功能。金融体系提供完成商品、服务和资产清算和结算的工具。不同的金融工具在功能上可以替代，运作它们的金融机构也可以不同。二是聚集和分配资源的功能。金融体系能够为企业或家庭的生产和消费筹集资金，同时还能将聚集起来的资源在全社会重新进行有效分配。三是风险分散的功能。金融体系既可以提供管理和配置风险的方法，又是管理和配置风险的核心。风险的管理和配置能够增加企业与家庭的福利。风险管理和配置功能的发展使金融交易和风险负担得以有效分离，从而使企业与家庭能够选择其愿意承担的风险，回避不愿承担的风险。此外，金融体系还具有充分挖掘决策信息和有效解决委托—代理关系中激励不足的问题。

（二）金融功能的演进：银行成为资金中心和信息中心

从对金融功能研究的综述可以看出，理论界对金融功能的研究不仅起步较早，而且研究得也比较全面、深入。所谓比较全面，是说不同的研究从不同的层面展开，可以说已面面俱到；所谓深入，是说从表面的总结到体制、制度的分析，对金融的作用作了比较客观的评价。但毋庸置疑的是，这些研究都留下了就事论事的烙印，陷入到了西方学者们见树不见林的误区。虽然白钦先先生试图打破这种怪圈，系统总结和逻辑阐述金融的功能，但也由于对功能的定位不准，概念不清，而使自己的研究虽可能有一时热闹，实际却是漏洞百出。

由于种种原因，我们这里不系统探讨和阐述金融功能的演进过程，而单就金融的最直接、最终同时也是最典型的代表——银行的功能作一阐述。① 因为，迄今为止，或者说直到我们可以预测到的未来一段时间内，能够成为社会经济的资金中心和信息中心的机构主体只有一个，这就是金融机构，准确地说，是银行。

我们知道，银行是商品经济发展到一定阶段的产物。现代商业银行是从早期的经营货币兑换业的钱商开始发展和演进的。

过去银行的作用是比较小的，只不过是在信贷和收付业务上起着简单的中介人的作用，即接受存款和发放贷款，银行的业务通常也只限于纯粹的信贷业务。19 世纪末 20 世纪初，世界主要资本主义国家迈进帝国主义阶段。帝国主义是商品货币关系充分发展的资本主义。在资本主义向帝国主义过渡的过程中，随着工业垄断组织的出现和发展，银行业也出现了垄断。银行垄断的出现使银行与工业企业之间相互关系的性质发生了变化，银行的作用也随之改变了。由于银行的集中和垄断，出现了少数大银行垄断组织，他们统治着整个信贷体系，不仅成为万能的垄断者，而且成了垄断资本集团的核心。

银行垄断形成的条件和表现是大银行拥有了雄厚的经济实力以及极其广泛的分支机构。在从自由竞争向垄断过渡的过程中，各主要资本主义国家的银行通过竞争、吞并、合并，形成了以几家大银行为中心、分支机构广泛分布的金字塔式的银行网，就像几个完整的蜘蛛网一样，造成了非常广泛而稠密的关系和联系网。这个密网控制了几乎所有的银行，集中了几乎所有的资本和货币收

---

① 为了简化起见，我们这里也不严格区分功能和作用，而是把两者混为一词使用。

入。这些金融垄断者凭借自己雄厚的经济实力，利用产业资本家对借贷资本的高度依赖性，不仅控制了大的产业资本家和业主，参与他们的经营，控制他们的资本，决定他们的存亡，也成为垄断资本集团的核心。

过去，正是以上种种变化和条件，银行在经济中的地位和作用根本改变了。银行垄断的形成，大银行不仅掌握着全国主要的资金来源，决定着全额资本的投向，成为生产资料的公共分配形式，而且通过众多的分支机构能够了解全国各地各企业的生产经营状况和市场供求情况。同时，全社会的汇兑、结算等一切货币资金的活动最终都通过银行办理，这使银行体系有可能成为全社会经济生活的中心，在全国范围内调节国民经济运行。万能垄断者的形成，使银行不仅能了解企业的一切经营活动和经营情况，而且能够控制企业的生死存亡，并能够在全社会范围内分配资金，决定社会的生产结构，从而决定国民经济的循环。银行成为垄断资本集团的核心，确立了银行在社会经济中的中心地位，更加强了其调节国民经济运转的能力。

正是由于银行的作用发展到了如此登峰造极的地步，第二次世界大战后，发达资本主义国家基本上都把发行银行收归国有，建立了以国家货币当局和国家中央银行为中心的货币调节体系，从而把作为资本主义国家神经中枢的银行体系的领导权直接掌握在国家手中。这是国家垄断调节体系得以建立的重要基础。

不过，正像"调节"一词之含义所表明的，调节是在数量、程度、规模等方面进行调整，使其符合标准。这意味着调节是事后的行为，是被动的行为，是被迫的行为。如何变事后为事前，变被动为主动，变被迫为自如，这是摆在所有经济管理者（实际上是所有人），尤其是高层管理者面前的最急切需要解决的问题。现代新技术革命的出现为我们带来了希望和福音。这一轮史无前例的新技术革命不仅对世界的经济产生了巨大的影响，而且也以史无前例的方式激烈地冲击着银行业，影响进而推动着银行业的发展。

在新技术革命的推动下，银行开始建立综合电子通信系统，由通信卫星、电视、电话、电传、中央电子计算机和终端机组成的电子通信网络不仅实现了银行内部的联机，而且实现了银行与银行的联机，实现了银行与个人、银行与企业，以及银行与政府机构等所有顾客的联机。拥有电子计算机的银行，除了向生产企业做业务外，还通过提供各种便利，使银行业务转向广大的社会成员，转向消费者个人。这就改变了人们的观念和生活方式、通信方式和交易方式，因而也改变了人们使用货币的方式以及与银行发生联系的方式。现在，银行顾客可以在家里或在办公室里，甚至在路上从银行提款，向银行存借款，或要求银行提供各种服务。在今天人们的生活中，从生产、消费到娱乐、医疗、教育等几乎所有的方面都与电子计算机结下了不解之缘。家庭经济的相当一部分转化为银行业务，这不仅使银行业务大众化了，而且还改变了银行顾客的需求。现在，他们不仅要存款、借款、取款，而且越来越多地要求银行让他们直接接触信息和数据，自己做出金融决策，有的顾客还委托银行为他们管理资产。

电子计算机技术和先进的通讯技术广泛运用于银行的计划管理、业务管理、组织控制之中，这标志着银行业进入了电子化阶段。电子银行业造成了全国乃至全球一体化的金融市场和信息市场，能够在几秒钟内把资金和信息输送到世界的任何一个角落，大银行可通过卫星脉冲和全球的电子计算机转账中心收集信息资料，并向它的顾客提供信息和资金。

近几十年兴起的电子商务、大数据、云计算以及金融互联网和互联网金融使银行在信息方面的优势更加明显。以供应链金融和互联网金融为例，两者均大大缓解了长期存在的信息不对称程度，极大地降低了交易成本。供应链的核心价值之一在于整合信息资源，实现上下游企业间的有效沟通，减少信息在供应链中传递的损耗，最终达到信息共享、降低信息不对称的目的，以供应链管理与客户关系管理为核心的信息管理系统以及物联网技术使供应链金融参与方能够实现信息共享。而互联网金融则体现了互联网技术与金融体系的双向渗透，不断发展的搜索引擎与云计算等后台技术使互联网金融机构能够对潜在客户实现精准识别，建立在大数据基础上的数据挖掘技术使获取用户行为信息成为可能，社交网络平台的快速发展使公众间信息更加透明。[1]

金融体系的核心是信息的处理，而在金融信息中，最核心的是资金供求双方的信息，其中又以资金需求方即借款人、发债企业、股票发行企业的信息最为重要，这是风险管理和金融资源配置的基础。在云计算强大技术的保障下，资金供求双方的信息通过社交网络进行展现和扩散，然后被搜索引擎进行组织和标准化，最终形成了时间上连续且能实现动态变化的信息序列。由此可以测定出任何资金需求者或机构发生风险的概率。[2]

在充分的信息和强大的数据处理技术的支持下，银行对项目贷款的风险控制可以变事后监管为过程控制。对重点项目、重大潜在风险客户、关键实际控

---

① 谢蕾，许长新，卢小同. 供应链金融与互联网金融的比较研究 [J]. 会计之友，2014 (35).

② 韩壮飞. 互联网金融发展研究——以阿里巴巴集团为例 [D]. 河南大学硕士学位论文（专业学位），2013.

制人、关联交易对手等的财务数据与非财务数据可以进行 24 小时的过程监管，观测贷款使用是否发生偏离，异常财务数据是否出现，项目建设进度与资金支付进度是否匹配。大数据违约模型风控数据系统可以内嵌上千条规则，一旦实时评估结果触发红线，预警系统启动，银行就可以及时采取措施，就可以真正把风险控制在萌芽状态。①

新技术革命给世界经济以如此的影响，把信息推到与资本并驾齐驱的地位，信息被称为"无形的财富""世界的第二资源""社会进步的三大支柱之一"。电子银行业的发展使信息和资金同时成为银行的两大商品。银行既是信用中介又是信息中介，既是资金中心又是信息中心。由于银行经营货币资金这种特殊商品以及新技术的武装，在信息业中占据了天时地利人和的有利地位，银行事实上成了社会经济生活的组织者。

银行成为整个社会经济生活的中心，组织全国的经济运行，将是金融功能的又一次质的飞跃，标志着银行从单纯"头疼治头、脚疼医脚"的事后调节者，转向收集、分析、分配社会信息，特别是经济信息，合理分配社会资源，形成合理的生产规模和生产结构，从而保证整个国民经济的正常运行的经济组织者。

相对于整个国家的经济来说，电子技术的应用，不仅提高了银行的工作效率，而且克服了原来生产的无政府状态，使原来一个以垄断集团的银行为中心的分离的、封闭的信息系统变成了公开的以中央银行为中心的统一的信息系统，这就使中央银行不仅能对社会经济进行事后调节，而且能对社会财富进行事先分配，从而使中央银行对社会经济的潜在组织者变成现实组织者。

银行从调节者向组织者的转变并没有多少神秘之处，主要是由于它集资金分配（货币发行）中心和信息中心于一身，这样，银行实际上成了价值规律的化身，使价值规律从无形变成了有形，变成了可以直接操纵的东西，这是社会经济发展的必然。

（三）证券市场不具备调整和优化产业结构的条件

应该说，银行机构和证券市场都是金融市场的有机组成部分，在调整和优化产业结构时都有作用。但从对一个国家特别是对一个地区的产业结构的调整和优化来说，银行类机构就有着得天独厚的优势，可以在其中发挥主导甚至决定性作用。而与此相对比，证券市场本身则不具备这样的条件和优势，在调节

---

① 孙杰，贺晨. 大数据时代的互联网金融创新及传统银行转型［J］. 财经科学，2015（1）.

和优化产业结构中只能起补充和配合作用，原因有以下四点。

第一，一般对产业结构调整的研究都缺乏对其中的价值判断（结构改善）的分析。而从目前的现实来看，证券市场融资也缺乏对这方面的考虑。人们在决定是否投资（购买股票）虽然从理论上讲也要进行行业分析，但实际主要是根据当时市场的趋势和企业的盈利率决定。显然，这是已经成为现实的融资（多数是二级市场），虽然可以给产业结构调整一个导向，但并不能改变产业结构。同时，这里的盈利也是历史的，此外，人们在决策时也缺乏价值判断，再加上信息不充分，因此，证券市场的产业结构调整功能是有限的。尤其重要的是，证券市场决策很少体现出产品内分工的问题。

第二，证券市场是一个分散、完全自由的市场，证券市场在客观上产生和分配着大量的资金和信息。但纯粹的证券市场不是一个主体，而是一个场所，证券市场本身也不能掌握和分配资金和信息，这些资金和信息都是掌握在分散的投资主体手中。

第三，证券市场虽然有证券交易所等类似的机构进行管理，但证券交易所主要是提供交易的场所和制定交易的规则，并不能对资金和信息的流动进行干预，因而也不具备调整产业结构的能力。

第四，证券市场的各类投资主体都各有其属，比如证券公司归属投资银行，这些投资主体才是资金和信息的真正使用者，也是影响和决定产业结构变动的经济主体。

四、银行作用于产业结构优化的机理

前面我们说明，产业结构调整的基本条件在于资源配置。相对于我国民族地区来说，产业结构优化的基础是资源配置，目标是发挥民族地区优势，适应民族地区需要，原则是在因地制宜和以人为本的基础上实现民族地区经济、社会的可持续发展。由此可见，不管影响产业结构调整和优化的因素有多少，产业结构调整和优化的基本机理都是产业选择和资源配置。

从相近的角度看，如果说产业选择是信息问题，那么资源配置就是资金问题；如果说产业选择包含了社会责任，那么资源配置在一定程度上就需要政府的政策支持。如果说产业选择是建立在充分信息基础上的正确决策，体现了国家和地区的产业政策导向，就不仅说明决策者承担了社会责任，也说明其得到了国家和地区的政策支持。如果说资源配置是建立在充分的信息基础之上的，那么其配置过程肯定也体现和承担了社会责任，反映了国家和地区的政策导向和产业发展需求。实际上，从整体来看，产业选择和资源配置是一个问题的两个方面，就像资金和信息相互依存，社会责任和政府政策相互促进一样，四个方面组成充要条件，决定产业选择和资源配置，从而决定了产业结构的优化。

由此也可以看出，银行在调整和优化产业结构方面的优势是得天独厚的。而与此相对比，证券市场虽然也有产业选择和资源配置的能力，但由于资金和信息分散，难以形成统一的中心；同时证券市场是几乎完全市场化的场所，很难承担社会责任，也难以受国家和地区政策的制约，因此在产业结构的调整和优化过程中只能起配角作用。

第五章　"一带一路"战略对民族地区金融业的需求

一、"一带一路"战略为民族地区发展提供了机遇

"一带一路"战略是以习近平为总书记的党中央提出的惠及东南亚、南亚、西亚、北非、欧洲沿线各国，应对全球金融危机，谋求经济持续发展的宏大战略构想。"一带一路"东连亚太经济圈，西系发达的欧洲经济圈，覆盖了60余个国家，涉及近50亿人口，被认为是"世界上最长、最具有发展潜力的经济大走廊"。这一地区地域辽阔，有丰富的自然资源、矿产资源、能源资源、土地资源和宝贵的旅游资源，被称为21世纪的战略能源和资源基地。不过，由于该地区交通不够便利，自然环境较差，经济发展很不平衡，存在着两边高中间低的现象，即欧洲和中国的东部地区经济发展水平相对较高，而广大的中国西部地区和西亚、北非以及东南亚和南亚的部分地区经济发展水平较低。

按照规划，"一带一路"在中国覆盖了十六个省、市、区，也就是说，"一带一路"沿线正好包含了除西藏和贵州之外的，内蒙古、新疆、宁夏、广西和青海、云南等传统的中国经济发展相对落后的民族地区①。因此，"一带一路"战略的实施不仅为民族地区人民脱贫致富和经济腾飞提供了机会，更体现出民族地区在中国国家整体战略中的地位和作用。

（一）有利于地区间协调发展

改革开放三十多年来，我国综合国力得到巨大提升，但由于实行的是非均

---

① 中国的"民族地区"有四种划分方法，一是仅仅指五大民族自治地区，即新疆、内蒙古、西藏、宁夏、广西；二是5个自治区、30个自治州、120个自治县（旗）；三是包括五大自治区和青海、云南、贵州三省；四是在五大自治区基础上加上青海、云南、贵州、四川、重庆、甘肃、陕西七省、直辖市。

"一带一路"覆盖了内蒙古、新疆、青海、甘肃、陕西、宁夏、重庆、四川、广西、云南以及江苏、浙江、福建、广东、海南、山东十六个省、自治区、直辖市，也就是说，其中包括了除西藏自治区和贵州省之外的所有民族地区。

衡发展战略,虽然在西部也实行了大开发和援藏、援疆等措施,但总体来看,广大的西部民族地区经济发展仍然比较落后,东西部的差距在扩大。通过实施"一带一路"战略,采取强有力的措施实现西部经济发展,是实现我国整体社会经济长期、协调、可持续发展的重要条件。

(二) 关系国家稳定和边疆安全

我国少数民族大部分聚集在"一带一路"所覆盖的边疆地区,如我国陆地边境线22000公里,民族地区占86.14%(19000公里),其中西部民族地区位于中亚、西亚、西伯利亚的接合部,与蒙古、俄罗斯、哈萨克斯坦、吉尔吉斯斯坦、塔吉克斯坦、阿富汗、巴基斯坦、印度、尼泊尔、锡金、不丹、缅甸、老挝、越南等14个国家和地区接壤,有相当一部分跨界居住,边境线长达16537.145公里,是东亚地区通往中亚、西亚、南亚和东南亚以及蒙古、俄罗斯的陆上必经之地。而且所覆盖的边疆地区已经形成了"亚欧大陆桥"的铁路通道,战略地位十分重要。此外,全国135个边境县中有107个在民族地区;边境2100多万人口中,近一半是少数民族;有31个民族与国外同一民族跨界而居。长期以来,国内外敌对势力一直企图利用民族和宗教问题对我国搞颠覆和分裂活动,我国民族地区的人民为巩固国防和维护祖国的安全作出了巨大的牺牲和贡献。因此,从维护民族地区政治社会稳定和边疆安宁的需要出发,我国必须着力发展民族地区经济。只有经济发展了,各民族共同富裕了,社会进步了,才能为挫败国内外敌对势力的阴谋、实现民族团结和巩固边疆奠定坚实的物质基础,为全国的现代化建设提供稳定的政治和社会环境。

(三) 实现全国经济社会可持续发展的客观需要

西部民族地区位于我国大江大河的上游,中亚荒漠区的东部边缘,是全国重要的生态屏障。然而民族地区环境承载能力差,生态环境脆弱,且工业化和产业化发展能力有限,仍以靠天吃饭的农业为主。这种不合理的资源利用形式也使民族地区的环境陷入了恶性循环。一方面民族地区特别是西部民族地区生态环境趋于恶化,水土流失严重,水资源短缺,这些因素严重影响并制约着民族地区的经济社会发展。另一方面,西部民族地区生态环境脆弱,又危及到东、中部的生存环境,制约全国经济社会发展。由此可见,民族地区的生态环境状况不仅与区域内的生态安全、民族生存和发展息息相关,而且还与整个国家生态安全息息相关,与中华民族的生存和发展息息相关。抓住"一带一路"战略实施的历史机遇，加快民族地区经济发展，转变民族地区产业模式，事关全国经济社会发展大局，是保障国家生态安全和保护生物多样性的需要，也是保障国家经济安全和长远发展的需要。

（四）民族地区经济发展也是实施"一带一路"战略的必然要求

从习近平总书记提出"一带一路"战略的背景和内涵看，2013 年 9 月 7 日，习近平总书记在哈萨克斯坦纳扎尔巴耶夫大学演讲时表示，"为了使各国经济联系更加紧密，相互合作更加深入，发展空间更加广阔，我们可以用创新的合作模式，共同建设丝绸之路经济带，以点带面，从线到片，逐步形成区域大合作"。同年 10 月 3 日，习近平在印度尼西亚国会发表演讲时表示，中国愿同东盟国家加强海上合作，使用好中国政府设立的中国—东盟海上合作基金，发展好海洋合作伙伴关系，共同建设 21 世纪海上丝绸之路。由此可见，古代的丝绸之路是商贸之路，而今天的丝绸之路则把经贸合作放在重要位置。通过"一带一路"战略的实施，中国将与沿线国家对接发展战略，推进贸易、产业、投资、能源资源、金融以及生态环保的合作，深化城市、港口、口岸、产业园区的合作，并培育新的经济增长点，以协助当地增加就业、增强可持续发展能力，实现中国与沿线国家的共同发展。显然，这些合作都是建立在经济发展和互联互通的基础之上的。相对落后的我国民族地区经济在一定程度上影响着互联互通，同时也为互联互通提出了具体的要求，只有民族地区有了一定的发展，互联互通才有可能实现，经贸合作才有必需的条件。

二、"一带一路"战略与民族地区产业结构调整

（一）民族地区要做好承接东部地区产业转移的工作

在 2014 年习近平总书记提出"一带一路"发展战略之后，在各省份的地方两会上，都提出了将借助"一带一路"的战略加速推进企业"走出去"。日前，国务院总理李克强召开国务院常务会议作出部署，要加大金融支持企业"走出去"力度，以推动稳增长调结构促升级。对大型成套设备出口融资政府应保尽保，鼓励商业银行加大对重大装备设计、制造等全产业链的金融支持，推进外汇储备多元化运用，发挥政策性银行等金融机构作用，吸收社会资本参与，采取债权、基金等形式，为"走出去"企业提供长期外汇资金支持。

李克强指出，中国的很多产能，虽然对于国内富余，但在国际市场上，则是性价比非常高的优质产能。当前，世界经济复苏乏力，加大金融支持力度，对于中国装备"走出去"，具有重要意义。要拓宽融资渠道，探索 PPP（政府与社会资本合作）、BOT（特许权协议）等投融资模式，还要推进外汇储备的多元化运用。

值得一提的是，中央经济工作会议明确提出，优化经济发展空间格局，其中要重点实施"一带一路"、京津冀协同发展、长江经济带三大战略。业内人士普遍认为，"一带一路"将成为国内过剩传统产能向外转移，外汇储备助力中国企业"走出去"的有力抓手。[①]

当前，我国经济发展已进入新常态。社会主义经济新常态内涵不仅体现出市场经济运行客观规律，更体现出优化结构、稳定增长、政府顶层设计的战略意义。基于顶层设计而实施的"一带一路"战略对于解决产能过剩问题、优化经济结构和行业布局、拓宽我国战略空间、促进区域稳定繁荣、推动全球经济发展具有重大意义。

2015 年 3 月，国家发展改革委、外交部、商务部联合发布的《推动共建丝绸之路经济带和 21 世纪海上丝绸之路的愿景与行动》对西部民族地区在新的战略下的定位提出了具体要求，涵盖了绝大部分西部民族地区，并明确提出"发挥新疆独特的区位优势，将新疆打造成丝绸之路经济带核心区""发挥广西与东盟国家陆海相邻的独特优势，打造西南、中南地区开放发展新的战略支点，形成 21 世纪海上丝绸之路与丝绸之路经济带有机衔接的重要门户""使云南建设成为面向南亚、东南亚的辐射中心"。在国家"一带一路"战略的背景下，西部民族地区迎来了最好的发展时机。[②]

（二）民族地区要做好特色资源开发

作为"一带一路"战略的主要参与者和受益者，西部民族地区具有丰富的自然资源、生物资源、人文资源，是我国重要的战略资源的储备和保障区。国家三分之一以上的煤炭、天然气储藏于此；锰、铬、铅、锌和铝土等矿产资源储量达全国一半以上；风能、水能、生物资源的人均占有量均显著高于全国平均水平。在"一带一路"战略背景下，西部民族地区应利用自身独特的区位优

---

① 证券日报，2014 年 12 月 26 日，第 A02 版。
② 赵曦，温雪．"一带一路"背景下，民族地区如何加快经济社会发展［N］．中国民族报，2015－06－26（8）．

势和资源禀赋优势，打破传统资源转换能力薄弱的困境，利用好大力发展基础设施和发展高新技术的优惠政策条件，引进和培育先进技术，形成具有民族特色的资源开发方式，发展人无我有，人有我优的别具一格的优势资源产业。在能源矿产资源富集区，西部民族地区要提高资源利用效率，建立以优势资源开发利用为主导的产业体系，加大煤炭、石油、金属矿等传统能源资源勘探开发合作，科学规划和引导资源有序高效的开发，形成开发和治理一体化进行。在旅游资源丰富地区，政府可以引导具有民族特色的旅游资源开发模式，将发展旅游业与传承少数民族文化相结合，开发具有潜力的少数民族地区特有的人文景观、自然景观及民俗风情等旅游资源，并突出民族文化特色，挖掘民族地区的原生态生存环境、民族歌舞风情、原生态文化资源，打造具有丝绸之路特色的国际精品旅游路线和旅游产品，从而促进民族特色旅游产业的快速发展。

（三）民族地区要做好特色工业化发展

西部大开发实施以来，西部民族地区工业化进程加速，工业总产量不断增长，但由于受制于地理偏僻、交通闭塞、信息落后等不利条件，与东部发达地区相比，差距依然较大。其工业化基础十分薄弱，经济结构升级中存在诸多问题。"一带一路"战略背景下，西部民族地区应利用好当前扶持政策，明确自身定位，切实采取措施，利用国家在基础设施、金融、贸易等领域的优惠政策及与"一带一路"沿线国家的贸易合作机会，推进工业化发展进程；努力挖掘民族地区的自然资源和劳动力资源，推进具有民族特色的新型工业化道路，实现优势资源向优势产业的转变。西部民族地区应利用"一带一路"交通、能源、通信等基础设施与全国的连通，带动产业结构优化升级，运用高新技术改造和提升传统产业，加快发展现代服务业，鼓励科技创新，打造具有持久竞争力的特色优势产业。同时，推进西部民族地区新型工业化进程应注重工业化和信息化协同发展。随着国内信息化的发展，尤其是在"互联网＋"的政策利好条件下，西部地区具有明显的后发优势，应积极适应信息化的高速发展，加大信息基础设施建设的投入，用信息化改造提升特色优势产业和传统产业，真正实现以信息化带动工业化，实现西部民族地区工业化的跨越式发展。

三、金融（资金融通）是互联互通的重要内容

"一带一路"战略构想是一个宏大的工程，如何有效地迈出第一步具有非常

关键的意义。作为推进"一带一路"战略的有力抓手，习近平总书记进一步提出了"互联互通"的构想。

2014年11月8日习近平在其倡议召开的"加强互联互通伙伴关系对话会"上，不仅完整阐述了互联互通的内涵，而且非常明确地将"资金融通"定义为互联互通的五大内容之一，他说："我们要建设的互联互通，不仅是修路架桥，不光是平面化和单线条的联通，而更应该是基础设施、制度规章、人员交流三位一体，应该是政策沟通、设施联通、贸易畅通、资金融通、民心相通五大领域齐头并进。这是全方位、立体化、网络状的大联通，是生机勃勃、群策群力的开放系统。"①

习总书记同时对互联互通与"一带一路"之间的关系作了明确而深入的阐述。他说，共同建设丝绸之路经济带和21世纪海上丝绸之路与互联互通相融相近，相辅相成。如果将"一带一路"比喻为亚洲腾飞的两只翅膀，那么互联互通就是两只翅膀的血脉经络。他指出，要以建设融资平台为抓手，打破亚洲互联互通的瓶颈。为此，中国将出资400亿美元成立丝路基金。要以交通基础设施为突破口，实现亚洲互联互通的早期收获，优先部署中国向邻国的铁路、公路项目。

2014年11月11日在亚太经合组织（APEC）领导人非正式会议上，国家主席习近平又提出了亚太自由贸易区（FTAAP）发展设想，《亚太自贸区互联互通蓝图》作为领导人会议宣言的附件之一向社会发布。"蓝图"对硬件、制度、人员全方位互联互通给出了时间表，并明确提出在"硬件联通"方面，重点改善投资环境，通过公私伙伴合作关系及其他渠道加强亚太经合组织经济体基础设施融资。在软件联通领域，将解决贸易便利化、结构和规制改革、交通和物流便利化等领域的重大问题，进一步推动《亚太经合组织供应链联通框架行动计划》，系统提高供应链绩效。

互联互通的意义在于依托陆上国际大通道和海上重点港口城市，打造国际经济合作走廊，通过与中亚、东南亚乃至欧洲、非洲在交通基础设施的深度联动，促进中国与沿线国家和地区在经贸、服务、技术、人文等层面的广泛交流，为我国周边安全和政治利益提供保障。这一战略的实施，将为我国基础设施生产能力和装备拓展海外市场，输出资本与消化过剩产能并行，提升我国在区域

---

① 习近平．联通引领发展　伙伴聚焦合作，在"加强互联互通伙伴关系"东道主伙伴对话会上的讲话，2014－11－08.

经济中的影响力，为促进区域经济一体化发挥作用。从经济上讲，互联互通就是要为资本、劳动力、技术、信息、服务等生产要素的通畅流动创造条件。要素在不同国家或地区之间的流动会增加资源配置的效率，提高一国或地区的福利水平。不同国家间的政策壁垒、基础设施薄弱等所导致的运输成本差异等因素，都会导致要素的国际流动成本增加。"互联互通"倡议就是要在减少要素流动成本的基础上，促进各国经济的交流与合作发展。

四、金融是民族地区经济发展的必要条件

（一）国际经验：大国金融博弈

从国际经验看，目前金融已成为重要的战略资源并被发达国家高度关注和重视。各国已从争夺自然资源转向争夺金融资源，全球金融控制权已成为大国博弈的制高点，各方力争在国际金融新格局中抢占有利地位，制造金融霸权。金融资源是金融霸权的基础，金融霸权是西方发达国家掌控金融资源后的必然结果。正如王元龙所言，金融霸权是指霸权国凭借其压倒优势的经济尤其是金融、政治、军事等综合实力，在国际金融体系中占主导地位，并将自己的意志、原则或规则强制性地在整个体系推行，从而获得霸权利润。通常这些霸权利润是用武力冒险与政治讹诈所无法获得的，但金融霸权可通过金融市场上的运作而轻易获得巨大的经济利益。他认为，20 世纪 90 年代，美国依靠新金融霸权赢得了长达十多年的经济繁荣。第二次世界大战以来，国际金融体系经历了从布雷顿森林体系到牙买加体系，再到 G20 的调整与变革，尽管国际金融秩序发生了多次体系性的变革，然而美国维持金融霸权地位的根本目标始终未变，国际金融体系中依然充斥着金融霸权文化。美国的金融霸权地位，使它处于整个国际金融体系的顶点，高居于全球经济的指挥位置。美国利用美元霸权、利用美元在国际货币体系中的特权地位，利用国际投机资本流动以及衍生金融工具来获得巨额霸权利润。[①]

美国当代著名的政治思想家、国际政治理论家塞缪尔·亨廷顿把"控制国际银行系统""控制硬通货"和"掌握国际资本市场"列为控制世界的 14 个战略重点的第一、二、五项，日本也在 1998 年把金融列为安全保障的七大要点的

---

① 马昀，王元龙. 国际金融体系改革与文化重建 [J]. 高校理论战线，2011 – 08 – 10.

首位。

（二）国内实践："一带一路"战略对金融条件的要求

从"一带一路"战略实施的条件来看，"丝路基金"和亚投行创造了一定的条件，但显然这种条件还远远不够充分。

2013年10月2日，中华人民共和国主席习近平在雅加达同印度尼西亚总统苏西洛举行会谈，习近平倡议筹建亚洲基础设施投资银行（Asian Infrastructure Investment Bank，AIIB，简称亚投行）。2014年11月4日，习近平主持召开了中央财经领导小组第八次会议，研究丝绸之路经济带和21世纪海上丝绸之路（即"一带一路"）规划，发起建立亚洲基础设施投资银行和设立丝路基金。这是"丝路基金"首次出现在公众视野。2014年11月8日，在北京举行的"加强互联互通伙伴关系"东道主伙伴对话会上，习近平宣布，中国将出资400亿美元成立丝路基金，为"一带一路"沿线国家基础设施、资源开发、产业合作和金融合作等与互联互通有关的项目提供投融资支持。2014年12月29日，丝路基金有限责任公司在北京注册成立，并正式开始运行。在全国企业信用信息公示系统查询可见，其注册资本6152500万元人民币，即100亿美元。

亚投行是一个政府间性质的亚洲区域多边开发机构，其成立的背景是，亚洲经济占全球经济总量的1/3，是当今世界最具经济活力和增长潜力的地区，拥有全球六成人口。但因建设资金有限，一些国家铁路、公路、桥梁、港口、机场和通讯等基础建设严重不足，这在一定程度上限制了该区域的经济发展。各国要想维持现有经济增长水平，内部基础设施投资至少需要8万亿美元，平均每年需投资8000亿美元。8万亿美元中，68%用于新增基础设施的投资，32%是维护或维修现有基础设施所需资金。现有的多边机构并不能提供如此巨额的资金，亚洲开发银行和世界银行也仅有2230亿美元，两家银行每年能够提供给亚洲国家的资金大概只有200亿美元，都没有办法满足这个资金的需求。而且由于基础设施投资的资金需求量大、实施的周期很长、收入流不确定等的因素，私人部门大量投资于基础设施的项目就有难度。其成立的宗旨是促进本地区互联互通建设和经济一体化进程，向包括东盟国家在内的本地区发展中国家基础设施建设提供资金支持，重点支持基础设施建设，促进亚洲区域的建设互联互通化和经济一体化的进程，并且加强中国及其他亚洲国家和地区的合作。亚投行作为由中国提出创建的区域性金融机构，其主要业务是援助亚太地区国家的基础设施建设。在全面投入运营后，将运用一系列支持方式为亚洲各国的基础设施项目提供融资支持——包括贷款、股权投资以及提供担保等，以振兴包括交通、能源、电信、农业和城市发展在内的各个行业投资。亚投行成立后的第一个目标就是投入丝绸之路经济带的建设，其中一项就是从北京到巴格达的铁路建设。

丝路基金则是由外汇储备、中国投资有限责任公司、中国进出口银行、国家开发银行共同出资，依照《中华人民共和国公司法》，按照市场化、国际化、专业化原则设立的中长期开发投资基金，重点是在"一带一路"发展进程中寻找投资机会并提供相应的投融资服务。丝路基金董事长金琦对丝路基金的目标和原则进行了解释和说明。他认为，丝路基金应按照"对接原则、效益原则、合作原则和开放原则"为"一带一路"沿线国家和地区实现互联互通目标服务。所谓"对接原则"，就是丝路基金的投资与各国的发展战略和规划相衔接，参与项目建设，满足其互联互通的需要。所谓"效益原则"，丝路基金不是援助性或捐助性基金，要按照市场化运作，投资于有效益的项目，实现中长期合理的投资回报，维护好股东的权益。所谓"合作原则"，就是要与其他金融机构优势互补，合作共赢，通过股权、债权以及贷款相配合的多元化的投融资方式，为一些可以在中长期实现稳定的合理回报的项目提供更多融资的选择。所谓"开放原则"，丝路基金倡导开放式合作，愿意与国际和区域的多边金融机构开展投融资项目合作。丝路基金可以看做 PE（私募基金），但比一般 PE 回收期限要放得更长一些。丝路基金与亚投行的不同在于，亚投行是政府间的亚洲区域多边开发机构，在其框架下，各成员国都要出资，且以贷款业务为主。而丝路基金，由于其类似 PE 的属性，主要针对有资金且想投资的主体加入，且股权投资可能占更大比重。

从亚投行和丝路基金设立的背景和目的可以看出，如果说亚投行是多边性的政府开发型金融机构，其运作对当地的金融环境和金融生态条件要求还相对宽松的话，那么丝路基金则是一种市场投资基金，其正常、持续运行则需要相对严格和优良的金融环境和条件。具体来说，它们需要正确、准确评估丝路沿线国家金融发展阶段、整体经济实力、金融合作现状和金融利益诉求；需要正确测算丝绸之路经济带建设资金需求总量与结构、建设投融资方式和利益协调、人民币在沿线国家贸易和投资中的运用；需要正确评估外汇储备资金（产业投资基金）在沿线国家建设中的杠杆作用，各类金融机构如银行、证券、保险、信托等参与建设的方向与路径等。实际上，设立丝路基金只是一个开始，一方面，其正常运作需要包括我国民族地区在内的沿线国家和地区良好的金融生态环境；另一方面，包括我国民族地区在内的"一带一路"地区的发展与合作也需要运用这一杠杆去撬动和带动更多的社会资金参与，以使更多社会资本，尤其是大型民营企业积极加入"一带一路"建设，特别是可以模仿设立类似基金，参与重大项目建设，获取长期稳定的收益。实际上，成立丝路基金是金融支持丝绸之路经济带建设的一次重要尝试。丝绸之路经济带建设需要资金支持，需要发挥金融的作用，建立切实可行的投融资机制，整合沿线相关国家金融资源。通过丝路基金的成立与运作，可以撬动全球资金参与丝绸之路经济带建设，建立利益共享、风险共担的金融支持方案，同时，通过丝绸之路经济带建设，可以促进相关国家和地区之间的金融合作，扩大中国的对外开放水平，推动人民币在跨境贸易和投资中的应用力度，助推人民币国际化进程，这对我国民族地区的发展显然是一个有效的带动和促进。

第六章　民族地区产业结构优化的金融服务体系探讨

一、民族地区金融服务体系现状及问题

"一带一路"战略不仅为沿线国家和地区，更为我国相对落后的民族地区的发展创造了千载难逢机遇。不同国家和地区之间的经济合作与发展需要互为条件，互相补充，相互促进，而包括我国西部民族地区在内的经济发展相对落后地区虽然有着强烈的发展愿望、合作需要，但合作与发展的条件却不足。这些条件从表面上看是交通等基础设施，是经济发展的水平低下，但从根本上讲则是人才和资金的缺乏，是金融资源的欠缺。前面我们说明，在人类社会进入金融经济时代，金融不再仅仅是生产的一个普通要素，而已成为战略资源。也就是说，金融在当代经济发展中起着决定性作用。一个地区的落后，肯定表现为金融的落后，而一个地区经济的起飞，也肯定表现为金融的促进。从我国相对落后的民族地区来看，也恰恰证明了这一点。我国西部民族地区的金融业表现为各级管理者认识不到位、金融资源缺乏、金融排斥严重。

（一）管理者认识不到位

管理的作用无须赘言，中国各级政府，包括上层政府部门在决定一个地区经济发展中的作用也毋庸置疑。我们所说的对民族地区金融业的各级管理者认识不到位，直接就表现在相关的政策支持不到位上。

2012年9月17日正式发布的《金融业发展和改革"十二五"规划》（以下简称《规划》）是经过国务院审批的"十二五"国家专项规划，是党中央提出全面建设小康社会战略目标和科学发展观以来编制的第二个金融中期发展改革规划。《规划》在总结"十一五"时期中国金融业改革与发展的经验和成就的基础上，根据国家"国民经济与社会发展第十二个五年规划纲要"的精神，结合当前以及今后一段时间内面临的挑战和问题，提出要"加大对薄弱领域的金融

支持"。但综览全文，占我国国土面积三分之二的民族地区作为我国经济和金融业发展的薄弱区域，其重要的战略意义在《规划》中体现得并不充分，甚至完全没有提及。实际上，由国务院办公厅印发的《少数民族事业"十二五"规划》虽然认为少数民族事业是"党和国家坚持与完善民族区域自治制度，加快少数民族和民族地区发展，保障少数民族合法权益，巩固和发展平等、团结、互助、和谐的社会主义民族关系，促进各民族共同团结奋斗、共同繁荣发展的一项综合事业"，但在第三章政策措施中提到的十项政策，其他九项基本上都采用了"加大"、"加强"的字眼，唯有金融政策是鼓励，即"鼓励金融机构在满足审慎监管要求和有效防范风险的前提下，在民族地区设立分支机构，加大金融服务力度。鼓励商业银行重点支持有利于扩大就业、有偿还意愿和偿还能力、具有商业可持续性的民族地区中小企业、民族特需商品生产企业的融资需求""鼓励民族地区县域法人金融机构吸收的存款主要用于当地发放贷款。"虽然也提出"扶持民族地区妇女通过小额担保财政贴息贷款实现创业就业""加大对民族地区基础设施、特色农牧业、能源、环境保护、教育、文化产业、医疗卫生等重点领域的信贷和金融服务支持力度"，但显然这些行业都不符合"有效防范风险""有偿还意愿和偿还能力、具有商业可持续性"的要求，这样，就使对民族地区的金融支持政策变为纯粹的鼓励。

事实上，落后的民族地区连经济的自我发展能力尚不足，如果支持经济发展的金融政策仅仅停留在鼓励的层面，民族地区人民脱贫致富主要依赖财政转移支付式的无偿援助，那么，民族地区的发展就会遥遥无期，东西部差距的缩小就可能落空，和谐社会的建设目标也就很难实现。因此，有必要在真正了解民族地区金融业的现状的基础上，充分认识发展民族地区金融业的意义，为民族地区金融业的发展，特别是为发挥金融在民族地区经济社会发展中的作用采取切实可行的措施。

（二）金融资源缺乏[①]

金融资源，是金融领域中关于金融服务主体与客体的结构、数量、规模、分布及其效应和相互作用关系的一系列对象的总和或集合体。近十多年来，由于实行市场化改革，趋利性增强，使民族地区金融资源呈现出机构数量减少、机构分布不均、存款资金外流（包括农村流向城市）、居民信贷渠道狭窄且成本

---

① 冯彦明，毛丹. 大力发展民族地区金融［J］. 中国金融，2015（10）.

高、企业缺乏融资渠道等特征。

第一，机构总量大大减少。我们选择五大自治区中经济发展最好的内蒙古和经济发展偏差的新疆为研究对象，分析了其2006—2012年金融机构的数量变化情况。统计数据表明，虽然内蒙古自治区近些年经济发展较快，但金融机构数量减少也很快，2008年跌至最低，从2006年的5288家减少到4351家，减少了17.71%。虽然2009年至2012年每年都略有回升，但与2006年相比，仍有近54家的差距。其中，国有商业银行则呈现先降后升的趋势，从2006年的1717家减少到2010年的1576家，虽然2011年与2012年有所回升，但仍低于2007年的数量；就连通常认为是农牧民自己的银行的农村合作金融机构，这些年也明显减少，从2584家降为2391家，减少7.47%。其间，虽然股份制银行机构大幅度增加，但无奈基数太小，且股份制银行理所当然以利润为经营目标，不可能填补国有及合作金融机构撤并后的空白。而政策性银行一直保持在85家的水平，似乎没有减少。但实际上，作为经济发展薄弱环节的民族地区正需要国家政策的大力扶植。近些年国家整体经济发展很快，本可以给民族地区以更多的政策性金融支持，在政策性扶持体制未变的情况下，政策性支持的加大必然意味着政策性银行的覆盖面应该更广，机构应该更多。如此说来，政策性银行虽无减少，犹如逆水行舟，不进就是退了。同一时期，新疆与内蒙古的金融机构数量变化总体情况基本一致，但具体分析又有差异，表现为新疆地区的金融机构不仅在总量上，而且在不同类型上，几乎都呈现出全面减少的趋势。国有银行从1318家减少到1173家，减少145家；农村合作金融机构从1148家减少到1124家，减少24家；股份制银行从42家微升到48家，政策性银行从92家减少为91家。

第二，金融机构分布极不均衡。这表现在两个方面，一是从全国来看，西部民族地区金融机构数量偏少。据统计，2009年，全国各地区各类银行业金融机构18.9万个，其中东部地区占39%左右，广大的西部地区只占27%。二是即使在民族地区，金融机构主要分布在大城市，准确地说，就是经济相对发达地区。以服务国际贸易的中国银行为例，虽然五大民族自治区域主要分布在西部边疆，有着发展国际贸易的先天条件，但银行网点分布极不均衡。内蒙古地区共计中国银行网点272个，其中呼和浩特市占63个，包头占49个，其余盟市网点均少于30个；新疆共计中国银行网点173个，其中乌鲁木齐市占49个，克拉玛依市和伊犁哈萨克自治州均为15个，石河子市14个，喀什地区13个，昌吉回族自治州12个，这6个大城市和自治州已经占总网点数的68%，剩余12个自治州和地区网点缺乏，五家渠市和图木舒克市网点数量为零；宁夏有中国银行网点共计67个，其中银川市就有42个，已占总量的62.69%；西藏有中国银行网点共计23个，主要分布在拉萨（15个）；经济较为发达的广西壮族自治区有中国银行网点252个，虽然在五大民族自治区中数量居次，但分布也不平衡，仅南宁市就有66个网点，其次是桂林市和柳州市。

再以传统上服务农业和农村经济的中国农业银行为例，内蒙古自治区共有网点550个，主要分布在呼和浩特、包头、赤峰、鄂尔多斯和呼伦贝尔，其余盟市网点都较少；新疆有中国农业银行网点617个，主要集中在乌鲁木齐、伊犁、巴州；宁夏有中国农业银行网点共计220个，首府银川市就有98个，已占44.55%；广西共有中国农业银行网点841个，仅首府南宁市就有144个网点，桂林、柳州和玉林分别有119个、105个和76个，其余10座城市网点数量均在40个左右，防城港市最少，为18个网点。

第三，金融资源外流严重，形成了民族地区的真空地带。这里的金融资源外流既包括民族地区金融资源外流，也包括民族地区广大的农（牧）区的金融资源向大城市流动。根据江其务在2001年的测算，我国65%左右的金融资产集中在上海、天津、广州三大分行管辖的区域，而占国土面积72%的西部地区金融资产仅占17.8%。而根据王纪全（2007）等人的计算，2004年，东部地区金融资源总量达到268 088.6亿元，是1994年水平的6倍多，占全国金融资源的比重由53.6%上升到60.6%；而同期西部地区的金融资源总量为65142亿元，占全国金融资源总量的比重仅为14.73%，占比不升反降。再从人均金融资源量看，2004年我国东部地区人均金融资源5.95万元，中西部地区只有1.85万元，比全国平均水平3.42万元低出很多。另据吴朝霞（2011）等人计算，2009年末，东部地区银行业金融机构资产额占全国银行业资产总额的61%，西部地区只占17%。

事实上，早在2001年，江其务教授就指出，在国有银行实行大银行、大城市发展战略，大幅度从县级市场退出的过程中，市场补充机制严重滞后，形成县区市场的金融服务真空地带，民营经济和小企业失去金融支持。尤其是2000年以后，社会金融资源流动出现与市场发展和经济调整相背向的集中趋势，即大银行存款由基层行向上级行集中，农村资金通过邮政储蓄转为中央银行基础货币，信贷管理权上收，县支行成了储蓄所，基层机构信贷机制萎缩，导致广大县域经济的金融资源外流，长此以往就必然导致发展差距的扩大，损失整体效率和福利。

第四，西部地区融资渠道狭窄，特别是非政府企业融资困难。据吴朝霞（2011）等人计算，2009年全国实际利用外资900亿美元，其中，东部地区582.3亿美元，占64.7%，西部地区84.6亿美元，仅占9.4%。2009年末股票债券筹资情况是，东部地区年末上市公司数占全国总上市公司数的59.6%，西部地区只占17.7%。东部地区当年A股筹资额占全国A股筹资额的75.4%，西部只占12.3%；东部地区H股筹资占全国H股筹资额的73.1%，西部只占20.9%；东部地区当年债券融资占全国债券融资总额的79.9%，西部只占6.5%。① 从具体数量看，截至2012年，西部十二省区上市公司总和355家，不及广东一省359家。2011年度，西部企业通过资本市场融资共计780.68亿元，其中通过IPO募集资金共计154.97亿元，通过再融资募集资金共计625.71亿元。西部地区企业首发募资金额仅占全部首发募资金额的5.48%。从结构上看，民族地区上市企业中有政府背景的占据了大半边的江山。以内蒙古为例，在其21家A股上市企业中就至少有12家企业的实际控制人是政府单位，比例超过57%。而在上市公司数量最多的广东省，在359家A股上市公司中，实际控制人为个人或境外企业的就超过245家，比例超过68%。在浙江省上述比例更是超过了80%。另据敖特根巴雅尔等人的调查，内蒙古农牧区金融供给的产品和服务非常单一②。农村牧区金融机构经营模式较为落后，缺乏产品设计理念，缺乏为农村量身定做的金融业务品种，无法满足农村日益多元化、多层次的金融需求。根据其在锡林郭勒盟、赤峰市等地区的农村牧区调查，69%的农牧户认为信贷产品过于单一，63%的农牧户反映贷款需求不能得到满足。农牧民平时在银行办理的主要业务是存款，57%的农牧户曾经在当地银行机构办理过存款业务和贷款业务，而仅有7%的农牧户在银行办理过汇款业务。

第五，民族地区农牧民融资成本太高。由于国有金融机构撤出，在民族地区农牧区存在的主要是农村信用社，农牧民发展经济、改善民生的主要借款渠道就是农村信用社。而由于种种原因，农村信用社的资金成本相对较高，增加了农牧民的经济负担。

---

① 吴朝霞，王沐钒．中国金融资源地区分布差异问题分析［J］．财经理论与实践，2011（2）．
② 敖特根巴雅尔，红梅．内蒙古农村牧区金融供求现状分析，第一届（2014）中国民族地区金融发展论坛论文；农牧区金融供求分析［J］．中国金融，2015（7）．

（三）金融排斥严重①

金融排斥（Financial Exclusion）是指社会中的某些群体没有能力进入金融体系，没有能力以恰当的形式获得必要的金融服务。一般金融服务的改善包括两个维度——金融深度（financial depth）和金融宽度（financial breadth）。金融深度是指金融资产的数量增加，是量的增长；金融宽度是金融服务的可得性和易得性，反映了质的提高（Beck，Torre，2006）。我国民族地区在金融深度方面已取得了一些进步，初步形成了商业性金融、政策性金融、合作金融和其他金融组织功能互补、相互协作的金融组织体系。然而，金融宽度却没有得到相应的改观，由于地理区位、人口规模、市场成熟度和文化差异等各方面因素，造成我国广大民族地区存在较为严重的金融排斥，阻碍了民族地区金融服务的可得性，并且，金融服务的缺乏已成为制约民族地区进一步发展和开放的重要瓶颈。

民族地区的金融排斥主要归结为地理排斥、评估排斥、条件排斥、价格排斥、营销排斥五个方面（见表6-1）。其中地理排斥是指被排斥对象由于交通便利性问题而无法顺利获得金融服务甚至完全不能获取金融服务。金融机构的人均覆盖度能反映每单位经济主体能够获得的金融服务数量，即金融服务的地理可获取性。因此，地理排斥可用民族地区金融机构的人均覆盖度衡量。评估排斥是指由于民族地区的传统产业是农牧业，具有高风险的特征，银行一般会对农村地区贷款、涉农项目贷款执行更为严格的授信评估。而农牧民由于整体受教育水平低，缺乏必要的金融知识，在申请贷款的过程中无法有效地提供评估所需的复杂材料，完成评估的复杂手续，提高了通过评估的难度。民族地区获得贷款农户占比可以反映出评估排斥的情况。条件排斥是指金融机构基于盈利性、流动性和安全性原则，对金融产品的供给设置准入条件，对经济主体制定准入评估体系，从而将某些经济主体排斥在金融服务之外的现象。在条件排斥方面，在民族地区金融市场上，银行会对金融产品与服务附加更多的条件。以贷款为例，附加条件通常包括但不限于抵押担保、家庭资产、贷款用途等。一些农牧民，特别是位于偏远地区或贫困地区的农牧民很难满足这些条件，因而无法取得贷款，遭到金融排斥。人均贷款水平反映了民族经济主体对于主流金

---

① 本部分内容参见关春玉等人在第一届（2014）中国民族地区金融发展论坛上的发言，题目是"民族地区金融排斥现状与影响因素分析"。

融产品的可获得性。价格排斥是指金融产品价格过高或过低,将某些经济主体排斥在外的现象。衡量金融产品的定价是否合适,主要关注金融产品是否满足大多数人的需求。可以用人均储蓄额来衡量价格排斥水平。营销排斥是指为了获取更高的利润,银行倾向于将营销资源分配给收益率高的大客户、企业客户,或营销成本更低的中心城市客户,而排斥营销成本高、风险高、收益率低的民族地区客户和农村客户。通常营销活动通过从业人员来实现,因此可以用民族地区每万人拥有的银行从业人员数来衡量营销排斥程度。

表 6-1　　　　　　　　民族地区金融排斥评价指标体系维度

符号	指标	计算方法
地理排斥 $X1$	银行业金融机构覆盖度	机构网点数 ×10000/ 人口总数
评估排斥 $X2$	获取贷款的比例	获得贷款户数/ 总户数
条件排斥 $X3$	人均贷款水平	贷款总额/ 人口数
价格排斥 $X4$	人均储蓄额	储蓄总额/ 人口数
营销排斥 $X5$	拥有服务人员数	金融机构从业人员数 ×10000/ 人口总数

为了清晰反映我国民族地区金融排斥现状,我们将西部十二省区 2008—2012 年数据按金融排斥的五个维度指标进行计算整理,并采用离差平方和方法(Ward 方法)对金融排斥综合指数进行了聚类分析,根据聚类树形图可以进一步分析民族地区金融排斥状况,具体结果如图 6-1 所示。

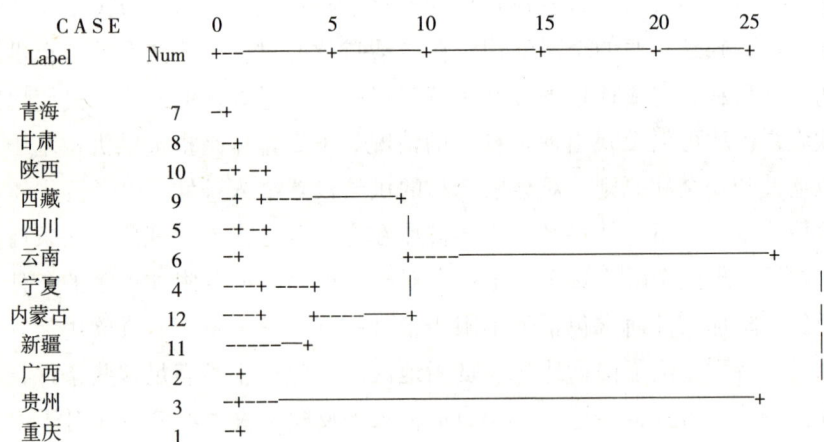

图 6-1　Ward Method 聚类树形图

可以将民族地区金融排斥程度由高到低排成三类（见表6-2）。

表6-2   民族地区金融排斥聚类分析结果

类别	地区
第Ⅰ类	广西、贵州、重庆
第Ⅱ类	云南、四川、西藏、陕西、青海、甘肃
第Ⅲ类	宁夏、内蒙古、新疆

资料来源：根据西部十二省区统计年鉴和历年区域经济年鉴计算整理。

第Ⅰ类：广西、贵州、重庆是金融排斥最高的地区。从历年数据和聚类分析来看（见图6-2），重庆金融排斥程度高达0.85，相对其他民族地区，重庆人口规模较大，第六次人口普查显示常住人口密度为351人/平方公里。由于金融排斥指标设计侧重分析人均资源，重庆的人均金融服务能力被定义为较低，因而金融排斥相对最高。

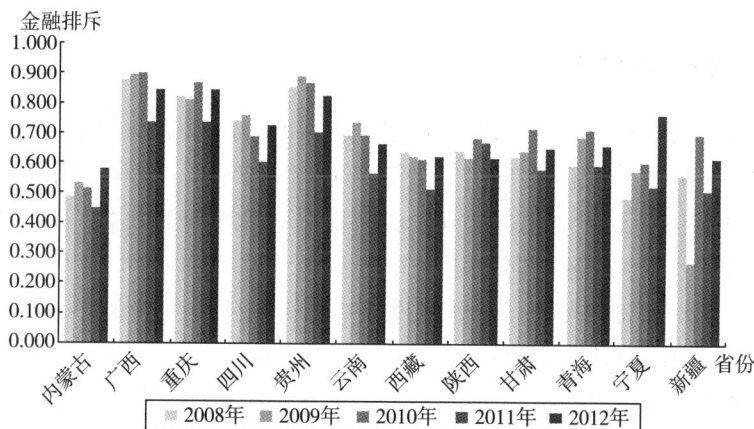

资料来源：根据银监会《金融服务分布图集》和《2013年区域经济年鉴》计算整理。

图6-2 2008—2012年民族地区金融排斥指数

第Ⅱ类：云南、四川、西藏、陕西、甘肃、青海等省金融排斥程度居中。其中甘肃、青海两省的金融排斥强度高于云南等省区，甚至超过西藏地区，这既说明西部多民族省区的金融服务能力还较低，也反映出金融排斥的程度并非完全由市场经济发展决定，还与我国民族区域政策和政府工作相关。

第Ⅲ类：新疆、内蒙古和宁夏金融排斥程度最低。近年来一些西部省份通过加大向西开放力度，促进外向型经济发展，取得较快进步，比较典型的是宁夏、新疆。因为近年来积极推进金融业发展，这两个省份已初步形成区域金融中心，使得其金融排斥程度相对低于大多西部省区。

二、民族地区产业结构优化所需要的金融机构体系

一般认为，金融机构是指从事金融服务业有关的金融中介机构，包括银行、证券、保险、信托、基金等。但这是先发国家和地区金融机构的主要类型，也是相对来说较早出现的金融机构。前面说明，我国的民族地区是一个后发地区，这就要充分利用后发地区的优势，不仅要根据需要建立金融机构，更要建立良好的金融生态环境；不仅要引进大型商业银行和投资银行（证券公司），更要建立服务当地的中小金融机构；不仅要建立以市场为导向、以盈利为目的的商业性金融机构，还要建立以发展为导向、以启动和引导为目的的政策性金融机构，这就形成了融资性机构、担保类机构和生态类机构三位一体的民族地区金融机构体系。

（一）融资类机构

融资类机构是专门为企业建立和发展提供资金融通的金融机构，包括银行业存款类金融机构，如银行、城市信用合作社（含联社）、农村信用合作社（含联社）、农村资金互助社、财务公司；银行业非存款类金融机构，如信托公司、金融资产管理公司、金融租赁公司、汽车金融公司、贷款公司、货币经纪公司；证券业金融机构，如证券公司、证券投资基金管理公司、期货公司、投资咨询公司；保险业金融机构，如财产保险公司、人身保险公司、再保险公司、保险资产管理公司、保险经纪公司、保险代理公司、保险公估公司、企业年金；新兴金融企业，如小额贷款公司、第三方理财公司、综合理财服务公司等。根据我国民族地区的特点和可能，需要建立以下几类融资类金融机构。

1. 商业性银行

民族地区需要的商业性银行主要包括村镇银行、信用合作社、小额贷款公司（以下简称小贷公司）等。目前我国民族地区存在的商业性银行主要是国家大型商业银行、城市和农村信用合作社等。国家大型商业银行虽然有资金规模大和管理规范的优势，但由于存在着巨大的资金外流效应，虽然在某些情况下也支持了民族地区的经济发展和产业结构优化，实际上效果并不大；而城乡信用合作社主要是服务当地，但由于历史的包袱，也在一定程度上限制了其发展和作用的发挥。因此，从商业性银行的角度来看，民族地区需要在规范城乡信

用合作社的基础上，大力发展村镇银行和小贷公司。

（1）村镇银行

村镇银行是指经中国银行业监督管理委员会依据有关法律、法规批准，由境内外金融机构、境内非金融机构企业法人、境内自然人出资，在农村地区设立的主要为当地农民、农业和农村经济发展提供金融服务的银行业金融机构。村镇银行不同于银行的分支机构，属一级法人机构。

民族地区之所以要大力发展村镇银行，一是由于其设立有地域限制和准入门槛很低。根据规定，村镇银行的机构一般设置在县、乡镇，在地（市）设立的村镇银行，其注册资本不低于人民币5000万元；在县（市）设立的村镇银行，其注册资本不得低于300万元人民币；在乡（镇）设立的村镇银行，其注册资本不得低于100万元人民币。二是由于其市场定位。村镇银行的市场定位主要在于两个方面，即满足农户的小额贷款需求和服务当地中小型企业。为有效满足当地"三农"发展需要，确保村镇银行服务"三农"政策的贯彻实施，在《村镇银行管理暂行规定》中明确要求村镇银行不得发放异地贷款，在缴纳存款准备金后其可用资金应全部投入当地农村发展建设，然后才可将富余资金投入其他方面；并且规定，新设银行业法人机构总部原则上设在农村地区，即使设在大中城市，但其具备贷款服务功能的营业网点只能设在县（市）或县（市）以下的乡（镇）和行政村。农村地区各类银行业金融机构，尤其是新设立的机构，其金融服务必须能够覆盖机构所在地辖内的乡（镇）或行政村。

（2）小贷公司

小贷公司是由自然人、企业法人与其他社会组织投资设立，不吸收公众存款，经营小额贷款业务的有限责任公司或股份有限公司。与银行相比，小贷公司更为便捷、迅速，适合中小企业、个体工商户的资金需求；与民间借贷相比，小额贷款更加规范、贷款利息可双方协商。

不过，目前小贷公司发展也存在着严重的瓶颈，一是由于小贷公司只贷不存，资金来源渠道较窄，造成大部分小贷公司成立不久，就将资本金发放一空。二是小贷公司盈利水平较低，税收负担沉重。目前国家没有针对小贷公司的税收优惠政策，小贷公司税收参照一般工商企业执行，所缴的所得税和营业税合计达到30%以上。为此，在国家基本政策不能改变的情况下，设立在民族地区的小贷公司可充分利用在民族地区的优势，争取享受一些政策优惠。

2. 政策性银行

与商业性银行相对应的就是政策性银行。由于我国民族地区特殊的情况和条件，地处边疆但经济落后，面积广大且是生态屏障，资源丰富但生态脆弱，"一带一路"覆盖但属中间低洼地带，丝路基金和亚投行难以顾及，因此，设立一个专门的支持西部民族地区经济发展的政策性金融机构就显得非常必要。

政策性金融机构（policy – based financial institutions）是指那些由政府或政府机构发起、出资创立、参股或保证的，不以利润最大化为经营目的，在特定的业务领域内从事政策性融资活动，以贯彻和配合政府的社会经济政策或意图的金融机构。

从一般背景看，政策性金融机构主要产生于一国政府提升经济发展水平和安排社会经济发展战略或产业结构调整的政策要求。一般来说，处在现代化建设起步阶段的经济欠发达国家或地区，由于财力有限，不能满足基础设施建设和战略性资源开发所需的巨额、长期投资需求，或者靠一般商业性金融机构难以发挥及时、有效的作用时，都需要设立政策性金融机构。一些经济结构需要进行战略性调整或升级，薄弱部门、地区和行业需要重点扶持或强力推进的国家，设立政策性金融机构，以其特殊的融资机制，将政府和社会资金引导到重点部门、地区、行业和企业，就可以弥补单一政府导向的财政的不足和单一市场导向的商业性金融的不足。

从运行机制看，与我国目前采取的援藏、援疆方式比，政策性金融机构虽然不以盈利为目的，不与商业性金融机构争业务，但由于其资金来源除了国拨资本外，主要通过发行债券、借款和吸收长期性存款获得，是高成本负债。因此其基本的运作方式还是信贷，要在符合国家宏观经济发展和产业政策要求前提下，行使自主的信贷决策权，独立地进行贷款项目可行性评价和贷款审批，以保证贷款的安全和取得预期的社会经济效益以及相应的直接经济效益。

从职能看，政策性金融机构所拥有的倡导性职能可直接或间接地吸引民间或私人金融机构从事符合政府政策意图的放款，引导资金的流向，促使政府政策目标的实现。补充性职能具有补充和完善以商业性金融机构为主体的金融体系的职能，弥补商业性金融活动的不足。对于一些商业性金融机构不愿或无力选择的产业、项目，政策性金融机构以直接投资或提供担保的方式引导资金流向，进行融资补充。主要表现在：对技术，市场风险较高的领域进行倡导性投资，对投资回收期限过长，投资回报率低的项目进行融资补充，对于成长中的扶持性产业给予优惠利率放款。其服务性职能可以为企业提供各方面的服务，同时还可以成为政府在该领域事务的助手或顾问，参与政府有关计划的制订，甚至代表政府组织实施该方面的政策计划或产业计划。

3. 投资银行

投资银行（Investment Bank）是与商业银行相对应的一类金融机构，主要从事证券发行、承销、交易、企业重组、兼并与收购、投资分析、风险投资、项目融资等业务的非银行金融机构，是资本市场上的主要金融中介。

投资银行是证券和股份公司制度发展到特定阶段的产物，是发达证券市场和成熟金融体系的重要主体，在现代社会经济发展中发挥着沟通资金供求、构造证券市场、推动企业并购、促进产业集中和规模经济形成、优化资源配置等重要作用。

4. 租赁公司

民族地区主要应发展金融租赁公司，从事融资租赁业务。融资租赁是指出租人根据承租人对租赁物件的特定要求和对供货人的选择，出资向供货人购买租赁物件，并租给承租人使用。承租人分期向出租人支付租金，在租赁期内租赁物件的所有权属于出租人所有，承租人拥有租赁物件的使用权。租期届满，租金支付完毕并且承租人根据融资租赁合同的规定履行完全部义务后，对租赁物的归属没有约定的或者约定不明的，可以协议补充；不能达成补充协议的，按照合同有关条款或者交易习惯确定，仍然不能确定的，租赁物件所有权归出租人所有。

融资租赁是集融资与融物、贸易与技术更新于一体的金融产业。由于其融资与融物相结合的特点，出现问题时租赁公司可以回收、处理租赁物，因而在办理融资时对企业资信和担保的要求不高，所以非常适合中小企业融资。

融资租赁是现代化大生产条件下产生的实物信用与银行信用相结合的新型金融服务形式，是集金融、贸易、服务为一体的跨领域、跨部门的交叉行业。大力推进融资租赁发展，有利于民族地区转变经济发展方式，促进第二、第三产业融合发展，对于加快商品流通、扩大内需、促进技术更新、缓解中小企业融资困难、提高资源配置效率等方面发挥重要作用。积极发展融资租赁业，是我国现代经济发展的必然选择。

（二）担保类机构

1. 保险公司

保险具有分散和转移风险的职能。从目前的情况和条件看，应支持民族地区多开办保险机构，拓展保险业务。这是因为，一是民族地区自然条件差，自然灾害多，容易发生农业风险；二是民族地区发展的产业多与其自然条件相关，比如生态农业、旅游业等，容易受自然条件的影响。

目前我国所设立的都是商业性保险公司。商业性保险公司的逐利性决定了其可能不愿承保民族地区灾害发生可能性较大的业务，因此也可以考虑在民族地区设立政策性保险公司，专门针对民族地区开展保险业务。

2. 担保公司

民族地区设立的担保公司主要是融资性担保公司。融资性担保是指担保人与银行业金融机构等债权人约定，当被担保人不履行对债权人负有的融资性债务时，由担保人依法承担合同约定的担保责任的行为。融资性担保公司是指依法设立，经营融资性担保业务的有限责任公司和股份有限公司。

之所以考虑在民族地区广泛设立担保公司，是基于以下几个方面的原因。首先，民族地区经济发展起步晚，企业规模小。由于银行小额贷款的营销成本较高，小企业向银行直接申请贷款受理较难，这就造成小企业有融资需求时往往会求助于担保机构。担保机构选择客户的成本比较低，从中选择优质项目推荐给合作银行，提高融资的成功率，就会降低银行小额贷款的营销成本。另外，在贷款的风险控制方面，银行不愿在小额贷款上投放，有一个重要的原因是银行管理此类贷款的成本较高，而收益并不明显。对于这类贷款，担保机构可以通过优化贷中管理流程，形成对于小额贷款管理的个性化服务，分担银行的管理成本，免去银行后顾之忧。

其次，事后风险释放，担保机构的优势更是无可替代。银行直贷的项目出现风险，处置抵押物往往周期长，诉讼成本高，变现性不佳。担保机构的现金代偿，大大解决了银行处置难的问题，有些担保机构做到1个月（投资担保甚至3天）贷款逾期即代偿，银行的不良贷款及时得到消除，之后再由担保机构通过其相比银行更加灵活的处理手段进行风险化解。

再次，担保公司时效性快。银行固有的贷款模式流程造成中小企业主大量时间浪费，而担保公司恰恰表现出灵活多变的为不同企业设计专用的融资方案模式，大大节省了企业主的时间与精力，能迎合企业主急用资金的需求。

最后，担保公司在抵押基础上的授信，额度大大超过抵押资产值。为中小企业提供更多的需求资金。

从东部地区一些担保公司运作的经验看，许多投资担保公司在贷后管理和贷款风险化解方面的规范和高效运营，获得了银行充分信任，一些合作银行把贷后催收、贷款资产处置外包给担保公司，双方都取得了比较好的合作效果。

（三）生态类机构

民族地区需要建立的生态类机构很多，比如咨询公司（信息中心或信息公司）、资信评估公司、资产评估公司、会计师事务所、律师事务所、金融研究所等。这里主要介绍一下资信评估公司和资产评估公司。

1. 资信评估公司

资信评估，又称信用评级、资信评级、信用评估等，就是由独立中立的专业评级机构，接受评级对象的委托，根据"独立、公正、客观、科学"的原则，以评级事项的法律、法规、制度和有关标准化规范化的规定为依据，运用科学严谨的分析技术和方法，对评级对象履行相应的经济承诺的能力及其可信任程度进行调查、审核、比较、测定和综合评价，以简单、直观的符号（如 AAA、AA、BBB、CC 等）表示评价结果，公布给社会大众的一种评价行为。资信评估公司就是专门进行资信评估的机构。

资信评估是征信服务的重要组成部分。它在信用风险度量、信用风险监测、信用风险预警、信用信息资源整合和利率市场化下的金融产品风险定价等方面发挥着重要作用。

2. 资产评估公司

资产评估是指在市场经济条件下，由专业机构和人员，依据国家有关规定和有关材料，根据特定的目的，遵循适用原则，依照法定程序，选择适当的价值类型，运用科学方法，对资产价值进行评定和估算的行为。其目的是为该项资产的交易等行为提供价值参考依据。广义的资产评估是指一切对于资产估价的行为包括企业内部为补偿和会计报告而进行的评估。狭义的资产评估是在发生产权变动、资产流动和企业重组等特定行为下对资产进行的评定估算。资产评估机构是指组织专业人员依照有关规定和数据资料，按照特定的目的，遵循适当的原则、方法和计价标准，对资产价格进行评定估算的专门机构。

资产评估可以发挥以下三个方面的作用：一是咨询作用。从某种意义上说，资产评估属于一种专业技术咨询活动，具有咨询的作用。咨询的作用是指资产评估结论为资产业务提供专业化估价意见，该意见本身虽然没有强制执行的效力，但可以作为当事人要价和出价的参考。二是鉴证作用，即鉴别和举证。其中鉴别是专家依据专业原则对资产交易的现时价格作出的独立判断，而举证则为该判断提供理论和事实支撑，使之做到言之有理、持之有据。三是促进作用，可以促进资源优化配置，可以促进产权主体维护自己的合法权益，可以促进资产评估工作的国际化和进一步对外开放。

三、民族地区产业结构优化所需要的金融市场体系

金融市场是进行金融商品交易的场所、网络及交易活动的总称，其基本功能是实现金融商品的集中、分配和流通。其中的金融商品既包括各种货币，也有各种金融工具；交易活动既可以在具体的有形的交易场所如某一金融机构、证券交易所等进行，也可以通过现代通信设施建立起来的网络及无形的交易场所进行。

金融市场在现代市场经济中的地位越来越重要。这是因为，从宏观经济运行来看，在市场经济条件下，所有商品、劳务和技术的交易都要通过货币来进行；从微观主体的经营情况看，各个经济单位追求货币的热情和动力有增无减，而且企业越来越依赖外源融资，通过金融市场融通资金的积极性日益高涨。这就使得金融市场在资源配置和产业结构调整过程中发挥着越来越明显的作用。

金融市场分为货币市场和资本市场两大类。其中货币市场主要是解决企业临时周转性资金需求，对产业结构优化只有间接作用，而资本市场要解决的是企业的长期资本需求，因此直接影响和决定着产业结构的变动。这里主要介绍资本市场体系。

应该说，对一个国家来说，资本市场是一个整体，不分发达地区和落后地区，更不分民族地区和非民族地区。因此，发达、完备的资本市场不仅为东部发达地区，也为西部相对落后的民族地区的经济发展和产业结构优化提供了条件。不过，由于我国的民族地区相对落后，表现为规范化运作的大公司比较少，很多企业才刚刚起步，处于中小微阶段，更多的则是处于酝酿阶段，目前面临的最直接问题就是缺少资金。因此，中国的资本市场建设不仅仅要考虑大公司的 IPO 问题，更要特别考虑中小微企业的起步问题。非常庆幸的是，目前中国不仅建立了上海、深圳两个证券交易所，为股票和债券的发行和交易提供规范、方便的交易规则和条件，而且还为筹备上市的高科技企业设立了创业板市场，同时，还为非上市的高科技股份有限公司的股份转让设立了新三板市场，为非上市的中小微企业设立了股份报价（Q 板）和股份转让市场（E 板），形成了完备的市场体系，民族地区的经济发展、大众创业及产业结构调整和优化可以充分利用这一完备的资本市场体系。

（一）创业板市场

创业板（Growth Enterprises Market Board，GEM），又称二板市场（Second - Board Market），即第二股票交易市场，是与主板市场（Main - Board Market）不同的一类证券市场，专为暂时无法在主板上市的创业型企业、中小企业和高科技产业企业等需要进行融资和发展的企业提供融资途径和成长空间的证券交易市场，是对主板市场的重要补充，在资本市场有着重要的位置。

创业板出现于 20 世纪 70 年代的美国，兴起于 90 年代。在证券发展历史的长河中，创业板刚开始是对应于具有大型成熟公司的主板市场，以中小型公司为主要对象的市场形象而出现的。自 20 世纪 60 年代起，以美国为代表的北美和欧洲等地区为了解决中小型企业的融资问题，开始大力创建各自的创业板市场。发展至今，创业板已经发展成为帮助中小型新兴企业特别是高成长性科技公司融资的市场。

创业板与主板市场相比，上市要求往往更加宽松，主要体现在成立时间，资本规模，中长期业绩等的要求上。由于新兴的二板市场上市企业大多趋向于创业型企业，所以又称为创业板。创业板市场最大的特点就是低门槛进入，严要求运作，有助于有潜力的中小企业获得融资机会。从净利润和营业收入两方面看，主板要求净利润在最近三年均为正，且累计要超过 3000 万元；最近三年营业收入累计超过 3 亿元，或最近三年经营现金流量净额累计超过 5000 万元。而创业板则有两个标准，可选其中之一：一个是最近两年盈利，且最近两年净利润累计不少于 1000 万元；另一个是要求最近一年盈利，净利润不少于 500 万元，营业收入不少于 5000 万元，最近两年的营业收入增长率均不低于 30%；从无形资产占净资产的比例看，主板要求最近一期无形资产占净资产比例不高于 20%，而创业板对此没有要求；从公司股本总额看，主板要求公司发行前股本总额不少于 3000 万元，创业板要求发行后股本总额不少于 3000 万元。

在创业板市场上市的公司大多从事高科技业务，具有较高的成长性，但往往成立时间较短规模较小，业绩也不突出，但有很大的成长空间。可以说，创业板是一个门槛低、风险大、监管严的股票市场，也是一个孵化科技型、成长型企业的摇篮。

具体来说，根据《深圳证券交易所创业板股票上市规则》，公司申请首次公开发行股票须具备以下条件：

1. 主体资格

发行人是依法设立且持续经营三年以上的股份有限公司（有限公司整体变

更为股份公司可连续计算）：

（1）股票经证监会核准已公开发行；

（2）公司股本总额不少于 3000 万元；公开发行的股份达到公司股份总数的 25% 以上；公司股本总额超过 4 亿元的，公开发行股份的比例为 10% 以上；

（3）公司最近三年无重大违法行为，财务会计报告无虚假记载。

2. 企业要求

（1）注册资本已足额缴纳，发起人或者股东用作出资的资产的财产权转移手续已办理完毕。发行人的主要资产不存在重大权属纠纷。

（2）最近两年内主营业务和董事、高级管理人员均没有发生重大变化，实际控制人没有发生变更。

（3）应当具有持续盈利能力，不存在下列情形：

1）经营模式、产品或服务的品种结构已经或者将发生重大变化，并对发行人的持续盈利能力构成重大不利影响；

2）行业地位或发行人所处行业的经营环境已经或者将发生重大变化，并对发行人的持续盈利能力构成重大不利影响；

3）在用的商标、专利、专有技术、特许经营权等重要资产或者技术的取得或者使用存在重大不利变化的风险；

4）最近一年的营业收入或净利润对关联方或者有重大不确定性的客户存在重大依赖；

5）最近一年的净利润主要来自合并财务报表范围以外的投资收益；

6）其他可能对发行人持续盈利能力构成重大不利影响的情形。

（二）新三板市场

新三板市场，即全国中小企业股份转让系统（以下简称全国股份转让系统），原指中关村科技园区非上市股份有限公司进入代办股份系统进行转让试点，因为挂牌企业均为高科技企业而不同于原转让系统内的退市企业及原 STAQ、NET 系统挂牌公司，故形象地称为"新三板"。2012 年，国务院批准决定扩大非上市股份公司股份转让试点，首批扩大试点新增上海张江高新技术产业开发区、武汉东湖新技术产业开发区和天津滨海高新区。2013 年底，新三板方案突破试点国家高新区限制，扩容至所有符合新三板条件的企业，成为全国性的非上市股份有限公司股权交易平台。

全国股份转让系统是经国务院批准，依据证券法设立的全国性证券交易场所，是继上海证券交易所、深圳证券交易所之后第三家全国性证券交易场所。在场所性质和法律定位上，全国股份转让系统与证券交易所是相同的，都是多层次资本市场体系的重要组成部分。

全国股份转让系统与证券交易所的主要区别在于：一是服务对象不同。《国务院关于全国中小企业股份转让系统有关问题的决定》明确了全国股份转让系统的定位主要是为创新型、创业型、成长型中小微企业发展服务。这类企业普遍规模较小，尚未形成稳定的盈利模式。在准入条件上，不设财务门槛，申请挂牌的公司可以尚未盈利，只要股权结构清晰、经营合法规范、公司治理健全、业务明确并履行信息披露义务的股份公司均可以经主办券商推荐申请在全国股份转让系统挂牌。二是投资者群体不同。我国证券交易所的投资者结构以中小投资者为主，而全国股份转让系统实行了较为严格的投资者适当性制度，未来的发展方向将是一个以机构投资者为主的市场，这类投资者普遍具有较强的风险识别与承受能力。三是全国股份转让系统是中小微企业与产业资本的服务媒介，主要是为企业发展、资本投入与退出服务，不是以交易为主要目的。

1. 设立新三板市场的作用

（1）成为企业融资的平台。新三板的存在，使高新技术企业的融资不再局限于银行贷款和政府补助，更多的股权投资基金将会因为有了新三板的制度保障而主动投资。

（2）提高公司治理水平。依照新三板规则，园区公司一旦准备登陆新三板，就必须在专业机构的指导下先进行股权改革，明晰公司的股权结构和高层职责。同时，新三板对挂牌公司的信息披露要求比照上市公司进行设置，很好地促进了企业的规范管理和健康发展，增强了企业的发展后劲。

（3）为价值投资提供平台。新三板的存在，使价值投资成为可能。无论是个人还是机构投资者，投入新三板公司的资金在短期内不可能收回，即便收回，投资回报率也不会太高。因此对新三板公司的投资更适合以价值投资的方式进行。

（4）通过监管降低股权投资风险。新三板制度的确立，使挂牌公司的股权投融资行为被纳入交易系统，同时受到主办券商的督导和证券业协会的监管，自然比投资者单方力量更能抵御风险。

（5）成为私募股权基金投资的新热点。股份报价转让系统的搭建，对于投资新三板挂牌公司的私募股权基金来说，成为了一种资本退出的新方式，挂牌企业也因此成为了私募股权基金的另一投资热点。

2. 企业挂牌新三板市场的条件

（1）依法设立且存续（存在并持续）满两年。有限责任公司按原账面净资产值折股整体变更为股份有限公司的，存续时间可以从有限责任公司成立之日起计算；

（2）业务明确，具有持续经营能力；

（3）公司治理机制健全，合法规范经营；

（4）股权明晰，股票发行和转让行为合法合规；

（5）主办券商推荐并持续督导；

（6）全国股份转让系统公司要求的其他条件。

3. 企业挂牌新三板市场的好处

（1）资金扶持：各区域园区及政府政策不一，企业可享受园区及政府补贴。

（2）便利融资：新三板挂牌后可实施定向增发股份，提高公司信用等级，帮助企业更快融资。

（3）财富增值：新三板上市企业及股东的股票可以在资本市场中以较高的价格进行流通，实现资产增值。

（4）股份转让：股东股份可以合法转让，提高股权流动性。

（5）转板上市：转板机制一旦确定，公司可优先享受绿色通道。

（6）公司发展：有利于完善公司的资本结构，促进公司规范发展。

（7）宣传效应：新三板上市公司品牌，提高企业知名度。

（三）E 板和 Q 板

E 板和 Q 板是上海股权托管交易中心设立的两个为小企业服务的平台。上海股权托管交易中心经上海市政府批准设立，归属上海市金融服务办公室监管，遵循中国证监会对多层次资本市场体系建设的统一要求，是上海市国际金融中心建设的重要组成部分，也是中国多层次资本市场体系建设的重要环节。

上海股权托管交易中心非上市股份转让系统自 2012 年 2 月 15 日开业以来，取得了令人瞩目的业绩。但由于中小微企业数量众多，而目前资本市场容量有限，与投资者广泛和多元的投资需求不相适应。在此背景下，上海股权托管交易中心推出了中小企业股权报价系统，为更多的企业提供对接资本市场的机会，成为企业与金融机构、投资者信息互通的桥梁。

上海股权托管交易中心现已形成一市两板的新格局：在一个市场——上海股权托管交易市场，构建非上市股份有限公司股份转让系统（转让系统、E

板）、中小企业股权报价系统（报价系统、Q 板）两个板，为不同类型、不同状态、不同阶段的企业提供对接资本市场的机会及相适应的资本市场服务。

1. E 板

所谓 E 板（Exchange），全称为非上市股份公司股份转让系统，简称转让板，指挂牌公司可以通过系统进行线上报价、线上交易、线上融资等。

非上市股份有限公司在上海股交中心挂牌后，给企业带来的直接变化一是形成了有序的股份退出机制，二是企业法人治理机构的规范运作程度将显著提高。这些变化将给企业带来如下好处：有利于建立现代企业制度，规范企业运作，完善法人治理结构，促进企业健康发展；有利于提高股份的流动性，完善企业的资本结构，提高企业自身抗风险的能力，增强企业的发展后劲；有利于企业扩大宣传，树立品牌，促进企业开拓市场；有利于企业吸收风险资本投入，引入战略投资者，进行资产并购与重组等资本运作；通过规范运作、适度信息披露、相关部门监管等，可以促进企业尽快达到创业板、中小板及主板上市的要求；开展股份报价转让业务，完善了股份退出的机制，使企业定向增资更容易实现；公司在公共平台上挂牌，增加了企业的信用等级，更利于获得银行贷款。

关于在 E 板挂牌的条件，《上海股权托管交易中心非上市股份有限公司股份转让业务暂行管理办法》规定的挂牌条件中没有类似中小板、创业板或其他资本市场关于企业营业收入、净利润、经营活动产生的现金流量净额等财务指标的具体要求。上海股交中心侧重关注投资者利益的保护，强调企业的规范运作情况、成长性及未来发展前景，一般通过对企业所处的行业、财务情况、主要股东及管理层等多种因素的考察来进行判断，因此公司当下的财务情况也是综合把握和判断企业是否符合挂牌条件的因素之一。

非上市股份有限公司申请在上海股交中心挂牌应具备以下条件：业务基本独立，具有持续经营能力；不存在显著的同业竞争、显失公允的关联交易、额度较大的股东侵占资产等损害投资者利益的行为；在经营和管理上具备风险控制能力；治理结构健全，运作规范；股份的发行、转让合法合规；注册资本中存在非货币出资的，应设立满一个会计年度；上海股交中心要求的其他条件。

2. Q 板

所谓 Q 板（Quotation），全称为中小企业股权报价系统，因此又称报价板，指挂牌公司可以通过系统进行线上报价，但交易、融资均在线下完成。Q 板不同于新三板市场和股权转让系统，Q 板对企业规模大小没有要求，大多数企业注册资金规模多在 100 万元左右，企业类型将不局限于股份有限公司，还包括了有限责任公司、合伙企业等各类型企业，企业所处行业和所有制成分亦不受限制。第一批 101 家挂牌企业所属行业包括了农林牧渔、化工、有色金属、建筑建材、机械设备、交运设备、信息设备、食品饮料、纺织服装、轻工制造、医药生物、公用事业、交通运输、金融服务、商业贸易、餐饮旅游、信息服务、综合服务等。

企业挂牌 Q 板的条件非常宽松，除存在下列情况外，均可在上海股交所 Q 板挂牌：无固定的办公场所，无满足企业正常运作的人员，企业被吊销营业执照，存在重大违法违规行为或被国家相关部门予以严重处罚，企业的董事、监事及高级管理人员存在《公司法》第一百四十七条所列的情况，其他规定的情况。

企业挂牌 Q 板的好处是：拓宽了公司融资渠道，挂牌公司可以通过定向增发、股权质押及发行中小企业私募债等多种方式实现融资；能够极大提升企业形象，增强企业的竞争力；公司通过挂牌交易、融资、信息披露，规范运作能力不断增强，能够促进公司转板上市。

四、民族地区产业结构优化所需要的金融业务体系

金融业务是金融机构的日常工作，是随着金融功能的演进和经济、社会发展的需要而不断变化的。从目前的情况看，民族地区金融机构在调整和优化民族地区产业结构的过程中需要开展的业务体系包括五类，一是以普及金融知识、提高居民金融素养为核心的金融教育；二是以信息集散与信息加工为核心的信息业务；三是以宏观经济、金融研究、行业分析和金融工具设计为核心的研发业务；四是以资金分配和资源配置为核心的融资业务；五是以风险评估与风险规避为核心的风险业务（金融生态服务业务）。这五类业务"五位一体"，互为条件，共同保证了金融的正常、可持续运行和民族地区产业结构的优化。虽然其中的大部分业务目前已经开展，但由于比较单一、片面，没有其他业务支撑，没有与其他业务形成密切的配合，不仅影响了业务的发展，也影响了整个金融体系的运行和金融生态环境的改善。比如，银行信贷（即资金分配和资源配置）是所有银行的核心业务，但如果没有金融知识普及和居民金融素养的提高，金融生态环境不好，就很容易出现逾期；如果没有信息业务和研发业务做支撑，就可能投放错误；没有风险业务做保证，就可能造成损失。

下面对几项业务及其重点注意的问题进行说明。

（一） 加强金融教育

1. 金融教育的意义

在经济金融化的时代，不仅需要发挥政府的引导作用，而且更需要发挥市场的主导作用；而这两种作用的发挥都需要有一个先决条件，这就是不仅需要有国家和大企业的资金投入，更需要有充分的社会力量和良好的金融生态环境。良好的金融生态环境建设，不仅需要广大居民有良好的金融素养，更需要把他们的有限的资金力量集中投入到经济发展的大潮中去。而迄今为止，虽然人们已经看到"一带一路"沿线的大多数国家都是发展中国家，基础设施相对落后，需要大量的投资，需要发挥金融的作用。但从根本上讲，大家关注的主要是这些相对落后的基础设施，因而对金融的关注也主要集中在丝路基金和亚投行的作用，并未注意到调动广大民众的参与，更未注意到沿线地区的金融生态环境。因此，为了推动"一带一路"战略的实施，同时也是为了带动民族地区经济腾飞，应加强金融教育，普及金融知识。

在当前金融时代，金融素质已经成为国民综合素质的重要组成部分，一些国家已经将金融教育纳入国家战略之中，建立了完备的金融教育体系。加强金融教育，提高社会公众的金融知识水平，既可以帮助公众树立正确的投资理财观念，避免个人金融资产的损失，又可以强化国家宏观调控和货币政策效果，维护金融稳定。事实上，如果一个人对于金融一无所知，那么他将不能为自己选择正确的储蓄或投资，还可能面临被欺诈的风险。如果人们在金融方面训练有素，他们将更乐于储蓄并挑战金融服务的提供者，促使其开发更切合实际和需要的产品，而这些必将对投资水平和经济增长产生积极影响。对于我国相对落后的民族地区来说，接受过金融教育的消费者可以有助于确保金融部门对实际的经济增长和消除贫困作出有效的贡献。

亚太经合组织早在 2005 年就指出，受科学技术的发展、金融市场自有化程度的提高、金融商品日趋复杂、人口结构变迁、政府退休制度改变、消费者金融知识水平普遍较低等因素的综合影响，金融教育的重要性与日俱增。如何使一般群众特别是一些弱势群体得到公平的金融教育，让普通百姓也有机会迈向成功、提高国民福祉等问题，已成为各国政府重视的问题，并纷纷通过立法要求相关单位对社会大众进行经济金融教育工作。

2. 金融教育从小孩抓起

金融教育是启迪人们智慧的教育，这种教育必须从小普及。从小培养孩子的金融意识和理财技能，与孩子掌握科学文化知识一样重要。树立正确的金钱价值观，培养孩子正确的投资理财能力是一种很好的锻炼与提高，而且也是孩子今后生存必备的技能之一。因此各国非常重视对学生的金融教育。一般认为，金融业是建立在信用基础上的高风险行业，其从业人员的许多基本理念来自于人年幼时的习惯养成。教育孩子从小诚实守信，知晓一些起码的金融常识，了解一点金融风险的基本知识，对他们将来是否从业金融，都大受裨益。一些发达国家非常重视少年儿童的金融教育。如英格兰银行对中小学生发行了"Made of Money"彩色小册子及DVD。一些央行如美联储、日本银行还开始重视对少年儿童的金融教育，建立了专门的针对少年儿童的央行网页。美联储针对不同对象展开不同内容和项目的金融教育。如对 4~8 年级的学生，美联储设立的项目是"It is all about your money"，其中主要让学生参观美联储，同时有货币知识学习和个人理财等知识培训；针对高中生及大学生，设立了"Foundation of Finance"，教导学生正确使用钱财，根据学校需要设计活动内容，包括财务管理、贷款效益、风险、财务规划等。美联储每两年进行一次高中生的经济金融知识水准调查，由 200 多家机构共同发起在 1995 年组成的名为 Jumpstart 的组织，专门针对青少年开展金融教育。2002 年美联储与 Jumpstart 公布的美国 12 年级高中生金融知识评估结果所反映的美国高中生在金融知识方面的欠缺引起了美国国会的注意，美国国会专门召开了金融教育听证会，最终促进了美国《金融知识与教育促进法》的制定和"金融知识与教育委员会"的成立。事实上，早在1957—1985 年，美国就有累计 29 个州立法要求中学必须设立针对金融教育的课程，其中有 14 个州对这些课程应该涉及的范围作了明确的规定。针对教师，美联储设立"Money and Banking for Education"，对教师进行为期 5 天的免费训练课程，提高教师教授经济金融知识和解释央行货币政策等方面的能力；针对中低收入居民，设立了"Individual Development Account Initiatives"，教育中低收入居民如何储蓄购物，如何经营小型企业，或者储备教育支出。日本的一些地方早在多年前就已打破在学校这样的教育场所传授金钱知识不道德的传统观念，认为应该让孩子们从儿童时期开始就在实践中掌握金融知识。东京证券交易所编撰了一本名为《股票学习游戏》的书，目前采用这本书的学校已达近千所。日本大阪的中学采用储蓄与消费、不法经营和用卡知识为主题进行授课，还按期发行校办《金融教育报》。

3. 国外开展金融教育的经验

经合组织在 2003 年启动了一项金融教育计划，呼吁各国政府提高对金融教育重要性的认识，并每年召开会议研讨金融教育领域的重点议题。在一系列调查研究的基础上，经合组织提出了《金融教育的原则和最佳实践》，就如何加强金融监管机构、教育部门、金融机构在金融教育方面的作用，金融教育的基本原则和具体手段提出了政策性建议。如将金融教育作为金融监管的重要责任，作为促进经济增长和保持金融稳定的重要举措；推行金融早期普及教育，从学校起步，从小培养国民的金融素质；政府应通过监管，强化金融机构的信息披露，并注意将金融机构的金融宣传与广告营销区分开来；应限制金融机构的表格使用字体微小、晦涩难懂的语言；加强行为经济学、生命周期理论在金融宣传教育理论中的运用等。

在美国，对金融教育的定位非常明确，即把金融教育看成是美国未来发展的国家战略。2003 年 12 月 4 日，经国会批准，美国总统布什签发了《公平交易与信用核准法案》（FACT 法案），其中第五项"金融扫盲与教育促进条例"中明确提出正式成立美国金融扫盲与教育委员会（The Financial Literacy and Education Commission），把面向美国国民的金融教育正式纳入国家法案。该条例指出，金融扫盲与教育委员会成立的目的是通过实施金融教育国家战略，提高美国国民的金融教育程度。在该委员会中，美国财政部和联邦储备局是核心成员，此外还包括教育部、劳动部、农业部、商品期货交易委员会、联邦贸易委员会、国民储蓄管理局、国家信用联盟管理局、证券交易委员会、小企业管理局等其他 18 个重要的部门和机构组织。该委员会受制于美国国会，由财政部部长兼任委员会主席。在美国整个金融教育组织体系中，政府是关键的组织者，在实施金融教育战略中扮演重要角色；全体国民是参与者，也是金融教育的受益者；地方政府、社区组织、教育机构、银行、其他金融机构以及盈利或非盈利私人组织都是金融教育战略的重要实施者。为推进金融教育，美国还把每年 4 月定为金融扫盲月。

国外的金融教育非常强调实效。为了了解金融教育工作的进展情况，并对相应措施加以改进，各国中央银行非常重视调查研究。如日本银行自 1993 年开始就按季对公众进行问卷调查，其内容包括对央行的认知度和对金融知识的了解情况。美联储则是每三年进行一次消费金融调查，每两年还要举行一次社区事务研讨会，讨论金融教育的成效。另外，美国联邦储备银行还与芝加哥联邦储备银行设立了金融教育研究中心，专门为金融教育提供信息和决策支持。在英国，金融服务监管局承担了对消费者金融权益保护和金融教育指导的职责，其下设专门进行金融教育的部门，牵头制定了国民金融素质规划，提出了在5年间将金融教育覆盖至1000万人的目标。同时，金融服务监管局还专门启动了一项名为"钱博士"的计划，通过培育"钱顾问"，对大学在校学生进行金融知识辅导。澳大利亚在2005年成立了金融教育基金会，每年举办金融知识竞赛，同时政府还要求教育系统必须对所有学生开展基本金融知识教育，并拨出经费对教师队伍进行金融教育培训。新西兰退休委员会于2006年12月发布了"金融教育规划"，描述了新西兰金融教育的愿景，提出了"使新西兰人受到良好的金融教育，充分的信息披露并据此作出金融决策"的目标，指出了金融教育的前提、具体措施、政策保障和监督机制。据此规划，退休委员会集中各种资源设立了专门的网站，为公众提供客观全面及时的金融指导，20%的国民都曾访问过该网站。加拿大在2009年6月也成立了由13名专家组成的工作小组，负责起草加拿大的金融教育国家规划。

发展中国家也在着手加大对金融教育的投入力度。印度央行在其网站上专门开设了针对儿童的金融启蒙教育，以非常形象的方式向孩子们介绍基本金融知识。马来西亚央行最近也成立了金融消费者维权机构，负责处理金融消费者投诉，并提供面对面的金融辅导。印度尼西亚成立了银行客户金融宣传工作小组，将2008年制定为金融宣传年。巴西证监会下属金融教育咨询委员会启动了一项针对大学教师的一周金融知识培训计划，并设立基金，奖励对投资者进行即时、合理风险提示的报纸杂志等媒体。

美联储前主席格林斯潘曾说："在小学和中学改进金融教育对于提供金融知识基础非常关键，可以帮助年轻人避免可能做出需要多年才能克服的不良金融决定。"美联储主席伯南克则认为："在当今复杂的金融市场环境中，金融教育对于帮助消费者及其家人做出更有决策的作用是至关重要的。"他说，最近的危机证实了金融素养和正确的金融决策是至关重要的，这种重要性不仅体现在家庭的经济福利，也体现在一个整体系统的健康稳定。美国前总统布什更是认为如果美国想成为充满希望的国度，广大民众就要具备一定的金融知识。

（二）发展互联网金融

1. 互联网金融的含义及意义

互联网金融，简称网络金融（e-finance），就是网络技术与金融的相互结合。从狭义上理解，互联网金融是指以金融服务提供者的主机为基础，以因特网或者通信网络为媒介，通过内嵌金融数据和业务流程的软件平台，以用户终端为操作界面的新型金融运作模式，包括了网上银行、网上证券、网络期货、网络保险、网上支付、网上结算等；从广义上理解，互联网金融的概念还包括与其运作模式相配套的网络金融机构、网络金融市场以及相关的、监管等外部环境。

互联网金融的出现极大地改变了传统银行和金融的运作方式，不仅提高了工作效率，而且为支持民族地区的发展创造了条件。第一，实现了金融的信息化与虚拟化。从本质上说，金融市场是一个信息市场，也是一个虚拟的市场。在这个市场中，生产和流通的都是信息：货币是财富的信息；资产的价格是资产价值的信息；金融机构所提供的中介服务、金融咨询顾问服务等也是信息。网络技术的引进不但强化了金融业的信息特性，而且虚拟化了金融的实务运作。例如，经营地点虚拟化——金融机构只有虚拟化的地址即网址及其所代表的虚拟化空间；经营业务虚拟化——金融产品和金融业务，大多是电子货币、数字货币和网络服务，全部是理念中的产品和服务；经营过程虚拟化——网络金融业务的全过程全部采用电子数据化的运作方式，由银行账户管理系统、电子货币、信用卡系统和网上服务系统等组成的数字网络处理所有的业务。第二，促进了金融的高效性与经济性。与传统金融相比，网络技术的应用使得金融信息和业务处理的方式更加先进，系统化和自动化程度大大提高，突破了时间和空间的限制，而且能为客户提供更丰富多样、自主灵活、方便快捷的金融服务，具有很高的效率。网络金融的发展使金融机构与客户的联系从柜台式接触改变为通过网上的交互式联络，这种交流方式不仅缩短了市场信息的获取和反馈时间，而且有助于金融业实现以市场和客户为导向的发展战略，也有助于金融创新的不断深入发展。从运营成本来看，虚拟化的网络金融在为客户提供更高效的服务的同时，由于无须承担经营场所、员工等费用开支，因而具有显著的经济性。此外，随着信息的收集、加工和传播日益迅速，金融市场的信息披露趋于充分和透明，金融市场供求方之间的联系趋于紧密，可以绕过中介机构来直接进行交易，非中介化的趋势明显。第三，推动了金融的一体化和同质化。网络金融的出现极大地推动了金融混业经营的发展，主要原因在于：首先，在金融网络化的过程当中，客观上存在着系统管理客户所有财务金融信息的需求，即客户的银行账户、证券账户、资金资产管理和保险管理等有融合统一管理的趋势；其次，网络技术的发展使金融机构能够快速有效地处理和传递大规模信息，从而使金融产品创新能力大大加强，能够向客户提供更多量体裁衣的金融服务，金融机构同质化现象日益明显；最后，网络技术降低了金融市场的运行成本，金融市场透明度和非中介化程度提高，这都使金融业竞争日趋激烈，百货公司式的全能银行、多元化的金融服务成为大势所趋。这不仅使银行按专业分工成为过去时，而且化互联网对金融特别是银行的冲击为融合，更突出了银行在互联网金融领域的地位和优势，进一步巩固了银行资金中心和信息中心的地位。

2. 民族地区发展互联网金融的方式

民族地区发展互联网金融可以借鉴目前存在的互联网金融模式，如大数据金融、信息化金融机构等。

（1）大数据金融

大数据金融是指集合海量非结构化数据，通过对其进行实时分析，可以为互联网金融机构提供客户全方位信息，通过分析和挖掘客户的交易和消费信息掌握客户的消费习惯，并准确预测客户行为，使金融机构和金融服务平台在营销和风控方面有的放矢。

基于大数据的金融服务平台主要指拥有海量数据的电子商务企业开展的金融服务。大数据的关键是从大量数据中快速获取有用信息的能力，或者是从大数据资产中快速变现的能力，因此，大数据的信息处理往往以云计算为基础。大数据能够通过海量数据的核查和评定，增加风险的可控行和管理力度，及时发现并解决可能出现的风险点，对于风险发生的规律性有精准的把握，将推动金融机构对更深入和透彻的数据的分析需求。虽然银行有很多支付流水数据，但是各部门不交叉，数据无法整合，大数据金融的模式促使银行开始对沉积的数据进行有效利用。大数据将推动金融机构创新品牌和服务，做到精细化服务，对客户进行个性定制，利用数据开发新的预测和分析模型，实现对客户消费模式的分析以提高客户的转化率。

大数据金融模式广泛应用于电商平台，以对平台用户和供应商进行贷款融资，从中获得贷款利息以及流畅的供应链所带来的企业收益。随着大数据金融的完善，企业将更加注重用户个人的体验，进行个性化金融产品的设计。未来，大数据金融企业之间的竞争将存在于对数据的采集范围、数据真伪性的鉴别以及数据分析和个性化服务等方面。

（2）信息化金融机构

所谓信息化金融机构，是指通过采用信息技术，对传统运营流程进行改造或重构，实现经营、管理全面电子化的银行、证券和保险等金融机构。金融信息化是金融业发展趋势之一，而信息化金融机构则是金融创新的产物。从金融整个行业来看，银行的信息化建设一直处于业内领先水平，不仅具有国际领先的金融信息技术平台，建成了由自助银行、电话银行、手机银行和网上银行构成的电子银行立体服务体系，而且以信息化的大手笔——数据集中工程在业内独领风骚。

从经营模式上来说，传统的银行贷款是流程化、固定化，银行从节约成本和风险控制的角度更倾向于针对大型机构进行服务。通过信息技术，可以缓解甚至解决信息不对称的问题，为银行和中小企业直接的合作搭建了平台，增强了金融机构为实体经济服务的职能。目前，一些银行建立了电商平台，从银行的角度来说，电商的核心价值在于增加用户黏性，积累真实可信的用户数据，从而银行可以依靠自身数据去发掘用户的需求。实际上，更为重要的是，银行通过建设电商平台，积极打通银行内各部门数据孤岛，形成一个"网银＋金融超市＋电商"的三位一体的互联网平台，可以应对互联网金融的浪潮及挑战。

信息化金融机构从另外一个非常直观的角度来理解，就是通过金融机构的信息化，让人们汇款不用跑银行、炒股不用去营业厅、电话或上网可以买保险。虽然这是大家现在已经习以为常的生活，但这些都是金融机构建立在互联网技术发展基础上，并进行信息化改造之后带来的便利。未来，传统的金融机构在互联网金融时代，更多的是如何更快、更好地利用互联网等信息化技术，并依托自身资金实力雄厚、品牌信任度高、人才聚焦、风控体系完善等优势，作为互联网金融模式的排头兵来应对非传统金融机构带来的冲击，尤其是思维上、速度上的冲击。

3. 运用互联网创新服务民族地区金融产品

2015年6月24日，《"互联网＋"行动指导意见》发布具体措施推动互联网与各行业深度融合。"互联网＋"政策的出台，直接推动了互联网红利开始惠及农村地区。其中，互联网金融与农业的结合，为农业发展融资难等问题带来了针对性的解决方案，引发了社会的广泛关注。事实上，2015年以来，农业P2P平台已如雨后春笋般涌现，标志着互联网金融开始进入2.0时代，"互联网金融＋"的商业模式开始涉足农业产业。2015年被业界称为农业互联网金融元年，一批极具代表性和发展潜力农业互联网金融平台纷纷崛起。利多多、宜农贷、希望金融等品牌更是被称为农业互联网金融行业的拓荒者。

宜农贷是宜信旗下的农业互联网金融平台，虽然其商业模式仍然是P2P业务，但在产品信息里增添了公益、爱心等主题，将融资需求直接以农户故事的形式展现给投资者，农户故事更是以农村妇女为主要对象。宜农贷在网站首页上打出了"借出100元，她的命运因您而改变"的煽情宣传语。在农业、互联网金融、公益等大的主题下，宜农贷成功将助农主题与投融资、志愿者活动结合了起来。

希望金融是新希望集团旗下的农业互联网金融平台，于2015年3月18日正式上线。与其他金融平台不同，脱胎于新希望集团的希望金融借助集团深厚的行业资源，将金融服务接入到既有的产业链内，发挥金融的加速器作用，拓宽新希望集团的业务范围，实现集团整体业务的协同效应。目前，希望金融的商业模式主要是P2P业务，但根据规划，未来希望金融将下设三个事业平台，分别是融资事业平台、农资理财平台和农资服务平台，基本都是基于既有优势的继续发展。

2015年5月，利多多农业互联网金融平台正式上线。与其他模式不同的是，利多多推出了"P2P + 众筹"商业模式，即"将城市的钱带到农村，促进农业的发展；将农村的农副产品带回城市，让城里人吃上无公害的绿色食品"。从一开始，利多多就不局限于单纯做一个P2P平台，而是要做一个"既能放心吃又能放心赚"的平台。具体就业务板块来说，P2P业务推出了按日计息和按月计息两大类产品，预期年化率能够达到8%以上的收益水平，能够达到行业优秀水平；众筹业务将投融资与农产品消费直接联系起来，让消费者通过众筹形式自主选择喜爱的农业项目和农副产品，主要是时令果蔬，还有鱼肉禽蛋等优质食物。

除了宜农贷、利多多等一批垂直平台的出现，蚂蚁金融、京东金融等大的互联网金融平台也开始将业务触角延伸到农业产业中来，农业互联网金融渐成蓬勃发展之势。

五、民族地区的金融管理体制

中国的民族地区比较特殊，这种特殊性我们在前面已作了说明，主要的问题是自然条件差，经济落后；从民族地区自身的发展情况看，各地也有较大的区别，这种区别不仅是经济上的，更是文化上的，甚至管理方式上的。但与此相对应的是，我国目前的金融管理体制基本上是"一刀切"，虽然近期也采取了一些区别对待的措施，比如降准、降息等，但都是针对行业的多，针对地区的少，针对民族地区的几乎没有[①]。我们知道，我国对民族地区在政治上实行"民族自治"，就是考虑到各民族地区的特殊性，如果在金融管理上忽略了这种特殊性，就很可能造成贫者愈贫、富者愈富的现象。比如，我们鼓励各大商业银行在民族地区设立分支机构，但并没有规定他们在民族地区的资金投放比例，这就造成一些商业银行在民族地区的分支机构成为抽水机，把民族地区特别是把民族地区农村的资金源不断地吸收上来，分配给了大城市和发达地区。

传统的市场金融是以盈利为目的的经营行为，虽然也要求金融机构担负社会责任，但迄今为止还没有哪个国家的金融机构能很好地履行其社会责任。从中国目前的情况看，更是表现为锦上添花而非雪中送炭。在市场失灵成为常态的民族地区金融领域，尤其要充分发挥政府的作用，在鼓励国有商业银行和全国性股份制商业银行积极支持民族地区发展，在民族地区多设机构、开拓业务的同时，更要发挥政府和相关部门管理的智慧和网络时代的优势，通过提供强有力的具体的政策支持，因地制宜，分类指导，发展适应和促进民族地区经济、社会发展需要的金融机构和金融业务。

第一，进一步落实加强财政补贴和税收优惠政策，支持民族地区开办适应当地需要的金融机构和金融业务。

第二，宽松金融政策，降低开办村镇银行、小额贷款公司等金融机构的门槛；加强对国有及全国性股份制商业银行在民族地区网点的设置和业务的管理，严格规定和落实当地资金的投放比例。

第三，鼓励和支持地方政府组建以电商平台为基础、以供应链金融为纽带的民族地区农村网络金融系统，在改善民族地区金融生态环境的同时发展民族地区金融业。

第四，开拓融资渠道，大力发展 PPP 融资模式，支持民族地区企业上市融资。

第五，发展普惠金融，建立一个持续的、可以为民族地区农牧民提供合适产品和服务的金融体系，关注目前尚不能被商业银行服务覆盖的那些低收入和贫困人群，解决金融服务权利不平等现象。

---

① 不可否认，我们在民族地区也采取了一些优惠措施，但这些措施主要是财政上的，金融上的"贴息"政策执行得并不好。

参考文献

［1］敖特根巴雅尔，红梅．内蒙古农村牧区金融供求现状分析，第一届（2014）中国民族地区金融发展论坛论文；农牧区金融供求分析［J］．中国金融，2015（7）．

［2］白钦先，丁志杰．论金融可持续发展［J］．国际金融研究，1998（5）．

［3］白钦先．金融结构、金融功能演进和金融发展理论研究的历程［J］．经济评论，2005（3）．

［4］白钦先，白炜．金融功能研究的回顾与总结［J］．财经理论与实践（双月刊），2009（9）．

［5］白钦先等．金融可持续发展研究导论［M］．北京：中国金融出版社，2001．

［6］蔡红艳，阎庆民．产业结构调整与金融发展——来自中国的跨行业调查研究［J］．管理世界，2004（10）．

［7］陈建国，杨涛．中国对外贸易的金融促进效应分析［J］．财贸经济，2005（1）：83-86．

［8］陈雁．产业结构调整中的金融模式探索［J］．河南金融管理干部学院学报，2008（2）．

［9］范志方，张立军．中国地区金融结构转变与产业结构升级研究［J］．金融研究，2003（11）．

［10］冯彦明．建设适合中国国情的金融体系［J］．河北财经学院学报（现河北经贸大学学报），1987（1）．

［11］冯彦明，毛丹．大力发展民族地区金融［J］．中国金融，2015（10）．

［12］冯彦明，李海辉．金融功能变迁与银行组织成长研究［J］．财经问题研究，2007（8）．

［13］高静文．金融发展促进东北地区产业结构调整内在机制研究［J］．

现代财经，2005（7）.

[14] 郭金龙，于兆吉. 论金融发展理论的演进———从传统比较金融观到金融资源论［J］. 理论界，2006（3）.

[15] 龚明华. 当代金融发展理论：演进及前沿［J］. 国际金融研究，2004（4）.

[16] 韩军. 人力资本要素与国际服务贸易比较优势的发挥［J］. 国际经贸探索，2001（3）.

[17] 韩立岩，蔡红艳. 我国资本配置效率及其与金融市场关系评价研究［J］. 管理世界，2002（2）.

[18] 韩壮飞. 互联网金融发展研究——以阿里巴巴集团为例［D］. 开封：河南大学，2013.

[19] 何剑. 民族地区县域经济的金融支持问题［J］. 商业时代，2007（10）.

[20] 黄森. 交通基础设施空间建设差异化影响了中国经济增长吗——基于2010—2011 年中国31 个省（市、自治区）数据的实证分析［N］. 贵州财经大学学报，2015（3）.

[21] 甲任. 民族地区生态旅游循环经济体系的建立［J］. 中国西部科技，2011（9）.

[22] 江其务. 开启民营金融市场准入闸门［J］. 西部大开发，2001（3）.

[23] 江春，许立成. 内生金融发展：理论与中国的经济证据［J］. 财经科学，2006（5）.

[24] 鞠方，张立军，湛泳. 通过金融结构的优化促进西部产业结构的升级［J］. 当代财经，2004（5）.

[25] 孔祥林. 基于循环经济的产业结构优化理论［J］. 科技资讯，2009（12）.

[26] 匡霞，杨再斌. 论金融在我国产业结构调整中的作用机制［J］. 中共青岛市委党校、青岛行政学院学报，2000（2）.

[27] 李京文，郑友敬. 技术进步与产业结构——选择［M］. 北京：经济科学出版社，1989.

[28] 李文瑞. 对欠发达民族地区营造良好金融生态环境的思考［J］. 金融参考，2005（5）.

［29］李德洙．正确认识和处理当代中国的民族问题［N］．学习时报，2006 - 07 - 03.

［30］李季刚，陈彤．民族地区农村经济发展的金融支持研究——以新疆为例［J］．集团经济研究，2006（6）．

［31］李杰．产业结构演进的一般规律及国际经验比较［J］．经济问题，2009（6）．

［32］廖旗平．美国金融危机对中国高校金融人才培养的启示［J］．广东农工商职业技术学院学报，2010（8）．

［33］梁代生．民族地区构建和谐社会思考［J］．青海社会科学，2005（3）．

［34］林广明，谭庆华．金融资源论：对金融功能观与金融机构观的综合研究［J］．金融论坛，2004（6）．

［35］刘永佶，李克强主编．中国民族地区经济发展报告［M］．北京：中国社会科学出版社，2011.

［36］刘健．加快信息化和工业化融合促进产业结构优化升级［J］．上海信息化，2009（2）．

［37］刘荣利．试论利用金融政策优化我国产业结构［J］．济宁学院学报，2009，4（2）．

［38］刘梅生．开放条件下金融支持产业结构升级的机制分析［J］．贵州大学学报，2009（3）．

［39］陆铭宁，吴江，侯成万，张艳．论西部民族地区农村金融抑制的产生与破解——以四川省凉山州为例［J］．农村经济，2011（9）．

［40］罗凤燕．促进民族地区经济社会协调发展具有重要的战略意义［J］．市场论坛，2007（7）．

［41］马正兵．中国金融发展的经济增长效应与路径分析［J］．经济评论，2008（3）．

［42］马洪娟．产业结构优化中金融支持措施的国际比较及对广东的启示［J］．改革与战略，2009（5）．

［43］马昀，王元龙．国际金融体系改革与文化重建［J］．高校理论战线，2011 - 08 - 10.

［44］聂建中，王敏．比较优势战略与产业结构升级［J］．当代经济，2009（1）．

[45] 潘文卿，张伟. 中国资本配置效率与金融发展相关行研究 [J]. 管理世界，2003（9）.

[46] 史忠良等. 产业经济学 [M]. 北京：经济管理出版社，2001.

[47] 沈军等. 再论金融资源学说 [J]. 浙江金融，2006（1）.

[48] 苏东水等. 产业经济学 [M]. 北京：高等教育出版社，2000.

[49] 孙杰，贺晨. 大数据时代的互联网金融创新及传统银行转型 [J]. 财经科学，2015（1）.

[50] 谈儒勇. 金融发展理论在 90 年代的发展 [J]. 中国人民大学学报，2000（2）.

[51] 唐世连，肖继辉. 第二代金融发展理论述评 [J]. 当代财经，2003（11）.

[52] 王昳玢. 浅谈内蒙古农村基础设施投资问题 [J]. 中外企业家，2013（3）.

[53] 王涛，曹永旭. 论产业结构合理化 [J]. 生产力研究，2009（14）.

[54] 王述英等. 现代产业经济理论与政策 [M]. 太原：山西经济出版社，1999.

[55] 王兰军. 中国股票市场功能演进与经济结构战略性调整研究 [D]. 西南财经大学，2002.

[56] 王纪全，张晓燕，刘全胜. 中国金融资源的地区分布及其对经济增长的影响 [J]. 金融研究，2007（6）.

[57] 王军，王忠. 资本市场抑制的理论与实证分析 [J]. 金融教学与研究，2002（12）.

[58] 吴飞美. 基于循环经济的福建省产业结构调整问题研究 [J]. 福州大学学报（哲社版），2009（1）.

[59] 吴忠军，韦俊峰，王佳果. 民族旅游标准化建设探讨 [J]. 标准科学，2015（3）.

[60] 吴朝霞，王沐钒. 中国金融资源地区分布差异问题分析 [J]. 财经理论与实践，2011（2）.

[61] 吴彬. 对少数民族贫困地区金融服务问题的研究 [J]. 西南金融，2011（12）.

[62] 伍海华，张旭. 经济增长产业结构经济发展 [J]. 经济理论与经济管理，2001（6）.

［63］向君.产业结构调整中的金融模式与政策选择［J］.时代金融,2007（1）.

［64］肖大伟,高陆.金融对产业结构调整和优化的支持［J］.经济研究导刊,2007（7）.

［65］谢蕾,许长新,卢小同.供应链金融与互联网金融的比较研究［J］.会计之友,2014（35）.

［66］杨东方.产品内分工与我国产业结构优化［J］.现代商业,2009（3）.

［67］杨学坤,吴树勤.基于信息化理论的我国产业结构高级化问题研究［J］.科技管理研究,2009（2）.

［68］杨昇,王晓云,冯学钢.近十年国内外民族旅游研究综述［J］.广西民族研究,2008（3）.

［69］姚素英.谈谈边境旅游及其作用［J］.北京第二外国语学院学报,1998（3）.

［70］姚勇.从货币分析到金融分析——金融可持续发展观的理论基础和理论意义［J］.城市金融论坛,1999（3）.

［71］殷醒民.中国工业资金的"逆向"流动和企业融资政策导向［J］.经济研究,1997（5）.

［72］张南生,曾广录.第三产业结构优化的基本路径及合理模式［J］.湖南社会科学,2009（1）.

［73］郑南源,尤瑞章,贺聪.金融支持产业结构调整的作用机制研究［J］.西部金融,2007（7）.

［74］赵曦,温雪."一带一路"背景下,民族地区如何加快经济社会发展［N］.中国民族报,2015－06－26（8）.

［75］周振华.产业结构优化论［M］.上海:上海人民出版社,1992.

［76］曾国平,王燕飞.中国金融发展与产业结构变迁［J］.财贸经济,2007（8）:12－20.

［77］中国工商银行江苏省分行课题组.银行信贷政策与产业结构调整——工商银行构建金融支持体系服务江苏产业结构调整的设想［J］.金融论坛,2006（6）.

［78］朱建民,冯登艳.证券市场与产业结构调整研究［J］.金融理论与实践,2000（2）.

［79］雷蒙德·W. 戈德史密斯. 金融结构与金融发展（中译本）［M］. 上海：上海三联书店，上海人民出版社，1994.

［80］罗纳德·I. 麦金农. 经济发展中的货币与资本（中译本）［M］. 上海：上海三联书店，上海人民出版社，1997.

［81］爱德华·S. 肖. 经济发展中的金融深化［M］. 上海：上海三联书店，1988.

［82］约瑟夫·斯蒂格利茨. 金融稳健与亚洲的可持续发展［J］. 社会经济体制比较，1998（3）.

［83］Levine，R.. Finance and Growth，Theory and Evidence［R］. National Bureau of Economic Research，Working Paper，No. 10766，2004.